房屋买卖合同纠纷诉讼实务

王熙峰　杨成义　著

厦门大学出版社 国家一级出版社
XIAMEN UNIVERSITY PRESS 全国百佳图书出版单位

图书在版编目(CIP)数据

房屋买卖合同纠纷诉讼实务/王熙峰,杨成义著.—厦门:厦门大学出版社,
2020.3

ISBN 978-7-5615-7078-4

Ⅰ.①房…　Ⅱ.①王…②杨…　Ⅲ.①房屋—买卖合同—合同纠纷—民事诉
讼—研究—中国　Ⅳ.①D923.64

中国版本图书馆 CIP 数据核字(2020)第 022444 号

出 版 人	郑文礼
责任编辑	林　鸣

出版发行　**厦门大学出版社**

社　　　址	厦门市软件园二期望海路 39 号
邮政编码	361008
总　　　机	0592-2181111　0592-2181406(传真)
营销中心	0592-2184458　0592-2181365
网　　　址	http://www.xmupress.com
邮　　　箱	xmup@xmupress.com
印　　　刷	湖南省众鑫印务有限公司

开本	720 mm×1 000 mm　1/16
印张	17.5
字数	300 千字
版次	2020 年 3 月第 1 版
印次	2020 年 3 月第 1 次印刷
定价	78.00 元

厦门大学出版社
微信二维码

厦门大学出版社
微博二维码

本书如有印装质量问题请直接寄承印厂调换

序

我国自 1978 年改革开放以来，生产力水平得到了极大提高，个人财富得到了极大的积累，房屋成为我国个人最主要的财富，至 2018 年年底，我国住房人均面积已达 42 平方米左右。个人购买房屋的数量和金额还在逐年增加，根据国家统计局的数据，至 2018 年年底，我国个人住房贷款余额为 25.75 万亿元人民币，达到了历史最高值。房屋买卖增加的同时，各类房屋买卖的纠纷也不断涌现，据最高人民法院的工作报告，2018 年全国共审结房地产纠纷案件 60.8 万件。如何进行房屋纠纷的诉讼，事关房屋买卖各方的利益。房屋买卖合同诉讼涉及的法律规范极为广泛，实践性强。虽然买卖是一个合同，但房屋买卖的诉讼不仅是《合同法》的适用，还会适用《城市房地产管理法》《物权法》《土地管理法》《担保法》等。作为诉讼实务，自然还有《民事诉讼法》等。如果能将司法机关涉房屋买卖的诉讼案件整理分析，则有利于司法机关依法公平、公正地审理房屋买卖案件，有利于房地产律师准确处理房屋买卖案件，也有利于房屋买卖各方依法买卖房屋、依法维权。王熙峰律师的《房屋买卖合同纠纷诉讼实务》回应了这一现实需求。

王熙峰、杨成义两位律师作为房地产方面的专业律师，从事房地产案件的诉讼及房地产业务的法律服务，研究理论并总结自己的经验，通过对司法案例的梳理分析，汇集成了本书。这样一个成果来之不易。从书的名称看，这是一本实务书籍，对司法实务应有参考价值。本书有以下三个鲜明的特点：一是对于新房和二手房买卖争议焦点的系统梳理和深度解析；二是提炼出对于判决结果具有重要影响的法律要件，并且如何达到该法律要件的要求进行论证；三是对于某些特殊、复杂、疑难案件指出如何调查取证，真正体现出本书诉讼实务的特点。

从本书的体例看出,作者将房屋买卖涉及的诉讼分为一手房买卖和二手房买卖,分为上下两篇,框架结构合理。然后根据一手房和二手房买卖的不同特点,将涉及的纠纷进行提炼,最后归纳了四十个问题点,逻辑清晰。作者做到了理论与实际的结合。每个问题点都自成一章,通过问题的提出、参考案例、法理评析这种布局,内容充实。

本书作为来自于法律实务界从业者的经验总结和思考,对房屋买卖感兴趣的朋友,认真阅读本书一定能有所收获,本书也值得从事理论研究的法学学者、法科学生作为参考读物。作为从事房地产研究的同仁,我也希望有更多的实务部门人员能不断总结经验,著书立说,促进房地产法研究的不断繁荣,促进房地产市场规范有序发展。

是为序。

杨勤法

(华东政法大学房地产政策法律研究所所长)

2019 年 8 月

目 录

上篇　新房

第一章
预约合同的签订与履行

1. 开发商接受立约定金,订约不成定金应如何处理?

[问题的提出]

法律规定开发商在取得建设工程的预售许可证之前不允许签订商品房买卖合同以及预售合同。开发商要开发市场、积累客户,往往通过认购、订购、预订等方式向买受人收受定金作为以后订立商品房买卖合同的担保。由于现实生活的复杂性、多变性,开发商收受了立约定金后,由于种种原因双方最终未能签订商品房买卖合同。定金如何处理就是双方争议的问题。

[参考案例]

案例 1-1 中国城市建设控股集团(珠海)置业有限公司与珠海恒基达鑫国际化工仓储股份有限公司房屋买卖合同纠纷上诉案 ①

2016 年 5 月 20 日,中国城市建设控股集团(珠海)置业有限公司(以下简称城建公司)(甲方)、珠海恒基达鑫国际化工仓储股份有限公司(以下简称恒基公司)(乙方)签订 11 份"×× 大厦认购协议书",约定恒基公司向城建公司认购城建公司开发的 11 套房屋,定金共计 300 万元。付款方式:乙方于甲方取得预售许可证后十

---

① 参见广东省珠海市中级人民法院(2017)粤 04 民终 813 号民事判决书。

日内签署"珠海市商品房买卖合同",并在签署合同前确定好付款方式和完成购房款的支付。权责条款:(1)甲方不按本协议约定与乙方签署"珠海市商品房买卖合同"的,甲方应双倍返还定金给乙方,如有其他已收款项一并无息退还给乙方。……其他约定:(1)认购方在签署商品房买卖合同前可根据其意愿和实际情况指定下属单位或个人与出售方签署商品房买卖合同。(2)认购方已知出售方预售证办理中。

恒基公司于 2016 年 5 月 20 日通过银行转账支付给城建公司定金 300 万元。城建公司于同日向恒基公司出具 11 份收据,确认收到定金。

2016 年 7 月 8 日,恒基公司向城建公司发出"签约询证函",内容为:"我司于 2016 年 5 月 20 日与贵司签署了 11 份'××大厦认购协议书',合计支付定金 300 万元。按照协议书约定,我司应在贵司取得预售许可证后十日内签署正式的'珠海市商品房买卖合同',而我司至今尚未接获贵司关于签署合同的通知,特此询证贵司签约的时间及具体安排。"恒基公司主张函件通过邮寄向城建公司送达,城建公司否认收到上述邮件。

之后,恒基公司通过珠海市商品房预(销)售专网查询案涉部分房产已经另售他人,并办理预售登记。城建公司对于另售他人的事实认可,但认为是客观情况发生重大变化,未签订商品房预售合同不能归责于城建公司。上述房屋中 1701—1703、1706—1711 号房屋现已办理预售登记至前海人寿保险股份有限公司。

2016 年 8 月 17 日,恒基公司向城建公司发出律师函,认为城建公司已违约,要求双倍返还定金。恒基公司主张函件通过邮寄送达城建公司,城建公司不认可收到邮件。

此后,恒基公司向珠海市香洲区人民法院起诉,请求:(1)解除认购协议书,判令城建公司向恒基公司双倍返还定金计人民币 600 万元,并赔偿恒基公司损失,损失计算方式为双倍定金自 2016 年 6 月 24 日起至付清之日止,按银行同期贷款利率计算利息;(2)判令城建公司承担本案诉讼费、保全费。

一审法院认为,双方签订的"××大厦认购协议书"系双方真实意思表示,案涉房产现已取得预售许可,协议内容未违反法律法规强制性规定,应认定有效,对双方具有约束力。城建公司确认在 2016 年 6 月 13 日左右取得预售许可证,但并未通知恒基公司签署合同,在恒基公司催促下亦未履行签订合同义务,且已明确将协议约定的房产另售他人,并部分办理预售登记,城建公司的行为已经构成违约,应向恒基公司依约承担违约责任。城建公司应依约双倍返还定金向恒基公司支付 600 万元。

一审法院判决:(1)城建公司于本判决发生法律效力之日起五日内向恒基公司双倍返还定金人民币 600 万元;(2)驳回恒基公司的其他诉讼请求。

城建公司不服一审判决,向广东省珠海市中级人民法院提起上诉。上诉理由:上诉人与被上诉人签订"××大厦认购协议书"后,案外人欲购买包括本案诉争房屋在内的××大厦所有预售房屋,这是上诉人与被上诉人签订协议书时无法预见的情况。若上诉人继续将诉争房屋单独出售给被上诉人,则将无法实现案外人整体购买全部预售房屋的合同目的,上诉人也将因零散出售房屋产生巨大的时间、人力及金钱成本,造成极其严重的经济损失,继续履行与被上诉人之间的协议对上诉人显失公平,因此双方未能签订商品房预售合同,属客观情况发生了重大变化。

珠海市中级人民法院认为,城建公司明知与案外人签订商品房买卖合同的行为将造成与恒基公司在先签订的认购协议无法履行,但城建公司为了凭借案外人购买包括本案诉争房屋在内的××大厦全部预售房屋,而自己可以获得节省零售房屋的时间、人力及金钱成本的一己之利,置恒基公司的合同利益于不顾而故意违约,主观过错明显。本案并不存在显失公平的情形,也不属于不可归责于当事人双方的事由。城建公司的行为已经构成违约,应向恒基公司承担违约责任。

珠海市中级人民法院判决:驳回上诉,维持原判。

案例 1-2　王某某与济南御峰置业有限公司等 商品房预售合同纠纷上诉案①

2016 年 10 月 1 日,济南御峰置业有限公司(以下简称御峰公司)作为出卖人(甲方)与作为买受人的王某某(乙方)以及第三方山东高速西城置业有限公司(以下简称高速西城公司)签订"济南恒大御峰楼宇认购书"。御峰公司系恒大济南公司的全资子公司。认购书载明:"特别说明:(1)济南恒大御峰项目原系第三方所有,已于 2016 年 9 月 8 日在山东产权交易中心合法转让给甲方,现资产过户手续正在办理。(2)恒大御峰项目已取得'国有土地使用证''建设用地规划许可证''建设工程施工许可证'和'商品房预售许可证',已达预售条件。(3)第三方按照其与甲方签署的'资产交易合同'约定将上述证照变更至甲方名下,待资产交易手续及证件更名手续办理完毕后,甲方将及时办理商品房买卖合同网签备案手续和配合办理

---

① 参见山东省济南市中级人民法院(2017)鲁 01 民终 2282 号民事判决书。

按揭贷款手续。（4）三方确认,本认购书系各方真实意思表示,乙方对所认购的物业现状、交易条件、周边环境及上述特别说明内容已有了充分了解。"

认购书具体内容为:(1)乙方自愿认购济南恒大御峰项目 × 号楼 × 单元 × 室商品房一套,该房屋建筑面积 164.53 平方米,房屋总金额为 1 614 804 元。(2)乙方同意签署本认购书时,支付 20 000 元作为定金,定金在签订"商品房买卖合同"时自动转为购房款。(3)乙方选择商业按揭贷款方式付款。(4)乙方需在约定的付款方式和期限到济南恒大御峰项目销售中心支付首付款及后续款项,在甲方通知的时间内签署"商品房买卖合同",否则视为乙方放弃购房,所付款项不予退还,甲方无须通知乙方,可另行处理该房屋。认购书中的"特别说明"字体内容进行了加黑及下划线的突出表示。签订上述认购书后,王某某向御峰公司交付了定金20 000 元。

上述商品房原为高速西城公司开发,高速西城公司于 2016 年 9 月 23 日取得了上述商品房的预售许可证,后高速西城公司将该房地产开发项目转让给了御峰公司。涉案商品房的预售许可证的开发单位于 2016 年 12 月 16 日变更为御峰公司。

2016 年 12 月 26 日,济南市人民政府办公厅下发济政法〔2016〕31 号文,即《关于进一步加大调控力度促进房地产市场持续平稳健康发展的通知》,规定非本市户籍家庭在该市限购 1 套住房(需提供连续 24 个月以上在市区缴纳个人所得税或社会保险证明)。因王某某户籍不在济南市且无在济南市缴纳社会保险或纳税的记录,其不符合在济南市购房的条件。

王某某向济南市槐荫区人民法院起诉,请求:(1)判令御峰公司承担违约责任,双倍返还购房定金 40 000 元;(2)判令御峰公司赔偿其经济损失 1 600 元。

王某某在诉讼中表示,其要求双倍返还定金的理由为:御峰公司在未取得预售许可证的情况下与其签订认购书,签订认购书后其所购住房已经无法办理网签备案手续,导致其购房目的无法实现。御峰公司则称:双方认购书无法履行系限购政策影响,其已经向王某某告知了涉案商品房所在项目正在办理转让手续。

一审法院认为,王某某与御峰公司及高速西城公司签订"济南恒大御峰楼宇认购书"时,御峰公司虽然尚未与高速西城公司办理完毕预售许可的变更手续,但上述认购书中,御峰公司及高速西城公司已经将该事实及暂时无法办理商品房网签备案手续的事实,以"特别说明"的方式向王某某进行了告知。根据双方约定的具体内容,该商品房认购书应当认定为签订商品房买卖合同"本约"的预约合同。上述认购书系双方当事人的真实意思表示,内容不违反法律及行政法规的强制性规定,故双方签订的上述认购书合法有效。该定金应为双方约定的订约定金。

我国现行法律及行政法规并无强制性规定,禁止开发商在未取得商品房预售许可证的情况下与购房者签订预约合同性质的认购书,故王某某以未取得预售许可证为由要求双倍返还定金无法律依据。

王某某与御峰公司无法签订商品房买卖合同的原因客观上存在着济南市限购政策的影响,而该政策原因的出现不可归责于双方。

一审法院判决:(1)被告济南御峰置业有限公司于判决生效之日起十日内向原告王某某返还定金 20 000 元;(2)驳回原告王某某的其他诉讼请求。

王某某不服一审法院的判决,向济南市中级人民法院提起上诉。

济南市中级人民法院认为,王某某与御峰公司未能按照认购书的约定签订商品房买卖合同的原因系由不可归责于双方的原因导致的,故对王某某的上诉请求不予支持。

济南市中级人民法院判决:驳回上诉,维持原判。

[法理评析]

1. 预约合同的概念及司法认可

所谓预约,或称为预备性契约,是指当事人约定为在将来一定期限内订立合同而达成的允诺或协议。[①]将来应当订立的合同,称为本约合同,而约定订立本约的合同,称为预约合同。[②]在现实生活中,预约合同被广泛采用。"一般认为,预约合同包括意向书、允诺书、认购书、定金收据、原则协议、备忘录等。"[③]"当事人之所以订立预约合同,是因为当事人遇到某些事实和法律上的障碍暂时不能订立本约合同,或者为了防止一方当事人将来不订立本约合同,从而采取订立预约合同的办法,使一方当事人预先受到订立本约合同义务的拘束。"[④]

《最高人民法院关于审理买卖合同纠纷案件适用法律问题的解释》第 2 条规定:"当事人签订认购书、订购书、预订书、意向书、备忘录等预约合同,约定在将来一定

---

① 王利明:《预约合同若干问题研究》,《法商研究》2014 年第 1 期。

② 王利明:《预约合同若干问题研究》,《法商研究》2014 年第 1 期。

③ 最高人民法院民事审判第一庭:《最高人民法院关于审理商品房买卖合同纠纷案件司法解释的理解与适用》,人民法院出版社 2003 年版,第 56 页。

④ 郑玉波:《民法债编总论》,中国政法大学出版社 2004 年版,第 40 页。

期限内订立买卖合同,一方不履行订立买卖合同的义务,对方请求其承担预约合同违约责任或者要求解除预约合同并主张损害赔偿的,人民法院应予支持。"

通过上述司法解释,最高人民法院首次在法律上正式承认了预约合同,这具有重要意义。

2. 认购书、订购书、预订书、意向书等文件中定金的性质

从学理上解释,定金分为五种:立约定金、证约定金、成约定金、解约定金、违约定金。[①]

立约定金是指为保证正式签订合同而交付的定金。认购书的定金属于立约定金,是为了保障签订本约而交付的定金。[②]认购书的性质属于商品房买卖的预约合同,是独立的合同。[③]

3. 开发商接受了买受人的立约定金后,由于种种原因,双方未能订立商品房买卖合同,定金如何处理?

《最高人民法院关于审理商品房买卖合同纠纷案件适用法律若干问题的解释》第4条规定:"出卖人通过认购、订购、预订等方式向买受人收受定金作为订立商品房买卖合同担保的,如果因为当事人一方原因未能订立商品房买卖合同,应当按照法律关于定金的规定处理;因不可归责于当事人双方的事由,导致商品房买卖合同未能订立的,出卖人应当将定金返还买受人。"

案例1-1中,城建公司接受恒基公司的定金后由于自身的原因拒绝订立商品房买卖合同,法院判决其双倍返还定金。

案例1-2中,王某某与御峰公司无法签订商品房买卖合同的原因客观上受到济南市限购政策的影响,而该政策原因的出现不可归责于双方。因此,法院判决御峰公司将定金返还王某某。

4. 关于定金和违约金问题

《中华人民共和国合同法》(以下简称《合同法》)第116条规定:"当事人既约定违约金,又约定定金的,一方违约时,对方可以选择适用违约金或者定金条款。"

[①] 最高人民法院民事审判第一庭:《最高人民法院关于审理商品房买卖合同纠纷案件司法解释的理解与适用》,人民法院出版社2003年版,第63页。

[②] 最高人民法院民事审判第一庭:《最高人民法院关于审理商品房买卖合同纠纷案件司法解释的理解与适用》,人民法院出版社2003年版,第62~63页。

[③] 最高人民法院民事审判第一庭:《最高人民法院关于审理商品房买卖合同纠纷案件司法解释的理解与适用》,人民法院出版社2003年版,第56页。

案例 1-1 中,恒基公司要求双倍返还定金,又要求支付违约金,没有法律依据,法院不予支持是符合上述法律规定的。

5. 负有举证责任的一方当事人如何举证?

订立合同需要双方当事人的意思表示一致,需要双方的自愿配合。如果因为当事人一方的原因未能订立商品房买卖合同,另外一方当事人如何举证才能证明对方不愿订立合同? 一般说来,不愿订立合同的一方当事人是不会向对方出具书面说明的。要想取得一方当事人不愿订立合同这种行为的证据是十分困难的。

笔者认为,案例 1-1 中,恒基公司的做法值得推荐。恒基公司得知城建公司的项目已经获得预售许可证后,向城建公司发出"签约询证函",征询对方何时签约,主动要求签约。对方不予答复,恒基公司委托律师发律师函,要求城建公司双倍返还定金。如此,就取得了城建公司不愿签约的证据。

笔者觉得恒基公司的取证有需要完善的地方。庭审中,城建公司拒不承认其收到了"签约询证函"、律师函。对此,笔者认为有以下三个办法可以加强上述证据的说服力:(1)通过邮局寄 EMS 邮件,附加短信提示,证明对方已签收;(2)通过邮局查询出对方已签收的证据;(3)由公证处公证人员在邮局现场公证"签约询证函"的交寄过程及文件内容,制作公证书。通过上述做法,证据更容易被法院认可。

2. 如何认定"认购、订购、预订"协议具有商品房买卖合同的主要内容?

[问题的提出]

《最高人民法院关于审理商品房买卖合同纠纷案件适用法律若干问题的解释》第 5 条规定,商品房的认购、订购、预订等协议具备《商品房销售管理办法》第 16 条规定的商品房买卖合同的主要内容,并且出卖人已经按照约定收受购房款的,该协议应当认定为商品房买卖合同。

如何认定"认购、订购、预订"协议具有商品房买卖合同的主要内容? 因为对这一事实的认定具有一定的主观性,看法因人而异。即便在司法机关内部,对此也有不同的看法。并且对于该事实的认定对于案件的审理结果具有重要意义,因此,成为双方当事人法庭辩论的争议焦点。

[参考案例]

案例 1-3　无锡融创地产有限公司与叶某商品房销售合同
纠纷复查与审判监督案①

　　再审申请人无锡融创地产有限公司(以下简称融创公司)因与被申请人叶某商品房买卖合同纠纷一案,不服江苏省无锡市中级人民法院(2015)锡民终字第 790 号民事判决,向江苏省高级人民法院申请再审。

　　融创公司申请再审称:(1)融创公司与叶某签订的"融创熙园房屋预定合同"(以下简称"房屋预定合同")系预约合同,并非一、二审法院认定的商品房买卖合同。首先,该"房屋预定合同"的形式和内容都不具备《商品房销售管理办法》第 16 条规定的商品房买卖合同应当明确的主要内容;其次,双方自始至终未签订正式商品房买卖合同;最后,叶某仅支付了部分购房款,不能据此认定其已履行合同义务。(2)叶某支付的定金属立约定金,一、二审法院既适用定金罚则,又同时根据《最高人民法院关于审理商品房买卖合同纠纷案件适用法律若干问题的解释》第 9 条规定,判决融创公司承担已付购房款一倍的赔偿责任,适用法律错误。

　　江苏省高级人民法院经审查认为,一、二审判决认定"房屋预定合同"系商品房买卖合同并无不当,理由如下:

　　(1)虽然《商品房销售管理办法》第 16 条规定了商品房买卖合同应当明确的十三项内容,但上述规定系倡导性条款,旨在为买卖双方订立合同提供指引,避免因合同约定不明产生争议,而推荐买卖双方在订立合同中尽可能列明具体条款。成立商品房买卖合同并不需要完整地包含该条规定里的所有内容,缺少其中部分非核心条款,并不必然导致商品房买卖合同不能成立。

　　(2)《最高人民法院关于适用〈中华人民共和国合同法〉若干问题的解释(二)》第 1 条第 1 款规定,当事人对合同是否成立存在争议,人民法院能够确定当事人名称或者姓名、标的和数量的,一般应当认定合同成立。对于商品房买卖合同来说,

---

① 参见江苏省高级人民法院(2015)苏审三民申字第 01449 号民事裁定书。

认定合同成立的核心条款一般为当事人的名称或姓名、房屋基本状况(房屋位置、房号、面积等)、房屋价款、付款方式及付款时间等涉及合同主要权利义务的条款,其余未约定的条款可通过法律关于合同约定不明时的相关规定及合同解释的方式进行补全。本案中,涉案"房屋预定合同"约定了出卖人、买受人、房屋位置、房号、房屋面积、房屋售价、定金、付款方式、按揭办理要求及违约责任等内容,已包含成立商品房买卖合同应当具备的主要条款,就商品房买卖合同的主要权利义务已经约定明确,其余条款可通过相关法律规定、合同解释或另行协商的方式进行确定,并不影响商品房买卖合同的成立。故融创公司认为"房屋预定合同"不具备《商品房销售管理办法》第16条规定的全部条款,不能认定该合同为商品房买卖合同的主张,不能成立。

(3)预约合同为约定将来订立一定合同之合同,其主要合同义务在于双方当事人应依据诚实信用原则进行磋商以达成本约,该合同义务与本约的合同义务有显著区别。根据《最高人民法院关于审理商品房买卖合同纠纷案件适用法律若干问题的解释》第5条的规定,在预约合同具备商品房买卖合同的主要内容时,如出卖人已按约定收取购房款,预约合同可转化为商品房买卖合同。因此,若当事人已开始履行本约的合同义务且互相接受的,一般应当认定为本约合同。本案中,"房屋预定合同"约定在双方签订商品房买卖合同之前买受人叶某需支付定金40 000元并付清合同总房款的20%,叶某已按合同约定履行,融创公司亦实际接受上述付款。融创公司接受该付款的行为,已经超出预约合同的合同范围,应视为双方达成了买卖涉案房屋的合意。因此融创公司认为"房屋预定合同"为预约合同,与其接受叶某履行商品房买卖合同义务的行为相悖,其该主张不能成立。

综上所述,综合审查涉案"房屋预定合同"的合同内容、合同履行情况以及双方订立合同的目的,可以看出双方的真实意思在于形成房屋买卖合同关系。一、二审判决关于"房屋预定合同"系商品房买卖合同的认定,并无不当。

关于融创公司应当承担的赔偿责任。融创公司在签订"房屋预定合同"前已将涉案房屋出卖给他人,在与叶某签订合同时亦未如实告知叶某,叶某购房目的无法实现,致使"房屋预定合同"被解除,依据《最高人民法院关于审理商品房买卖合同纠纷案件适用法律若干问题的解释》第9条之规定,叶某有权请求融创公司返还已付购房款及利息并承担不超过已付购房款一倍的赔偿责任。"房屋预定合同"约定的定金40 000元虽为立约定金,在该合同被认定为商品房买卖合同的情况下,该定金已转化为购房款。结合一、二审判决认定的叶某支付的购房款226 190元,叶某实际已付购房款共计 266 190 元。因此,融创公司应当返还叶某购房款 266 190 元及相应利息,并承担 266 190 元的赔偿责任。一、二审判决在已经认定"房屋预定合同"为商品房买卖合同的情况下,仍适用定金罚则,适用法律确有不当,但在定金转化为购房款的情况下,一、二审判决对融创公司责任认定的最终数额是正确的,并未影响最终处理结果。

综上,江苏省高级人民法院裁定:驳回无锡融创地产有限公司的再审申请。

案例 1-4 青岛伟东商业发展有限公司与吴某某房屋买卖合同纠纷案[①]

2012 年 3 月 20 日,甲方青岛伟东商业发展有限公司(以下简称伟东公司)与乙方吴某某签订认购协议,主要约定:

(1)乙方自愿向甲方购买坐落于 ×× 区 ×× 路 ×× 号商业用房,建筑面积暂定计 120 平方米。商铺基准建筑面积单价为每平方米 93 000 元,总价 11 160 000 元。

(2)价格及付款方式:签订本认购协议时,乙方若以按揭方式付款的,且乙方首付款达 50% 以上,甲方给予乙方基准价 9.1 折优惠,优惠后单价为每平方米 84 630 元,按建筑面积计算总房款暂定计 10 155 600 元。在签订本协议时,乙方应支付 5 085 600 元,剩余房款 5 070 000 元,于双方签订"青岛市商品房预售合同"时乙方应按银行按揭贷款的方式将款项支付给甲方。

(3)本协议签订后,除甲方原因外,乙方不得以任何原因退款。

(4)乙方认购上述商铺的实际销售面积以青岛市房地产交易中心认定的测绘机构实测面积为准,如甲方暂测面积与实测面积不一致时,除法律、法规、规章另有规定外按单价不变,总价根据实测面积相应调整,多退少补。认购商铺的具体位置、朝向及结构布置见平面图,以"青岛市商品房预售合同"约定为准。

(5)签订本协议时,该房屋建设工程建设到以现状为准。

(6)乙方在认购本商铺时,已对产品规划、价格、面积、交房时间、合同条款等充分了解且深入沟通,并充分认同。

(7)乙方同意在接到甲方通知起 3 日内,携本协议、收款收据及甲方要求的其他资料至甲方售楼处签订正式"青岛市商品房预售合同"(按揭付款的提供详尽资

---

① 参见山东省高级人民法院(2016)鲁民终 1890 号民事判决书。

料并与甲方指定银行签订借款合同），"青岛市商品房预售合同"签订后，甲方需收回本协议及收款收据，本协议与相应收据同时使用方可有效。

认购协议签订当日，吴某某向伟东公司支付了 5 085 600 元。2012 年 5 月 12 日，伟东公司取得案涉项目的商品房预售许可证。2012 年 5 月 16 日，伟东公司对案涉项目进行了预测绘，其中案涉商铺的预测绘面积为 145.45 平方米。2014 年 5 月 9 日，伟东公司对案涉项目进行了实测绘，其中案涉商铺的实际测绘面积为 144.33 平方米。

2014 年 6 月 20 日，吴某某向伟东公司发出律师函，提出因案涉商铺的实际面积为 145 平方米，且伟东公司要求立刻补交 100 万元，仅按房屋总价款 80% 出具购房发票等，故要求退还已付款及利息。敦促伟东公司返还吴某某支付的 5 085 600 元首付款及相应利息，但没有明确告知伟东公司解除认购协议。

2014 年 7 月 14 日，吴某某向青岛市中级人民法院起诉，请求：（1）依法判令解除 2012 年 3 月 20 日吴某某与伟东公司签订的认购协议；（2）依法判令伟东公司返还认购款 5 085 600 元，并按银行同期贷款利率向吴某某支付自 2012 年 3 月 20 日起至全部认购款还清之日止的利息。

伟东公司向一审法院提起反诉，请求：（1）判令吴某某继续履行合同；（2）判令吴某某向伟东公司赔偿利息损失。

一审法院认为，本案争议的主要焦点问题是：双方当事人签订的认购协议是否应予以解除。双方于 2012 年 3 月 20 日签订认购协议，约定吴某某认购伟东公司开发的位于 ×× 区 ×× 路 ×× 号商业用房，还约定了暂定面积、单价、付款方式等内容。该协议系双方当事人真实自愿的意思表示，所约定的内容符合法律规定，故该认购协议应认定为合法有效。关于认购协议应否继续履行的问题，一审法院认为，根据《最高人民法院关于审理商品房买卖合同纠纷案件适用法律若干问题的解释》第 14 条规定："出卖人交付使用的房屋套内建筑面积或者建筑面积与商品房买卖合同约定面积不符，合同有约定的，按照约定处理。"本案中，认购协议中约定案涉商铺的建筑面积暂定 120 平方米，实际销售面积以实测面积为准。说明双方已经约定了面积发生变化时的处理方式，符合上述司法解释中规定的"合同有约定的，按照约定处理"的情形，且一审中，伟东公司亦表示其同意放弃超出认购协议暂定面积部分的增加面积价款，因此，吴某某要求解除认购协议的诉请，一审法院不予支持。关于伟东公司反诉要求赔偿损失问题，依据不足，一审法院不予支持。

青岛市中级人民法院判决：（1）驳回吴某某的诉讼请求；（2）驳回青岛伟东商

业发展有限公司的反诉请求。

吴某某、伟东公司均不服一审判决,向山东省高级人民法院提起上诉。

山东省高级人民法院认为,本案的焦点问题是认购协议的性质如何认定、认购协议应当解除还是继续履行以及双方的利息主张是否应予支持。

二审法院认为,案涉认购协议的性质为预约。首先,从认购协议的形式上看,2012年3月20日吴某某与伟东公司签订的合同明确注明了"认购"字样,是在伟东公司尚未取得案涉项目商品房预售许可证,双方为稳定交易机会而签订,该协议内容具有确定性,不违反法律法规的禁止性规定,双方均表示接受认购协议约束,应本着诚实信用原则依约履行。其次,从认购协议的内容看,一方面,认购协议第7条约定,吴某某同意在接到伟东公司通知起3日内,携本协议、收款收据及伟东公司要求的其他资料签订正式"青岛市商品房预售合同",第10条约定"青岛市商品房预售合同"签订后,双方权利义务以"青岛市商品房预售合同"的约定为准。据此,双方在认购协议中明确了将来签订"青岛市商品房预售合同"的意思表示,与预约的基本内涵相合,即将来订立一定契约的契约;另一方面,《最高人民法院关于审理商品房买卖合同纠纷案件适用法律若干问题的解释》第5条规定,商品房的认购、订购、预订等协议具备《商品房销售管理办法》第16条规定的商品房买卖合同的主要内容,并且出卖人已经按照约定收受购房款的,该协议应当认定为商品房买卖合同。《商品房销售管理办法》第16条规定:"商品房买卖合同应当明确以下主要内容:(一)当事人名称或者姓名和住所;(二)商品房基本状况;(三)商品房的销售方式;(四)商品房价款的确定方式及总价款、付款方式、付款时间;(五)交付使用条件及日期;(六)装饰、设备标准承诺;(七)供水、供电、供热、燃气、通讯、道路、绿化等配套基础设施和公共设施的交付承诺和有关权益、责任;(八)公共配套建筑的产权归属;(九)面积差异的处理方式;(十)办理产权登记有关事宜;(十一)解决争议的方法;(十二)违约责任;(十三)双方约定的其他事项。"案涉认购协议仅具备《商品房销售管理办法》第16条规定的第1项、第2项、第4项、第9项的部分内容,对房屋交付使用的条件、日期等主要条款没有约定,对付款方式、付款时间的约定附有签订"青岛市商品房预售合同"的前提条件,因此认购协议的内容尚不具备商品房买卖合同的主要条款。再次,认购协议的部分内容具有不确定性,如"认购商铺的具体位置、朝向及结构布局见平面图,以'青岛市商品房预售合同'约定为准",说明这些内容还需要合同当事方进一步磋商,从而最终确定权利义务。综上,案涉认购协议的性质属于预约。

二审法院认为，认购协议应予解除而无法继续履行。预约系以订立本约为目的，如果合同当事方因预约中已明确的权利义务之外的内容存在分歧，致使本约相关内容无法磋商一致，不能实现缔结本约目的时，为推动双方恢复交易自由，一方可以依照合同法第94条的规定解除预约。由于认购协议第4条对暂测面积究竟是预测面积还是暂定面积没有明确约定，认购商铺的具体位置、朝向及结构布置也以将来签订的"青岛市商品房预售合同"为准，致使吴某某与伟东公司就案涉商铺暂定面积与实测面积误差的处理、商铺层高等问题产生分歧而不能达成一致，未能实现订立"青岛市商品房预售合同"的目的，吴某某在案涉商铺的实测面积于2014年5月9日确定后，在解除权行使的法定期限内于2014年7月14日起诉要求解除认购协议，于法有据，本院予以支持。由于吴某某在诉讼中明确表示不与伟东公司签订"青岛市商品房预售合同"，也无法按照认购协议与银行签订按揭借款合同，加之认购协议不具备《商品房销售管理办法》第13条的内容，伟东公司要求吴某某继续履行认购协议的主张，本院不予支持。双方的利息主张均无合同和法律依据。

山东省高级人民法院认为，一审法院适用法律有误，予以纠正。吴某某解除认购协议、返还认购款的上诉请求和理由，予以支持。二审改判为：

（1）解除吴某某与青岛伟东商业发展有限公司签订的认购协议；

（2）青岛伟东商业发展有限公司于本判决生效后十日内返还吴某某认购款5 085 600元。

［法理评析］

1. 商品房的认购、订购、预订等协议可认定为商品房买卖合同的法律依据

《最高人民法院关于审理商品房买卖合同纠纷案件适用法律若干问题的解释》第5条规定："商品房的认购、订购、预订等协议具备《商品房销售管理办法》第十六条规定的商品房买卖合同的主要内容，并且出卖人已经按照约定收受购房款的，该协议应当认定为商品房买卖合同。"

2. 认购、订购、预订等协议可认定为商品房买卖合同的条件

《商品房销售管理办法》第16条规定："商品房买卖合同应当明确以下主要内容：（一）当事人名称或者姓名和住所；（二）商品房基本状况；（三）商品房的销售方式；（四）商品房价款的确定方式及总价款、付款方式、付款时间；（五）交付使用条件及日期；（六）装饰、设备标准承诺；（七）供水、供电、供热、燃气、通讯、道路、绿化等配

套基础设施和公共设施的交付承诺和有关权益、责任;(八)公共配套建筑的产权归属;(九)面积差异的处理方式;(十)办理产权登记有关事宜;(十一)解决争议的方法;(十二)违约责任;(十三)双方约定的其他事项。"

3. 如何认定"认购、订购、预订"协议具有商品房买卖合同的主要内容?

商品房买卖的认购、订购、预订等协议是指商品房买卖合同双方当事人在签署预售契约或买卖契约前所签订的文书,是对双方交易房屋有关事宜的初步确认。认购书等应当在开发商已办妥开发项目的立项、规划、报建审批手续,开发项目已定型,但尚未取得商品房预售许可证的期间内签订。从本质上说,这类协议属于预约合同。预约之目的在于有事实上或法律上的障碍,暂时无法订立主契约时,事先对当事人加以拘束。《商品房销售管理办法》第 16 条规定的商品房买卖合同的内容,适用于本约合同,因在预约阶段存在事实上或法律上的障碍,而不可能作出明确具体的约定,预约合同中表现为缺失条款或不确定条款。①

根据《最高人民法院关于审理商品房买卖合同纠纷案件适用法律若干问题的解释》第 5 条的规定,将商品房买卖认购书这种预约合同转化为商品房买卖合同应当具备两个条件:一是具备《商品房销售管理办法》第 16 条规定的商品房买卖合同的主要内容;二是出卖人已经按照约定收取购房款。该司法解释没有进一步明确什么是商品房买卖合同的主要内容。笔者仔细研究了最高人民法院民事审判第一庭编著的《最高人民法院关于审理商品房买卖合同纠纷案件司法解释的理解与适用》,遗憾的是该书也没有解释何为商品房买卖合同的主要内容。因为法院对这个问题的不同认定会直接导致判决结果的不同。通过案例 1-4 就可以得出上述结论。案例 1-4 中,一审法院认为认购协议具备了商品房买卖合同的主要内容,并且出卖人已经按照约定收取购房款,认定该协议为商品房买卖合同。二审法院的看法与一审法院截然不同。原因就出在对商品房买卖合同主要内容的不同理解上。

笔者认同案例 1-3 中江苏省高级人民法院对于该问题的看法,即:虽然《商品房销售管理办法》第 16 条规定了商品房买卖合同应当明确的十三项内容,但上述规定系倡导性条款,旨在为买卖双方订立合同提供指引,避免因合同约定不明产生争议,而推荐买卖双方在订立合同中尽可能列明具体条款。成立商品房买卖合同并不需要完整地包含该条规定里的所有内容,缺少其中部分非核心条款,并不必然

---

① 最高人民法院民事审判第一庭:《最高人民法院关于审理商品房买卖合同纠纷案件司法解释的理解与适用》,人民法院出版社 2003 年版,第 66~69 页。

导致商品房买卖合同不能成立。对于商品房买卖合同来说,认定合同成立的核心条款一般为当事人的名称或姓名、房屋基本状况(房屋位置、房号、面积等)、房屋总价款、付款方式及付款时间等涉及合同主要权利义务的条款,其余未约定的条款可通过法律关于合同约定不明时的相关规定及合同解释的方式进行补全。

笔者认为,为了统一裁判结果,有必要统一对"商品房买卖合同主要内容"加以界定。建议最高人民法院对这个问题提出明确意见。

3. 如何看待商品房销售广告的性质和法律后果?

[问题的提出]

"商品房买卖 90% 以上是以广告形式向社会公开出售的,因商品房销售广告引发的纠纷在审判实践中大量存在。"[①]虚假广告已成为商品房销售领域的痼疾,很难根治。在售房广告中,开发商承诺的内容五花八门,但在商品房买卖合同条款中根本没有这些承诺的内容。作为弱势群体的购房人面对开发商的强势,无力将开发商在售房广告中承诺的内容写进合同条款。为此,很多购房人感到困惑:难道开发商在售房广告中承诺的内容就没有法律效力吗?

[参考案例]

案例 1-5　德阳市富康房地产开发有限公司与廖某某商品房
销售合同纠纷上诉案[②]

2012 年 12 月 31 日,德阳市富康房地产开发有限公司(以下简称"富康公司")(甲方)与四川图腾酒店公司投资管理有限公司(以下简称"图腾公司")(乙方)签订"合作协议书",约定双方共同出资对 ×× 项目地上一层商铺作为酒店经营接待

---

① 最高人民法院民事审判第一庭:《最高人民法院关于审理商品房买卖合同纠纷案件司法解释的理解与适用》,人民法院出版社 2003 年版,第 39 页。
② 参见四川省德阳市中级人民法院(2016)川 06 民终 1208 号民事判决书。

大堂和一单元6至13层所有物业(建筑面积约6 100平方米,产权性质:酒店)进行装修打造成酒店,由甲方对外销售。作为对乙方出资的回报,在该酒店售出后,甲方将保证所有酒店购买人在自愿的情况下与乙方签订"房屋租赁合同"及组成文件,以促成乙方在后期对酒店经营管理权的实现。

××项目在"房天下"网站上的宣传内容为:"在售房源:加推写字楼总价30万元起,月收益2 200元,年回报率9%,即买即租,写字楼户型40~720平方米。酒店在售户型40~750平方米,售价7 225元。"其间,××项目在吉屋网上挂出项目酒店效果图,显示为精装修。

2013年8月20日,廖某某作为买受人,与出卖人富康公司签订"商品房买卖合同"及"补充协议"。约定富康公司将熙城项目2套商务用房以总价660 000元出售给廖某某,房款采用一次性付款方式付款。合同第11条约定:出卖人应当在2015年8月1日前向买受人交付该商品房;合同第13条约定:出卖人未按照第11条约定的期限和条件将该商品房交付买受人的,按照下列方式处理:(1)逾期在180日之内,自第11条约定的交付期限届满之次日起至实际交付之日止,出卖人按日计算向买受人支付已交付房价款万分之一的违约金,并于该商品房实际交付之日起60日内向买受人支付违约金,合同继续履行。(2)逾期超过180日后,买受人有权退房。买受人退房的,出卖人应当自退房通知送达之日起60日内退还全部已付款,并按照买受人全部已付款的10%向买受人支付违约金。

合同签订后,廖某某向富康公司支付了全部价款。

2013年8月20日,廖某某作为出租方(甲方),与承租方图腾公司(乙方)签订"房屋租赁合同",约定图腾公司承租甲方熙城精装修商务用房,租赁期限为18年。合同第5条约定:经双方商定,甲方全权委托乙方与该房屋的开发商办理相关租赁房屋交付事宜等条款。

2015年7月27日,富康公司在德阳日报上刊登交房公告,通知熙城项目业主从当天开始到该项目售房中心办理交房手续。廖某某购买的房屋现为清水房状态(未装修),廖某某认为房屋状况与富康公司在售房广告中的装饰装修不符,未办理收房手续。双方因房屋的交付标准发生争议。

廖某某遂诉讼至德阳市旌阳区人民法院。诉讼请求:(1)解除与富康公司签订的"商品房买卖合同"及"补充协议";(2)富康公司返还所有购房款660 000元,并赔偿违约金66 000元,合计726 000元。

一审法院认为,被告富康公司在对外销售时,对外宣称其销售的房屋属于精装房及带租约享有高租金收益,且该宣传资料对原告订立本案的商品房买卖合同及房屋价格具有重大影响,富康公司对房屋装修为精装房的宣传内容应当视为双方的商品房买卖合同内容,富康公司与图腾公司因商品房装修发生争议,导致现交付的房屋至今却仍为清水房(未装修),则与其对外宣传的内容明显不符已构成违约。根据合同约定,对于交付房屋与约定不符的且逾期超过 180 日的,原告依法享有合同的解除权,现原告诉请解除合同符合合同约定和法律规定,予以支持。

因富康公司交付的房屋与其宣传的不符,则构成违约,根据合同约定,原告依法享有合同解除权,富康公司应当向原告返还购房款及支付违约金。

德阳市旌阳区人民法院判决:(1)廖某某与德阳市富康房地产开发有限公司之间签订的"商品房买卖合同"及"补充协议"解除;(2)德阳市富康房地产开发有限公司于本判决生效之日起十日内向廖某某返还购房款 660 000 元,支付违约金66 000 元。

富康公司不服一审判决,向四川省德阳市中级人民法院提起上诉。

德阳市中级人民法院判决:驳回上诉,维持原判。

案例 1-6 河南省和田置业有限公司与赵某某等商品房买卖合同纠纷上诉案①

赵某某、陈某看到河南省和田置业有限公司(以下简称和田公司)发放的售楼广告中载有和田公司发放的"宣传单"。其中对"教育"的宣传内容为:"一站式名校教育,周边育才幼儿园、育才小学、市实验小学、市二十二中学、市十中、市一中等名校均汇聚于此。优质的学区氛围,优秀的师资力量,让孩子和居者一起在这里涵育气质,放飞梦想。"在宣传单左上角醒目位置大体字标明:"住紫台一品,上二十二中学!"赵某某、陈某于 2012 年 3 月 8 日与和田公司签订了"商品房买卖合同"一份,购买和田公司开发的位于新乡市 ×× 大道南段 ×× 楼 ×× 单元 ×× 号,建筑面积为 132.16 平方米,商品房单价为每平方米 3 756.22 元的房屋一套。后来经查看 2011 年、2012 年新乡市教育局关于市区义务教育阶段学校招生工作意见的文件发现,紫台一品不属于市二十二中学区范围,遂向新乡市卫滨区人民法院起诉,请求:和田公司赔偿赵某某、陈某 20 000 元。

---

① 参见河南省新乡市中级人民法院(2016)豫 07 民终 3780 号民事判决书。

一审法院认为：本案售楼广告中有关业主子女就读学区为新乡市二十二中的约定虽然未以书面形式出现在商品房买卖合同中，但售楼广告中对于学区为新乡市二十二中的承诺内容明确、表述清晰，该承诺应视为要约附属于合同内容，对开发商具有约束力。赵某某、陈某基于广告宣传与和田公司签订了房屋买卖合同，视为对广告内容产生了信赖利益，该信赖利益应得到保护。赵某某、陈某诉请数额偏高，其诉请中合理部分，依法支持，酌定按每平方米100元对赵某某、陈某进行赔偿。赵某某、陈某房屋的建筑面积为132.16平方米，故赔偿数额为13 216元。

新乡市卫滨区人民法院判决：和田公司于判决生效之日起十日内赔偿赵某某、陈某损失13 216元。

和田公司不服一审判决，向河南省新乡市中级人民法院提起上诉。

新乡市中级人民法院判决：驳回上诉，维持原判。

[法理评析]

1. 广告不得欺骗、误导消费者

《中华人民共和国广告法》（以下简称《广告法》）第4条规定："广告不得含有虚假或者引人误解的内容，不得欺骗、误导消费者。广告主应当对广告内容的真实性负责。"第26条规定："房地产广告，房源信息应当真实，面积应当表明为建筑面积或者套内建筑面积，并不得含有下列内容：（一）升值或者投资回报的承诺；（二）以项目到达某一具体参照物的所需时间表示项目位置；（三）违反国家有关价格管理的规定；（四）对规划或者建设中的交通、商业、文化教育设施以及其他市政条件作误导宣传。"

2. 商品房销售广告内容不实，承担违约责任的法律依据

《最高人民法院关于审理商品房买卖合同纠纷案件适用法律若干问题的解释》第3条规定："商品房的销售广告和宣传资料为要约邀请，但是出卖人就商品房开发规划范围内的房屋及相关设施所做的说明和允诺具体确定，并对商品房买卖合同的订立及房屋价格的确定有重大影响的，应当视为要约。该说明和允诺即使未载入商品房买卖合同，亦应当视为合同内容，当事人违反的，应当承担违约责任。"

3. "相关设施"的含义和界定

"相关设施"包括商品房的基础设施和相关配套设施。商品房的基础设施包括供暖、供电、供水、小区景观、小区内道路、停车场等等。公共配套设施包括商品房

规划范围内的配套和商品房规划范围外的配套,如商业、服务业以及医疗教育、公共交通等公共设施的配套。[①]

案例 1-6 中,河南省和田置业有限公司商品房销售广告中的"住紫台一品,上二十二中学!"属于对商品房的基础设施和相关配套设施所作的说明和允诺。因和田公司违反该约定,法院判决其承担违约责任具有法律依据。

4. "说明和允诺"的含义和界定

商品房销售广告中的"说明和允诺"是指房地产开发商利用广播、电视、报纸、期刊等新闻媒体的广告栏目或自行印制售房宣传资料、设置户外广告、样板房等形式,在宣传和介绍商品房的同时做出的对购买商品房特定事项的说明或者对商品房质量的声明、陈述。这些说明和允诺,在多数情况下房地产开发商均拒绝写进合同条款中,但对购房合同的签订又有着巨大的影响。[②]

案例 1-5 中,德阳市富康房地产开发有限公司的广告宣传中说所售商品房为精装修,这是对所售商品房本身的装修标准所作的说明和允诺,而实际上为毛坯房。富康公司构成违约,按照约定买房人有权解除合同并要求开发商支付违约金。因此,法院判决富康公司退回购房款并支付房款总额 10% 的违约金具有法律依据。

5. 原告如何取证?

此类案件的一个难题就是作为购买商品房的原告,如何取得被法院认可的证据? 在诉讼实践中,作为被告的开发商往往不承认原告提供的广告资料。如果是报纸、电视、期刊上刊登的广告资料,开发商不得不承认,法院也容易采纳。对于开发商自行印制的宣传资料,作为被告的开发商往往不承认这是他们的宣传资料。在这种情况下,如何取得被法院认可的证据? 笔者的方法为:申请公证处的公证员陪同原告到开发商的售楼处获取宣传资料,公证员据此制作公证书。如此取得的证据开发商只能认可,法院采纳也无任何障碍。

---

① 最高人民法院民事审判第一庭:《最高人民法院关于审理商品房买卖合同纠纷案件司法解释的理解与适用》,人民法院出版社 2003 年版,第 53 页。
② 最高人民法院民事审判第一庭:《最高人民法院关于审理商品房买卖合同纠纷案件司法解释的理解与适用》,人民法院出版社 2003 年版,第 40 页。

第二章
商品房预售合同签订和履行过程中的争议

1. 开发商未取得预售许可证,与买房人签订商品房预售合同,合同有效吗?

[问题的提出]

　　商品房预售对于房地产开发企业来说,可以及时回收资金,筹集建设款项,有利于资金的周转,并且还可以通过预售避免市场波动的风险。因此,有些房地产开发企业在未取得商品房预售许可证的情况下,迫不及待地发布卖房广告,招揽客户,与买房人签订商品房预售合同。不少买房人,由于不懂有关法律的规定,看了广告或宣传资料,就轻易与开发商签订了商品房预售合同。殊不知,这样的做法面临着极大的法律风险。

[参考案例]

案例 2-1　河南荣亿置业有限公司与郭某某房屋买卖合同纠纷上诉案[①]

　　2013 年 6 月 14 日,河南荣亿置业有限公司(以下简称荣亿置业)、郭某某签订"商品房认购协议"一份,荣亿置业(甲方)将本公司开发建设的位于郑州航空港区

---

① 参见河南省郑州市中级人民法院(2017)豫 01 民终 2643 号民事判决书。

××路的××项目××号楼××层××号商铺出售给郭某某,该商铺建筑面积约60.47平方米,总价890 118元,郭某某(乙方)首付款为450 118元,剩余房款向银行申请按揭贷款。双方约定买方应保证通信地址及电话信息准确,在卖方电话通知十日内前往售楼部签订正式"商品房买卖合同",须于签订"商品房买卖合同"的当日提交办理按揭所需的客户资料并办理相关按揭手续,并于该协议书第10条明确约定"乙方已知晓该项目所有证件尚在办理之中,自愿与甲方签订本协议书,乙方不能以此理由提出任何异议或索赔"。认购协议签订当日,郭某某即向荣亿置业支付首付款450 118元。

2013年9月4日,郭某某与荣亿置业签订"交房租金补贴协议",荣亿置业以支付租金补贴为名按年利率8%,以首付款为基数,以支付利息的方式向郭某某承担逾期交房的违约责任,同日,郭某某与河南鑫欣时代商业物业服务有限公司签订"试投资协议",约定自2014年1月1日至2015年12月31日郭某某将××楼××层××号商铺的经营管理权托管给河南鑫欣时代商业物业服务有限公司。2013年9月至2014年10月郭某某分别收到荣亿置业股东解慧梅租金补贴转账4笔共计74 518元。

后因荣亿置业所开发项目没有取得预售许可证,不能及时办理房屋产权登记,双方为此发生纠纷。郭某某诉至郑州航空港经济综合实验区人民法院,要求确认双方所签订的"商品房认购协议"为无效合同,并要求荣亿置业返还其所支付的首付款及利息。

一审法院认为,郭某某、荣亿置业签订"商品房认购协议",对购买房屋的面积、价款、付款方式、违约责任等进行约定,且签订时涉案房产项目已建成,尚未经竣工验收合格,该协议应属商品房预售合同。双方在"商品房认购协议"中明确约定郭某某已知该房产项目证件尚在办理之中,不得以此进行索赔,但荣亿置业在未取得商品房预售许可证的情况下出售房产,违反了相关法律规定,且至目前尚未取得商品房预售许可证,其与郭某某所签订的具有商品房预售合同性质的"商品房认购协议"为无效合同,自始对双方当事人不具有法律约束力。荣亿置业据此协议收取郭某某的购房首付款450 118元及郭某某收取荣亿置业的2013年9月至2014年10月期间的租金补贴74 518元均应相互返还。扣除郭某某应向荣亿置业返还的74 518元,荣亿置业应向郭某某返还首付款375 600元。造成预售合同无效的主要责任在于荣亿置业未经审批取得商品房预售许可证,不能归责于郭某某,因此荣亿置业应赔偿郭某某自付清首付款后的利息损失。

一审判决郭某某与荣亿置业于 2013 年 6 月 14 日签订的"商品房认购协议"为无效合同；荣亿置业应于该判决生效后十日内返还郭某某购房首付款 375 600 元，并自 2013 年 6 月 15 日起以 450 118 元为基数按中国人民银行同期贷款利率向郭某某支付利息至实际返还之日。

荣亿置业不服一审判决，提起上诉。

河南省郑州市中级人民法院判决：驳回上诉，维持原判。

案例 2-2　田某某与王某某等执行人执行异议纠纷上诉案[①]

2011 年期间吉林省鹏润房地产开发有限公司（以下简称鹏润公司）从王某某处借款本息合计 750 万元左右，因鹏润公司未能偿还借款本息，双方于 2012 年 11 月 18 日签订了"商品房买卖合同"及购房协议书，以房屋买卖的形式，将 ×× 批发中心配套工程 2 号楼一至三层及负一层的房屋抵债给王某某。鹏润公司向王某某出具 751 万元的商品房销售凭证和全额交付房款收据。

2013 年 8 月 11 日，王某某对 ×× 批发中心配套工程 2 号楼一至三层及负一层房屋门窗加装了电动卷帘门和防盗栏杆。

2012 年 5 月 20 日，鹏润公司因开发房地产需要，向田某某借款 200 万元。经田某某申请，白山仲裁委员会作出裁决：鹏润公司于本裁决作出之日，偿还申请人田某某借款本金 200 万元，并按银行同期贷款利率（年息 6.65%）的四倍支付利息。之后，田某某向白山市中级人民法院申请执行。执行过程中白山市中级人民法院于 2013 年 10 月 26 日作出执行裁定书，裁定查封 ×× 批发中心配套工程 2 号楼三楼大厅，查封期限 2 年。2015 年 10 月 16 日作出执行裁定书，对 ×× 批发中心配套工程 ×× 号楼三楼大厅续封，查封期限 3 年。

王某某以案外人身份，向白山市中级人民法院提出执行异议。2015 年 11 月 30 日，白山市中级人民法院作出执行裁定书，裁定：中止对 ×× 批发中心配套工程 2 号楼三楼大厅的执行。

田某某不服上述裁定，向吉林省白山市中级人民法院提起诉讼，请求：判令对鹏润公司所有的 ×× 批发中心配套工程 2 号楼三楼大厅予以继续执行。

一审法院认为，关于应否准许对案涉争议房产的执行问题，最高人民法院《关

---

① 参见吉林省高级人民法院（2017）吉民终 27 号民事判决书。

于人民法院办理执行异议和复议案件若干问题的规定》第28条规定："金钱债权执行中,买受人对登记在被执行人名下的不动产提出异议,符合下列情形且其权利能够排除执行的,人民法院应予支持:(一)在人民法院查封之前已经签订合法有效的书面买卖合同;(二)在人民法院查封之前已合法占有该不动产;(三)已支付全部价款,或者已按照合同约定支付部分价款且将剩余价款按照人民法院的要求交付执行;(四)非因买受人自身原因未办理过户登记。"从本案情况看,王某某与鹏润公司签订了以房抵债协议。鹏润公司将案涉房屋交付王某某,王某某在取得房屋后于2013年8月11日对案涉房屋加装了电动卷帘门和防盗栏杆。鹏润公司为王某某开具了751万元的商品房销售凭证和全额交付房款收据。因鹏润公司不能办理产权登记,王某某对未能办理过户登记并无过错。故王某某异议理由成立,应中止对案涉房产的执行。

白山市中级人民法院判决:驳回田某某的诉讼请求。

田某某不服一审判决,向吉林省高级人民法院提起上诉。上诉理由是:王某某与鹏润公司签订的商品房买卖合同无效,因为截至一审庭审时,鹏润公司并未取得案涉房屋的预售许可证。

吉林省高级人民法院认为:截至一审庭审时,案涉房屋未经竣工验收,不能办理产权登记,根据《商品房销售管理办法》第3条"商品房销售包括商品房现售和商品房预售。本办法所称商品房现售,是指房地产开发企业将竣工验收合格的商品房出售给买受人,并由买受人支付房价款的行为。本办法所称商品房预售,是指房地产开发企业将正在建设中的商品房预先出售给买受人,并由买受人支付定金或者房价款的行为"之规定,王某某与鹏润公司签订的商品房买卖合同的性质应为商品房预售合同,而非商品房现售合同。

因截至一审庭审时,案涉房屋未取得预售许可证,根据《最高人民法院关于审理商品房买卖合同纠纷案件适用法律若干问题的解释》第2条"出卖人未取得商品房预售许可证明,与买受人订立的商品房预售合同,应当认定无效,但是在起诉前取得商品房预售许可证明的,可以认定有效"之规定,王某某与鹏润公司签订的商品房买卖合同无效。田某某的上诉请求成立,应予支持。

吉林省高级人民法院判决:

(1)撤销一审判决;

(2)准许执行鹏润公司所有的××批发中心配套工程2号楼三楼大厅。

［法理评析］

1. 商品房预售的有关法律规定

《中华人民共和国城市房地产管理法》（以下简称《城市房地产管理法》）第 45 条规定："商品房预售，应当符合下列条件：（一）已交付全部土地使用权出让金，取得土地使用权证书；（二）持有建设工程规划许可证；（三）按提供预售的商品房计算，投入开发建设的资金达到工程建设总投资的百分之二十五以上，并已经确定施工进度和竣工交付日期；（四）向县级以上人民政府房产管理部门办理预售登记，取得商品房预售许可证明。商品房预售人应当按照国家有关规定将预售合同报县级以上人民政府房产管理部门和土地管理部门登记备案。商品房预售所得款项，必须用于有关的工程建设。"

《最高人民法院关于审理商品房买卖合同纠纷案件适用法律若干问题的解释》第 2 条规定："出卖人未取得商品房预售许可证明，与买受人订立的商品房预售合同，应当认定无效，但是在起诉前取得商品房预售许可证明的，可以认定有效。"

2. 商品房预售许可证是商品房预售合同是否有效的一个条件

根据《城市房地产管理法》第 45 条的规定，商品房预售必须取得预售许可证，这是法律的强制性规定。

根据《最高人民法院关于审理商品房买卖合同纠纷案件适用法律若干问题的解释》第 2 条的规定，开发商未取得商品房预售许可证明，与买受人订立的商品房预售合同，应当认定无效。

因此，商品房预售许可证是商品房预售合同是否有效的一个条件。法律之所以这样规定，是因为商品房预售不仅是特殊商品——房地产的买卖行为，而且是一种特殊形式的房地产买卖行为，即房地产开发企业将正在建造中的房屋预先出售给买受人。由于买卖合同的标的物在订立合同时并不存在，出卖人对其并不享有完全意义的所有权，当事人享有的只是一种物权的期待权。由于商品房买卖是老百姓家庭消费中最重大的支出，往往要倾注毕生的积蓄或因此背上沉重的债务，因此，为了防止开发商经营不善损害买受人的利益，法律对商品房预售限定了严格的条件。①

---

① 最高人民法院民事审判第一庭：《最高人民法院关于审理商品房买卖合同纠纷案件司法解释的理解与适用》，人民法院出版社 2003 年版，第 29~30 页。

3. 未取得商品房预售许可证签订预售合同的风险

法律规定未取得商品房预售许可证,订立的商品房预售合同无效。通过上述两个案例可知,法院在司法实践中也严格贯彻了最高人民法院的上述司法解释精神。因此,在未取得商品房预售许可证的情况下签订预售合同,无论对于房地产开发企业或者是买房人都有很大的法律风险。对于房地产开发企业来说,交易未成还要承担交易成本,如果是故意隐瞒未取得商品房预售许可证的事实,还要承担退一赔一的法律制裁(这个问题在以后的章节中会有专门论述)。对于买房人来说,合同无效,双方相互返还,面临的风险是开发商可能无力返还购房款,正如案例 2-2 中的情况,这样会导致当事人陷入进退两难的困境。

总之,开发商未取得商品房预售许可证签订的预售合同无效。

2. 订立合同时开发商故意隐瞒没有取得预售许可证的事实,买受人应如何提诉讼请求?

[问题的提出]

在经济欠发达的偏远地区,有些房地产开发企业法律意识比较淡漠,不知道在没有取得预售许可证的情况下法律禁止其与买受人签订商品房买卖合同或者商品房预售合同,不知道这样做要承担严重的法律后果。为了尽早回笼资金,有些房地产开发企业在没有取得预售许可证的情况下,擅自与买受人签订商品房买卖合同或者商品房预售合同。遇到这种情况,有些买受人甚至代理律师在诉讼请求中往往会出现这样或那样的问题,提出的诉讼请求不当,不符合法律规定,有时会损害当事人的利益。

[参考案例]

案例 2-3 陕西建万嵘实业有限公司与阴某商品房预售 合同纠纷案①

2012 年 4 月 19 日，陕西建万嵘实业有限公司(以下简称建万嵘公司)与阴某签订"商品房买卖合同"，合同约定：阴某购买建万嵘公司开发的 ×× 幢 ×× 单元 2701 号房屋，该房屋建筑面积 144.81 平方米，单价 5 301 元；建万嵘公司于 2014 年 1 月 30 日前向阴某交付房屋，逾期超过 30 日后，阴某有权解除合同，建万嵘公司应当自阴某解除合同通知到达之日起 30 天内退还全部已付款，并按阴某累计付款的 3% 支付违约金；经规划部门批准的规划变更、设计单位同意的设计变更影响原告所购房屋质量或使用功能的，买受人退房时，建万嵘公司需在 15 日内将已付款退还给阴某，并按银行同期活期存款利率给付利息，双方还就其他事项进行了约定。

阴某先前支付了 5 万元选房款，又于 2011 年 9 月 14 日支付房款 345 728 元，2012 年 4 月 19 日签订合同时支付 371 910 元，共计支付 767 638 元房屋总价款。

2015 年 2 月 5 日，阴某以建万嵘公司未按照约定时间交房，且安康市城乡建设规划局对 ×× 大厦的审批楼层是 21+1 层，合同存在欺诈为由诉至安康市中级人民法院，请求：(1)解除合同；(2)返还购房款 767 638 元，并赔偿损失 767 638 元。安康市中级人民法院将案件移送至陕西省安康市汉滨区人民法院审理。

一审法院查明，安康市住房和城乡建设局于 2012 年 2 月 20 日准予建万嵘公司公开预售 22 518 平方米、180 套房屋，并于 2012 年 3 月 8 日颁发《商品房预售许可证》，许可套数为 180 套，层数为 21+1 层，建筑面积为 22 518 平方米。建万嵘公司抗辩称：双方签订的"房屋买卖合同"系有效合同，不得解除。房屋延期交付是由于拆迁、天气、地质、图纸变更、住建局审批等客观原因造成，公司无主观恶意，并非有意不履行合同义务。公司愿意在同一地段提供一套超过原购房面积的房屋供阴某购买，也愿意全额退款并按照法律规定承担利息。

一审法院认为，建万嵘公司与阴某签订商品房买卖合同后，阴某按合同约定交付了全额房款，但因双方签订合同时安康市城乡建设规划局对 ×× 大厦审批的楼

---

① 参见陕西省安康市中级人民法院(2016)陕 09 民终 470 号民事判决书。

层为21+1层,合同约定阴某所购买的××幢××单元27层2701号房屋并不存在,故双方签订的商品房买卖合同为无效合同,对阴某要求判令建万嵘公司全额退还购房款767 638元的诉讼请求,予以支持。对阴某要求建万嵘公司赔偿767 638元的诉讼请求,应予支持。

一审法院判决:(1)阴某与陕西建万嵘实业有限公司之间签订的房屋买卖合同为无效合同;(2)由陕西建万嵘实业有限公司返还阴某购房款767 638元,赔偿767 638元,共计1 535 276元,限判决生效后十五日内履行完毕。

建万嵘公司不服一审法院的判决,向陕西省安康市中级人民法院提起上诉。

该院认为,阴某与建万嵘公司签订的"商品房买卖合同"系商品房预售合同。双方于2012年4月19日签订"商品房买卖合同"时,君安大厦尚未竣工验收合格,建万嵘公司将正在建设中的商品房预先出售给买受人阴某,其行为属于商品房预售。建万嵘公司向阴某出售的该套房屋并未取得商品房预售许可证明,安康市房产管理局许可建万嵘公司公开销售的层数最高为21层,而建万嵘公司出售给阴某的商品房位于××大厦第27层。根据《最高人民法院关于审理商品房买卖合同纠纷案件适用法律若干问题的解释》第2条规定,出卖人未取得商品房预售许可证明,与买受人订立的商品房预售合同,应当认定无效。故建万嵘公司上诉主张合同有效的理由,不能成立。阴某起诉主张解除合同,因解除合同的前提系合同有效,而阴某与建万嵘公司签订的"商品房买卖合同"属无效合同,故阴某的该项诉讼请求亦不予支持。

陕西省安康市中级人民法院认为,建万嵘公司与阴某签订的"商品房买卖合同"系无效合同,建万嵘公司明知该套房屋并无预售许可证明,仍与阴某签订购房合同,存在故意隐瞒行为。故买受人阴某有权要求建万嵘公司返还已付购房款并承担惩罚性赔偿责任,建万嵘公司上诉认为仅应当返还阴某购房款及利息的理由,不予采信。

陕西省安康市中级人民法院认为,建万嵘公司的上诉请求不能成立,应予驳回。一审判决认定事实清楚,但适用法律错误。安康市中级人民法院判决:

(1)撤销陕西省汉滨区人民法院(2015)汉滨民初字第01994号民事判决第一项;

(2)维持判决第二项,即,陕西建万嵘实业有限公司返还阴某购房款767 638元,赔偿款767 638元,共计1 535 276元,限判决生效后十五日内履行完毕;

(3)驳回被上诉人阴某的其他诉讼请求。

案例 2-4　毕节中和置业有限公司与李某商品房预约合同纠纷上诉案①

2015 年 3 月 25 日,毕节中和置业有限公司(以下简称中和置业公司)与李某双方签订"×× 项目自主经营商铺定制协议"(以下简称商铺定制协议),该协议约定:李某所定制的商铺为中和置业公司建设的位于毕节 ×× 区 ×× 项目中的 ×× 区第 ×× 幢,商铺号为 109,建筑面积约 104.72 平方米(最终以房产管理部门测绘数据为准),每平方米单价为 8 903 元,总价为 932 322 元。优惠后每平方米单价为 6 702 元,优惠后总房款为 695 000 元。双方签订"商品房买卖合同"时,李某支付不少于总房款的 50%,余额按揭贷款。中和置业公司承诺该商铺在 2015 年 6 月前达到商品房预售条件,试营时间在 2015 年 10 月 10 日前,签订商铺定制协议时,李某需向中和置业公司支付履约保证金 6 万元。在商铺达到商品房预售条件时,中和置业公司用书面或其他方式通知李某在规定时间内签订"商品房买卖合同",李某未在中和置业公司确定的时间内签订"商品房买卖合同"的,中和置业公司有权解除定制协议,李某已支付的履约保证金不予退还。商铺定制协议经双方签字生效,在签订"商品房买卖合同"后,商铺定制协议自行终止,协议终止后,履约保证金抵作商铺购房款。签订该商铺定制协议当天,李某依约向中和置业公司支付履约保证金 6 万元,中和置业公司向李某出具了收款收据。

嗣后,经中和置业公司通知,李某于 2015 年 8 月 31 日与中和置业公司签订"商品房买卖合同",并向中和置业公司支付了购房款 365 000 元,中和置业公司向李某出具了收款收据。但中和置业公司以需要将"商品房买卖合同"送往房产部门备案及办理按揭贷款为由,未将合同交给李某。李某曾多次向中和置业公司索要"商品房买卖合同",该公司至今亦未将合同交给李某。

李某以中和置业公司未取得《商品房预售许可证》,无法办理备案登记及按揭贷款为由,向贵州省毕节市七星关区人民法院起诉,请求:(1)判决确认原告李某与被告毕节中和置业有限公司订立的"商品房买卖合同"无效,并解除双方于 2015 年 3 月 25 日签订的商铺定制协议;(2)判令被告毕节中和置业有限公司返还原告李某购房款 425 000 元;(3)判令被告毕节中和置业有限公司赔偿原告李某损失 425 000 元(已付房款的一倍);(4)判令被告毕节中和置业有限公司赔偿原告李某

① 参见贵州省毕节市中级人民法院(2016)黔 05 民终 2051 号民事判决书。

之利息损失。

　　法庭另查明,到目前为止,涉案商铺仅完成主体结构,并不具备交付条件,且被告中和公司尚未取得涉案商铺的《商品房预售许可证》。

　　一审法院认为:本案争议的焦点是被告中和置业公司是否存在"故意隐瞒没有取得商品房预售许可证明"的事实。

　　一审法院认为,由于商品房认购书是出卖人与买受人就订立商品房买卖合同相关事宜进行的约定,是约定当事人有义务在一定期限内签订买卖合同,不是对商品房买卖结果进行直接确认,所以原告与被告签订的商铺定制协议属于商品房买卖预约合同。该预约合同的目的在于促使原、被告签订"商品房买卖合同",商铺定制协议约定在涉案商铺达到商品房预售条件时被告通知原告与其签订"商品房买卖合同",原告依被告通知于2015年8月31日与被告订立了"商品房买卖合同",故该商铺定制协议的目的已实现,且双方约定签订"商品房买卖合同"后,商铺定制协议自行终止,因此原、被告在2015年8月31日签订"商品房买卖合同"时商铺定制协议的权利义务终止。故对原告要求解除商铺定制协议的诉讼请求,不予支持。

　　原、被告虽在2015年8月31日签订"商品房买卖合同",且被告以该合同未备案为由未将该合同交给原告持有,但至起诉前被告仍未取得商品房预售许可证明,双方签订的"商品房买卖合同"应认定为无效。被告在没有取得商品房预售许可证明的情况下,为促使原告与其签订"商品房买卖合同",故意不向原告披露其并未取得商品房预售许可证明的事实,被告应当向原告返还购房款425 000元,赔偿原告已付购房款的利息损失并承担原告已付购房款一倍(425 000元)的赔偿责任。

　　一审法院判决:

　　(1)原告李某与被告毕节中和置业有限公司于2015年8月31日签订的"商品房买卖合同"无效;

　　(2)被告毕节中和置业有限公司于本判决发生法律效力之日起十日内返还原告李某购房款人民币425 000元,并赔偿利息损失;

　　(3)被告毕节中和置业有限公司于本判决发生法律效力之日起十日内赔偿原告李某人民币425 000元;

　　(4)驳回原告李某的其他诉讼请求。

　　中和置业公司不服一审判决,向贵州省毕节市中级人民法院提起上诉。上诉理由是中和置业公司不存在故意隐瞒和欺诈的行为,只应退还被上诉人购房款,不应承担购房利息及已付购房款一倍的赔偿责任。

贵州省毕节市中级人民法院认为：双方争议焦点的核心是上诉人在与被上诉人签订"商品房买卖合同"时是否取得商品房预售许可证明及是否向被上诉人披露其未取得《商品房预售许可证》的事实。上诉人与被上诉人于 2015 年 8 月 31 日签订"商品房买卖合同"，直至本案一、二审在长达一年多时间均未取得涉案商铺的《商品房预售许可证》。上诉人作为房地产开发专业企业，对涉案商铺进行预售时企业的预售行为是否符合《城市商品房预售管理办法》第 5 条规定的预售条件及第 6 条关于未取得《商品房预售许可证》的，不得进行商品房预售的禁止条件是明知的，即上诉人在进行涉案商铺预售时没有取得《商品房预售许可证》这一事实是客观存在的，且上诉人没有将未取得《商品房预售许可证》这一客观事实向与其订立"商品房买卖合同"的被上诉人进行披露，存在隐瞒的事实。作为专业房地产开发企业，取得《商品房预售许可证》进行商品房预售是其法定义务而非约定义务，不管相对人在签约时是否向其主张要求出示《商品房预售许可证》，均不能免除上诉人承担的该法定义务。上诉人的上诉无事实和法律依据。

贵州省毕节市中级人民法院判决：驳回上诉，维持原判。

[法理评析]

1. 向承购人出示《商品房预售许可证》是房地产开发企业的法定义务

《城市房地产开发经营管理条例》第 27 条第 1 款规定："房地产开发企业预售商品房时，应当向预购人出示商品房预售许可证明。"

《城市商品房预售管理办法》第 9 条规定："开发企业进行商品房预售，应当向承购人出示《商品房预售许可证》。售楼广告和说明书应当载明《商品房预售许可证》的批准文号。"

2. 开发商故意隐瞒没有取得商品房预售许可证明的事实要承担惩罚性赔偿责任

根据《最高人民法院关于审理商品房买卖合同纠纷案件适用法律若干问题的解释》第 9 条第 1 款的规定，故意隐瞒没有取得商品房预售许可证明的事实或者提供虚假商品房预售许可证明，开发商要承担退一赔一的惩罚性赔偿责任。

3. 如何认定开发商故意隐瞒没有取得商品房预售许可证明的事实？

鉴于向承购人出示《商品房预售许可证》是房地产开发企业的法定义务，只要开发商没有取得商品房预售许可证明并且不主动向买房人说明该事实，就可认定其故意隐瞒。对于"主动说明"的事实，开发商应当承担举证责任。

笔者认为,这种情况在证明责任分配上属于举证责任倒置,即应当由出卖人举证证明其没有故意隐瞒,其主动告知了买受人有关情况。否则,就可认定为故意隐瞒。

4.订立合同时开发商故意隐瞒没有取得预售许可证的事实,买受人应如何提诉讼请求?

《最高人民法院关于审理商品房买卖合同纠纷案件适用法律若干问题的解释》第2条规定:"出卖人未取得商品房预售许可证明,与买受人订立的商品房预售合同,应当认定无效,但是在起诉前取得商品房预售许可证明的,可以认定有效。"

案例2-3中,陕西省安康市汉滨区人民法院判决的第一项:判决阴某与陕西建万嵘实业有限公司之间签订的房屋买卖合同为无效合同。陕西省安康市中级人民法院以适用法律错误的理由判决撤销了上述判决。为什么?既然确属无效合同,为什么说是适用法律错误?这是因为一审原告主张解除合同,法院的判决不能超出原告的诉讼请求。如果原告的诉讼请求不合法,法院应当判决驳回。在该案中,原告主张解除合同的诉讼请求显然不合法,因为只有有效的合同才能解除,合同本身无效,不能主张解除合同,只能要求确认合同无效。

回到本节内容的主题,订立合同时开发商故意隐瞒没有取得预售许可证的事实,买受人应如何提诉讼请求?结合司法实践和大量的判例,笔者总结如下:

(1)请求判决确认合同无效;

(2)请求判决归还已付的购房款及利息损失;

(3)请求判决赔偿已付购房款一倍的损失。

3. 在签订合同时,开发商故意隐瞒所售房屋已经抵押的事实,买受人可以主张惩罚性赔偿吗?

[问题的提出]

房地产行业是资金密集型行业,开发商需要投入大量的资金。在现实生活中,由于资金紧张,开发商往往将土地使用权或者在建的房屋抵押给银行以获取贷款,希望在房子卖出后归还贷款,解除抵押。在与买受人签订买卖合同时,开发商担心一旦告知买受人房屋抵押的情况,会导致交易失败。因此,开发商会故意隐瞒房屋抵押的事实。如此一来,房屋买受人承受很大的风险,一旦房屋销售不理想,开发商不能筹集资金归还贷款,就无法解除抵押,导致不能办理房屋产权登记,无法取得产权证书。甚至会面临建筑物烂尾的风险。以上这种情况严重侵害了买受人的合法权益,因此,需要法律制度制裁该行为。

[参考案例]

案例 2-5 新疆恒润实业有限公司诉张某某商品房销售合同纠纷案[①]

再审申请人新疆恒润实业有限公司(以下简称恒润公司)因与被申请人张某某商品房销售合同纠纷一案,不服新疆维吾尔自治区高级人民法院(以下简称二审法院)(2015)新民一终字第 378 号民事判决,向该院申请再审。该院依法组成合议庭进行了审查。

恒润公司申请再审称:(1)恒润公司在本案二审中,向二审法院提交了一份张某某的父亲与恒润公司员工的电话录音,该电话录音形成于 2013 年 9 月,即双方签订"商品房买卖合同"的当月,在这个电话录音里,提到了抵押没有解的问题,说明张某某在购买涉案房屋时,是知道该房屋已抵押。该录音资料能够证明原判决认定的基本事实及判决结果错误。但对上述证据,二审法院未组织质证且未作为裁判根据。(2)张某某起诉主张恒润公司支付其 150 万元的赔偿金,其应当证实的基本事实有两个:一是张某某是因恒润公司抵押了所售房屋所以不能取得该房屋,二是恒润公司"故意隐瞒"所售房屋已经抵押的事实。而这两个基本事实,在张某某未能提供充分、有证明力的证据予以证明的前提下,法庭仅采信张某某的陈述,违背客观事实,作出了错误的认定及判决。(3)原判决在适用法律上也是错误的,本案不能适用《最高人民法院关于审理商品房买卖合同纠纷案件适用法律若干问题的解释》第 9 条的规定。适用该解释第 9 条的前提条件是出卖人故意隐瞒房屋抵押事实,本案客观事实是张某某实际知道所购房屋已抵押的事实,恒润公司提供的电话录音足以证明此事实。即便适用上述法律规定,但因恒润公司的过错并不必然导致合同无法履行,因此不应顶格赔偿。

---

① 参见最高人民法院(2016)最高法民申 2062 号民事裁定书。

张某某辩称:2013 年 9 月 1 日其与恒润公司签订"商品房买卖合同",合同签订后其向恒润公司支付了 150 万元首付款,合同约定交房时间为 2013 年 11 月 30 日之前。2015 年 3 月 9 日其向乌鲁木齐市房屋产权交易管理中心查询该房屋现状,得知该房屋在出售给张某某前已被恒润公司抵押给银行,恒润公司未向张某某交付房屋且目前抵押一直持续中。因此,恒润公司根本无法向张某某交付房屋。

为了进一步查清有关事实,该院对本案当事人进行了询问,恒润公司当庭播放了电话录音,张某某质证认为,对电话录音的真实性不予认可,且无法确认录音的时间点,有可能是双方协商之后录音。

最高人民法院经审查认为:(1)对于恒润公司提交的电话录音,因无法确认系在 2013 年 9 月录制,张某某在 2013 年 9 月 1 日就与恒润公司签订"商品房买卖合同",随后即支付了首付款 150 万元。根据现有证据,恒润公司难以证明张某某在签订购房合同时就知晓涉案房屋已经抵押的事实,故对恒润公司有关其并未故意隐瞒所售房屋已经抵押的申请再审主张不予采信。(2)恒润公司再审主张赔偿金的数额不应按照最高赔偿额顶格赔偿的问题,最高人民法院认为,一、二审法院根据《最高人民法院关于审理商品房买卖合同纠纷案件适用法律若干问题的解释》第 9 条规定的精神,判决恒润公司承担张某某已付购房款一倍的赔偿责任,系法官根据案件的实际情况依法行使自由裁量权。

最高人民法院对恒润公司的再审主张不予支持,裁定:驳回新疆恒润实业有限公司的再审申请。

案例 2-6　重庆浩博实业(集团)有限公司与沈某某房屋买卖合同纠纷上诉案[①]

2016 年 2 月 3 日,重庆浩博实业(集团)有限公司(以下简称浩博公司)(甲方)与沈某某(乙方)签订"车位认购协议",约定沈某某向浩博公司认购车位,认购价为 9 万元整。协议第 4 条约定:本协议签订之日,甲方已经明确告知乙方所购本物业目前形态,乙方表示认可和同意。协议第 9 条第 1 款约定:若因甲方的原因造成如下任意情形之一的,乙方有权单方面解除本认购协议。乙方要求解除本认购协议的,甲方应从所付价款之日按所付价款的月 1.5% 计算赔偿:(1)在双方签订本物业

---

① 参见重庆市第一中级人民法院(2017)渝 01 民终 1111 号民事判决书。

正式的"重庆市商品房买卖合同"前,甲方擅自将本物业另行出售给他人,致使乙方无法取得本物业的;(2)甲方按约定没有向银行解除抵押。同日,沈某某向浩博公司缴纳车位购置款9万元。截至2016年11月10日,沈某某认购的车位仍处于抵押状态。

沈某某向重庆市北碚区人民法院起诉,请求:(1)解除与浩博公司签订的"车位认购协议";(2)浩博公司返还沈某某车位购置费9万元并赔偿损失9万元。

浩博公司抗辩称:原告所认购的车位有抵押限制,且抵押在先。对此,原告在签署"车位认购协议"时知晓该事实,不存在故意隐瞒抵押的事实。

一审法院认为,依法成立的合同,对当事人具有法律约束力。当事人应当按照约定履行自己的义务,不得擅自变更或者解除合同。在本案中,原告与浩博公司签订的"车位认购协议"系双方真实意思的表示,且不违反法律的禁止性规定,当属有效。双方应当按照"车位认购协议"的约定履行各自的义务。截至本案的开庭之日,沈某某所认购的车位仍处于抵押状态,无法办理过户手续,致使沈某某签订"车位认购协议"的目的无法得以实现。故对沈某某要求解除与浩博公司签订的"车位认购协议"的主张,一审法院予以支持。

一审法院认为,双方协议第9条的约定仅是双方对解除认购协议的情形进行的罗列,并不能由此证明在签订认购协议之日,浩博公司明确告知沈某某其所购车位已经处于抵押的状态,且浩博公司并未举示其他证据证明其已向沈某某告知涉案车位已经处于抵押的状态。故浩博公司的上述行为,符合故意隐瞒涉案车位已经抵押的情形,应当承担相应的法律责任。综合本案的具体情形,一审法院对沈某某诉称要求浩博公司赔偿损失9万元的请求,予以支持。

一审法院判决:(1)解除沈某某与重庆浩博实业(集团)有限公司于2016年2月3日签订的"车位认购协议";(2)重庆浩博实业(集团)有限公司于本判决生效之日起三日内返还沈某某支付的车位购置费90 000元,并支付沈某某赔偿金90 000元,沈某某于本判决生效之日起三日内向重庆浩博实业(集团)有限公司返还车位。

浩博公司不服一审判决,向重庆市第一中级人民法院提起上诉。上诉理由是:被上诉人所认购的车位有抵押限制,且抵押在先。对此,被上诉人在签署"车位认购协议"时知晓该事实。证据是"车位认购协议"第9条的约定:"乙方要求解除本认购协议的,甲方应从所付价款之日按所付价款的月1.5%计算赔偿","甲方按约定没有向银行解除抵押"。

该院二审期间,浩博公司举示了有关车位的新闻报道视频资料及文字记载、大渝报料台的跟踪报道、浩博公司对销售车位一事给各部门的情况汇报三份新证据,拟证明浩博公司在销售车位时明确告知车主车位存在抵押担保的事实,公司不存在故意隐瞒的情况。沈某某质证认为,对上述证据的真实性予以认可,但不认可与本案的关联性,因视频资料里无本案当事人,不能达到浩博公司的证明目的。

该院认为,因上述资料不能显示与本案当事人的直接关系,故不认可其与本案的关联性,对上述证据不予采信。

重庆市第一中级人民法院认为,双方于2016年2月2日签订"车位认购协议",同日,沈某某向浩博公司支付了9万元的车位购置款,但在双方签订合同前,浩博公司已将车位进行了抵押,且其未举示证据证明已向沈某某告知涉案车位已经处于抵押的状态,截至本案一审开庭之日,沈某某所认购的车位仍处于抵押状态,无法办理过户手续,致使沈某某签订"车位认购协议"的目的无法得以实现。浩博公司的行为符合故意隐瞒涉案车位已经抵押的情形,浩博公司认为双方在协议第9条约定:"乙方要求解除本认购协议的,甲方应从所付价款之日按所付价款的月1.5%计算赔偿","甲方按约定没有向银行解除抵押",已表明浩博公司将车位抵押的事实告知沈某某,其不存在隐瞒的事实,本院认为协议中的上述表述不能证明浩博公司已经明确告知沈某某涉案车位已经处于抵押的状态,故浩博公司关于此的上诉理由不能成立。

重庆市第一中级人民法院判决:驳回上诉,维持原判。

[法理评析]

1. 在签订合同时,开发商故意隐瞒所售房屋已经抵押的事实,买受人主张惩罚性赔偿的法律依据

《最高人民法院关于审理商品房买卖合同纠纷案件适用法律若干问题的解释》第9条规定:"出卖人订立商品房买卖合同时,具有下列情形之一,导致合同无效或者被撤销、解除的,买受人可以请求返还已付购房款及利息、赔偿损失,并可以请求出卖人承担不超过已付购房款一倍的赔偿责任:(一)故意隐瞒没有取得商品房预售许可证明的事实或者提供虚假商品房预售许可证明;(二)故意隐瞒所售房屋已经抵押的事实;(三)故意隐瞒所售房屋已经出卖给第三人或者为拆迁补偿安置房屋的事实。"

2．"故意隐瞒"的证明责任

如果按照通常的理解,作为原告的房屋买受人应当对出卖人"故意隐瞒所售房屋已经抵押的事实"承担证明责任,包含两层意思:一是原告要证明所售房屋已经抵押;二是原告要证明出卖人"故意隐瞒"。证明所售房屋已经抵押的事实并不难,到房地产交易中心查询即可证明。但是,"故意隐瞒"属于主观心理活动,只有行为人自己才知道,任何他人无法证明这种心理活动,让原告证明出卖人"故意隐瞒",在客观上是不可能的。在司法实践中如何处理这一问题? 上述两个案例回答了这个问题。

案例2-5中,最高人民法院认为:"根据现有证据,恒润公司难以证明张某某在签订购房合同时就知晓涉案房屋已经抵押的事实,故对恒润公司有关其并未故意隐瞒所售房屋已经抵押的申请再审主张不予采信。"

案例2-6中,重庆市北碚区人民法院、重庆市第一中级人民法院都认为,双方协议第9条的约定仅是双方对解除认购协议的情形进行的罗列,并不能由此证明在签订认购协议之日,浩博公司明确告知沈某某其所购车位已经处于抵押的状态,且浩博公司并未举示其他证据证明其已向沈某某告知涉案车位已经处于抵押的状态。故浩博公司的上述行为,符合故意隐瞒涉案车位已经抵押的情形。

通过上述两个案例的判决理由可以看出,各级法院都要求出卖人举证证明其已明确告知买受人涉案房屋已经处于抵押的事实,否则,就认定为出卖人"故意隐瞒"。

换句话说,作为原告的房屋买受人无需证明出卖人"故意隐瞒",相反,出卖人有义务证明其已明确告知买受人涉案房屋已经处于抵押的事实。对此处理方法,司法机关已达成共识。

4. 签订房屋买卖合同后,出卖人将房屋抵押、出售给他人,应承担什么责任?

[问题的提出]

司法实践中,出卖人先卖后抵、一房数卖的情况较为普遍,严重损害了广大买受人的利益,造成大量纠纷出现,影响了社会经济发展和社会秩序的安定。[①]对于出卖人上述的恶意违约行为,《最高人民法院关于审理商品房买卖合同纠纷案件适用法律若干问题的解释》第 8 条引入了惩罚性赔偿的制度,以制裁这种恶意违约行为。

[参考案例]

案例 2-7 陕西德诚居房地产开发有限责任公司与彭某商品房买卖合同纠纷案[②]

2013 年 5 月 18 日,出卖人陕西德诚居房地产开发有限责任公司(以下简称德诚居开发公司)与买受人彭某就购买 ×× 大厦商铺壹间签订"×× 大厦认购协议书"。协议约定:乙方(彭某)自愿交纳定金,认购甲方(德诚居开发公司)开发的位于陕西省铜川市 ×× 区 ×× 路 ×× 号 ×× 大厦商铺壹间,建筑面积约为 130 平方米,最终以房管局测量确认标准为准;付款方式为一次性付款,认购商铺单价为每平方米 21 000 元,总房价为 273 万元。协议还对付款时间、地点、解释权等进行了约定。之后按照协议约定,彭某分三笔共向德诚居开发公司转账 273 万元。

2012 年 8 月,德诚居开发公司与案外人李某等五方签订"回购协议"。"回购协议"约定:甲方德诚居开发公司将 ×× 大厦项下的 4 套房产(包括彭某所购商铺)整体出售给乙方李某,作价人民币 700 万元,并办理了网签登记,房屋登记信息现均在李某名下,处于备案状态。甲、乙双方商定,从本协议生效之日起三个月内,甲方可以回购,回购价为人民币 7 315 000 元。若三个月内不回购,视同放弃回购权利。约定的回购期满后,德诚居开发公司未回购上述出售的房屋。

2012 年 8 月,在德诚居开发公司与彭某签订房屋认购协议之前,德诚居开发公司将包括该争议房屋在内的房屋与李某签订了商品房买卖合同,同时作为甲方的德诚居开发公司与乙方李某等五方又签订回购协议,之后虽履行了该回购协议内容,但未对争议房屋注销网签。

---

① 最高人民法院民事审判第一庭:《最高人民法院关于审理商品房买卖合同纠纷案件司法解释的理解与适用》,人民法院出版社 2003 年版,第 94 页。
② 参见陕西省高级人民法院(2016)陕民终 458 号民事判决书。

彭某以购买的商铺不能实现合同目的为由,向陕西省铜川市中级人民法院提起诉讼,请求:(1)解除其与德诚居开发公司签订的"××大厦认购协议书";(2)德诚居开发公司立即返还彭某已付购房款273万元及利息;(3)德诚居开发公司承担彭某已付购房款一倍的赔偿责任。

陕西省铜川市中级人民法院审理认为,从本案双方签订的认购协议内容上看,"××大厦认购协议书"具备《商品房销售管理办法》规定的具有实质性特点的主要内容,且德诚居开发公司收取了购房款,因此该协议应当认定为商品房买卖合同。

在德诚居开发公司与彭某签订房屋认购协议之前,德诚居开发公司将包括该争议房屋在内的房屋与李某签订了商品房买卖合同,同时作为甲方的德诚居开发公司与乙方李某等五方又签订回购协议,之后虽履行了该回购协议内容,但未对争议房屋注销网签。德诚居开发公司与彭某签订认购协议书、全额收取房款时虽口头告知彭某不能网签,但隐瞒了该房屋已与他人签订商品房买卖合同、争议房屋已抵押的事实真相。在2013年5月德诚居开发公司与彭某签订房屋认购书之后,同年9月德诚居开发公司、李某等五方再次将包括已出售给彭某的商用房在内的"商品房买卖合同"项下4套房产签订了回购协议,德诚居开发公司未有证据证明将该情况告知彭某,德诚居开发公司未能按协议回购房屋。根据回购协议约定,其已丧失回购权,网签登记也未能撤销或变更,且至今争议房屋也未注销网签。导致原告无法取得房屋,合同目的至今因存在客观障碍不能实现,严重侵害了原告的合法权益。

由于德诚居开发公司与彭某签订认购协议书、全额收取房款时隐瞒了该房屋已与他人签订商品房买卖合同并已抵押的事实,致使彭某作出错误意思表示行为。且其在与彭某签订合同收取房款后,在未告知彭某的情况下再次将该房屋设定抵押,并未按约定回购,致使至今涉案房屋还在李某名下。彭某的合同目的至今不能实现。彭某主张德诚居开发公司返还已付购房款及利息,并承担不超过已付购房款273万元一倍的赔偿责任于法有据,应予支持。根据被告的过错程度、本案实际情况、被告承担的利息、惩罚的程度及德诚居开发公司在签订协议时已告知彭某不能网签等因素,德诚居开发公司应承担已付购房款273万元80%的赔偿责任,即218.4万元。

陕西省铜川市中级人民法院判决:(1)解除德诚居开发公司与彭某签订的"××大厦认购协议书";(2)德诚居开发公司于判决发生法律效力之日起30日内向彭某返还购房款273万元并支付利息;(3)德诚居开发公司于判决发生法律效力

之日起 30 日内向彭某赔偿 218.4 万元。

德诚居开发公司不服上述判决,向陕西省高级人民法院提起上诉。

陕西省高级人民法院经审理后,判决:驳回上诉,维持原判。

案例 2-8　北京盛世嘉禾房地产开发有限公司上诉季某某等商品房预售合同纠纷案[①]

2009 年 12 月 13 日,北京盛世嘉禾房地产开发有限公司(以下简称盛世嘉禾公司)(以下简称出卖人)与季某某、赵某某(以下简称买受人)签订"商品房买卖合同",约定:出卖人以出让方式取得位于河北省涞水县三坡镇下庄村,编号为涞国用(2006)第 129 号地块的土地使用权。出卖人经批准,在上述地块上建设商品房,暂定名为野三坡旅游度假村住宅小区(推广名为中国山水醉),买受人购买的商品房为××号房;建筑面积 163.45 平方米,总价款 680 148 元;买受人一次性付款;出卖人应当在 2010 年 10 月 31 日前,将商品房交付使用。出卖人应当在商品房交付使用后 365 日内,将办理权属登记需由出卖人提供的资料报产权登记机关备案,如因出卖人责任,买受人不能在规定期限内取得房地产权属证书的,双方同意按以下方式处理:买受人退房,出卖人在买受人提出退房要求之日起 60 日内将买受人已付房价款退还给买受人,并按已付房价款的中国人民银行同期活期存款利率赔偿买受人损失。

前述房屋买卖合同签订后,季某某、赵某某支付了 680 148 元购房款。2009 年 12 月 24 日,盛世嘉禾公司出具了购房款发票。2011 年 6 月,盛世嘉禾公司交付了涉案房屋。2011 年 9 月 16 日,季某某、赵某某支付了面积补差款 10 486.22 元,合计共支付房款 690 634.22 元。2011 年 9 月 22 日,盛世嘉禾公司向季某某、赵某某支付了逾期交房违约金 30 879 元。

2011 年 7 月 7 日,北京波峰世纪实业有限责任公司(以下简称波峰公司)将其名下涞国用(2006)第 129 号土地使用权抵押给北京农村商业银行股份有限公司花乡支行,并办理了土地使用权抵押登记。抵押期限为 2011 年 7 月 7 日至 2012 年 7 月 6 日。现抵押未予解除。

另外,涞国用(2006)第 129 号土地使用权登记在波峰公司名下。2008 年 12

---

① 参见北京市第二中级人民法院(2016)京 02 民终 6989 号民事判决书。

月 12 日,波峰公司(甲方)与盛世嘉禾公司(乙方)签订"'野三坡旅游度假村'项目合作协议",约定:本项目由双方共同建设;甲方负责提供本项目规划用地 78 436 平方米;甲方协调办理相关土地方面的前期审批手续,配合乙方完成各项目前期审批手续;乙方负责办理项目前期手续;乙方负责本项工程施工过程中的进度、质量、安全管理工作。后相关部门为盛世嘉禾公司办理了商品房预售许可证、建设用地规划许可证、建设工程规划许可证、建筑工程施工许可证。

前述涞国用(2006)第 129 号土地被一审法院依法查封,现查封未予解除。

季某某、赵某某向北京市丰台区人民法院起诉,请求:(1)解除盛世嘉禾公司与季某某、赵某某所签的"商品房买卖合同";(2)盛世嘉禾公司返还已付购房款 690 634.22 元及利息;(3)盛世嘉禾公司赔偿购房款一倍损失 690 634.22 元。

一审庭审中,季某某、赵某某主张盛世嘉禾公司签约时在合同中写明以出让方式取得涉诉房屋土地使用权,实际土地使用权登记在波峰公司名下,盛世嘉禾公司有欺诈行为。此外,双方签约后,涉诉房屋土地使用权设立了抵押登记,涉诉房屋的土地被法院依法查封,致使季某某、赵某某无法取得房屋所有权证书。盛世嘉禾公司则称双方房屋买卖合同在房屋管理部门进行了备案登记,其公司的房屋销售行为合法。法律允许开发商对土地进行抵押筹资,涉案房屋早已交付季某某、赵某某多年;关于季某某、赵某某要求的一倍赔偿问题,根据我国房屋买卖相关司法解释的规定,一倍赔偿适用于未告知买受人又将房屋抵押给第三人及一房二卖等情形,本案房屋并未设定抵押,仅为土地使用权抵押,不应适用一倍赔偿规定,其公司同意解除合同,按房屋买卖合同第 15 条第 1 款约定返还房款,自季某某、赵某某实际支付房款次日按已付房价款的同期活期存款利率赔偿损失;另盛世嘉禾公司曾支付过的逾期交房违约金数额应从赔偿数额中予以抵扣。

一审法院认为:季某某、赵某某与盛世嘉禾公司所签订的"商品房买卖合同"系双方真实意思表示且未违反法律、行政法规的强制性规定,应为合法有效。双方当事人均应当依照合同约定履行各自义务。合同签订后,季某某、赵某某支付了全部购房款,履行了自己应尽之合同义务。经查,合同签订后,涉诉房屋所在地块土地使用权设定了抵押,且该地块已被法院依法查封,至今抵押、查封均尚未解除。现合同约定的办理房屋所有权证书时间早已届至。季某某、赵某某仍无法办理过户手续,致使合同目的落空,现双方均同意解除合同,一审法院不持异议。合同解除后,盛世嘉禾公司应当返还全部购房款。利息损失以房款发票时间为准,按照中国人民银行同期贷款利率计算。本案涉诉房屋所在土地,于合同签订后设立了抵押,依据我国法律相关规定,以建设用地使用权抵押的,该土地上的建筑物一并抵押,抵押人未一并抵押的,未抵押的财产视为一并抵押,故此,本案房屋应视为与土地使用权一并进行抵押。另合同中约定"出卖人以出让方式取得涉诉房屋所在地块的土地使用权",虽然该土地使用权登记在波峰公司名下,但本案项目系波峰公司与盛世嘉禾公司合作开发。该合作关系是波峰公司与盛世嘉禾公司内部之协议,盛世嘉禾公司作为买卖合同相对方,应当对季某某、赵某某承担相应责任。综合考虑整体案情,认为季某某、赵某某主张包括购房后其实际支付的契税、公共维修基金、产权登记费、物业费、水电费等全部费用在内的一倍赔偿要求,数额合理,理由正当,一审法院予以支持。逾期交房违约金系合同正常履行时季某某、赵某某应获得的利益,现合同解除,该部分费用应当返还。

北京市丰台区人民法院判决:(1)解除季某某、赵某某与北京盛世嘉禾房地产开发有限公司签订的"商品房买卖合同";(2)北京盛世嘉禾房地产开发有限公司于判决生效之日起七日内返还季某某、赵某某购房款 690 634.22 元并支付利息;(3)北京盛世嘉禾房地产开发有限公司于判决生效之日起七日内向季某某、赵某某支付赔偿金 659 755.22 元。

盛世嘉禾公司不服一审判决,向北京市第二中级人民法院提起上诉。请求撤销第二项,改判按照银行同期存款利率计算,请求撤销第三项,改判不予支付赔偿金。

北京市第二中级人民法院认为:关于盛世嘉禾公司请求撤销第二项,改判按照银行同期存款利率计算的上诉请求,盛世嘉禾公司引用双方签订的合同第15条,认为买受人退房之后,盛世嘉禾公司应当按照中国人民银行同期活期存款利率支付利息。但是,季某某、赵某某解除合同并非退房,而是由于盛世嘉禾公司违约。盛世嘉禾公司将涉诉房屋的所属地块抵押,同时被丰台法院整体查封,导致盛世嘉禾公司至今无法向季某某、赵某某办理房屋过户登记手续。由于盛世嘉禾公司的上述违约行为,造成季某某、赵某某无法实现房屋买卖合同目的,致使该合同被解除。该合同解除后,导致的后果是返还房屋,而不等同于退房,因此,不能按该合同第15条的约定处理。在返还购房款的同时应该支付央行同期贷款利率,一审法院参照贷款利率是正确的,故盛世嘉禾公司的该项上诉理由不能成立。

针对盛世嘉禾公司请求撤销第三项,改判不予支付赔偿金的上诉请求。二审法院认为,本案涉诉房屋所在土地,于合同签订后由盛世嘉禾公司擅自设立抵押。依据我国法律相关规定,以建设用地使用权抵押的,该土地上的建筑物一并抵押,抵押人未一并抵押的,未抵押的财产视为一并抵押,故此,涉诉房屋应视为与土地使用权一并进行抵押。一审法院判决一倍赔偿,数额合理,理由正当。故盛世嘉禾公司的该上诉理由亦不能成立。

北京市第二中级人民法院判决:驳回上诉,维持原判。

[法理评析]

1. 合同订立后对出卖人恶意违约适用惩罚性赔偿的法律依据

《最高人民法院关于审理商品房买卖合同纠纷案件适用法律若干问题的解释》第8条规定:"具有下列情形之一,导致商品房买卖合同目的不能实现的,无法取得房屋的买受人可以请求解除合同、返还已付购房款及利息、赔偿损失,并可以请求出卖人承担不超过已付购房款一倍的赔偿责任:(一)商品房买卖合同订立后,出卖人未告知买受人又将该房屋抵押给第三人;(二)商品房买卖合同订立后,出卖人又将该房屋出卖给第三人。"

2. 开发商先卖后抵、一房数卖要承担退一赔一的法律责任

案例2-7中,出卖人陕西德诚居房地产开发有限责任公司一房两卖,陕西省铜川市中级人民法院、陕西省高级人民法院判决其承担退一赔一的法律责任。

案例2-8中,北京盛世嘉禾房地产开发有限公司将其名下的土地使用权抵押给银行以获取贷款,并办理了土地使用权抵押登记,导致买受人无法取得产权证。该公司在诉讼中抗辩称只是将土地使用权抵押,并未将涉案房屋抵押,因此不应当承担退一赔一的惩罚性赔偿的法律责任。《中华人民共和国物权法》(以下简称《物权法》)第182条规定:"以建筑物抵押的,该建筑物占用范围内的建设用地使用权一并抵押。以建设用地使用权抵押的,该土地上的建筑物一并抵押。"据此,北京市丰台区人民法院、北京市第二中级人民法院判决其承担退一赔一的法律责任。

笔者认为,该公司很有可能不知道《物权法》的相关规定,不知道该行为属于恶意违约要面临严厉的法律制裁。诚若如此,也是它不懂法律必须付出的代价。

在上述两个案例中,法院判决开发商承担惩罚性赔偿的法律依据就是《最高人民法院关于审理商品房买卖合同纠纷案件适用法律若干问题的解释》第8条的规定。

3. 作为买受方的原告应该如何取证?

(1)对于开发商先卖房后抵押的情况。现实中常见的情形是:开发商与买受人签订房屋买卖合同之后,为了获取建设资金,在尚未转移房屋所有权之前,将该

房屋所在的土地使用权抵押给金融机构。致使买房人无法办理产权证书。在这种情况下,作为原告的房屋买受人对于房屋所在的土地使用权抵押之事实负有举证责任。如何取得这一证据？原告可委托律师到当地的国土资源管理部门(或不动产登记中心)调查涉案的土地使用权抵押情况,由该部门出具证明。有的地方要求律师必须持有法院调查令,在这种情况下,原告应先到法院立案,法院受理后,代理律师向法院申请调查令。律师持调查令到当地的国土资源管理部门(或不动产登记中心)调取该证据。

（2）对于出卖人一房数卖的情况。鉴于我国目前对房地产产权状况查询规定了严格的程序,原告应先到法院立案,法院受理后,代理律师向法院申请调查令。律师持调查令到当地不动产登记中心查询涉案房屋的产权状况,调取登记信息,证明涉案房屋已登记到他人名下。

5. 土地使用权被查封、抵押,该土地上的房屋是否也被查封、抵押?

[问题的提出]

在实践中,有些房地产开发公司认为:自己公司开发的项目已经取得房屋预售许可证,出售房屋手续齐备,系合法销售,只是将土地使用权抵押,房屋并未抵押,并未侵犯买受人的利益。其实,这种想法是十分错误的,会导致严重的法律后果。

[参考案例]

案例2-9　北京盛世嘉禾房地产开发有限公司上诉季某某等商品房预售合同纠纷案①

2009年12月13日,北京盛世嘉禾房地产开发有限公司(以下简称盛世嘉禾公司)(以下简称出卖人)与季某某、赵某某(以下简称买受人)签订"商品房买卖合

---

① 参见北京市第二中级人民法院(2016)京02民终6989号民事判决书。

同",约定:出卖人以出让方式取得位于河北省涞水县三坡镇下庄村,编号为涞国用(2006)第129号地块的土地使用权。出卖人经批准,在上述地块上建设商品房,暂定名为野三坡旅游度假村住宅小区(推广名为中国山水醉),买受人购买的商品房为××号房;建筑面积163.45平方米,总价款680 148元;买受人一次性付款;出卖人应当在2010年10月31日前,将商品房交付使用。出卖人应当在商品房交付使用后365日内,将办理权属登记需由出卖人提供的资料报产权登记机关备案,如因出卖人责任,买受人不能在规定期限内取得房地产权属证书的,双方同意按以下方式处理:买受人退房,出卖人在买受人提出退房要求之日起60日内将买受人已付房价款退还给买受人,并按已付房价款的中国人民银行同期活期存款利率赔偿买受人损失。

前述房屋买卖合同签订后,季某某、赵某某支付了680 148元购房款。2009年12月24日,盛世嘉禾公司出具了购房款发票。2011年6月,盛世嘉禾公司交付了涉案房屋。2011年9月16日,季某某、赵某某支付了面积补差款10 486.22元,合计共支付房款690 634.22元。2011年9月22日,盛世嘉禾公司向季某某、赵某某支付了逾期交房违约金30 879元。

2011年7月7日,北京波峰世纪实业有限责任公司(以下简称波峰公司)将其名下涞国用(2006)第129号土地使用权抵押给北京农村商业银行股份有限公司花乡支行,并办理了土地使用权抵押登记。抵押期限为2011年7月7日至2012年7月6日。现抵押未予解除。

另查,涞国用(2006)第129号土地使用权登记在波峰公司名下。2008年12月12日,波峰公司(甲方)与盛世嘉禾公司(乙方)签订"'野三坡旅游度假村'项目合作协议",约定:本项目由双方共同建设;甲方负责提供本项目规划用地78 436平方米;甲方协调办理相关土地方面的前期审批手续,配合乙方完成各项目前期审批手续;乙方负责办理项目前期手续;乙方负责本项工程施工过程中的进度、质量、安全管理工作。后相关部门为盛世嘉禾公司办理了商品房预售许可证、建设用地规划许可证、建设工程规划许可证、建筑工程施工许可证。

再查,前述涞国用(2006)第129号土地被一审法院依法查封,现查封未予解除。

季某某、赵某某向北京市丰台区人民法院起诉,请求:(1)解除盛世嘉禾公司与季某某、赵某某所签的"商品房买卖合同";(2)盛世嘉禾公司返还已付购房款690 634.22元及利息;(3)盛世嘉禾公司赔偿损失690 634.22元。

　　盛世嘉禾公司针对季某某、赵某某的起诉,辩称:盛世嘉禾公司出售房屋手续齐备,系合法销售,本案房屋并未抵押,只是土地存在抵押。盛世嘉禾公司未故意隐瞒抵押事实。房屋确已被查封,同意解除合同,但仅同意返还购房款并按银行同期活期存款利率支付利息。

　　一审法院认为,季某某、赵某某与盛世嘉禾公司所签订的"商品房买卖合同"系双方真实意思表示且未违反法律、行政法规的强制性规定,应为合法有效。双方当事人均应当依照合同约定履行各自义务。合同签订后,季某某、赵某某支付了全部购房款,履行了自己应尽之合同义务。经查,合同签订后,涉诉房屋所在地块土地使用权设定了抵押,且该地块已被法院依法查封,至今抵押、查封均尚未解除。现合同约定的办理房屋所有权证书时间早已届至,季某某、赵某某仍无法办理过户手续,致使合同目的落空,现双方均同意解除合同,一审法院不持异议。合同解除后,盛世嘉禾公司应当返还全部购房款。利息损失以房款发票时间为准,按照中国人民银行同期贷款利率计算。

　　一审法院认为,本案涉诉房屋所在土地,于合同签订后设立了抵押,依据我国法律相关规定,以建设用地使用权抵押的,该土地上的建筑物一并抵押,抵押人未一并抵押的,未抵押的财产视为一并抵押,故此,本案房屋应视为与土地使用权一并进行抵押。另合同中约定"出卖人以出让方式取得涉诉房屋所在地块的土地使用权",虽然该土地使用权登记在波峰公司名下,但本案项目系波峰公司与盛世嘉禾公司合作开发。该合作关系是波峰公司与盛世嘉禾公司内部之协议,盛世嘉禾公司作为买卖合同相对方,应当对季某某、赵某某承担相应责任。故一审法院对盛世嘉禾公司所持房屋并未设定抵押及并非其公司设定抵押等意见不予采纳。综合考虑整体案情,认为季某某、赵某某主张包括购房后其实际支付的契税、公共维修基金、产权登记费、物业费、水电费等全部费用在内的一倍赔偿要求,数额合理,理由正当,一审法院予以支持。逾期交房违约金系合同正常履行时季某某、赵某某应获得的利益,现合同解除,该部分费用应当返还。盛世嘉禾公司提出应在赔偿中抵扣,应予准许。

　　北京市丰台区人民法院判决:(1)解除季某某、赵某某与北京盛世嘉禾房地产开发有限公司签订的"商品房买卖合同"。(2)北京盛世嘉禾房地产开发有限公司于判决生效之日起七日内返还季某某、赵某某购房款 690 634.22 元并支付利息。(3)北京盛世嘉禾房地产开发有限公司于判决生效之日起七日内向季某某、赵某某支付赔偿金 659 755.22 元。(4)驳回季某某、赵某某其他诉讼请求。

盛世嘉禾公司不服一审判决,向北京市第二中级人民法院提起上诉。

北京市第二中级人民法院认为:本案涉诉房屋所在土地,于合同签订后由盛世嘉禾公司擅自设立抵押。依据我国法律相关规定,以建设用地使用权抵押的,该土地上的建筑物一并抵押,抵押人未一并抵押的,未抵押的财产视为一并抵押,故此,涉诉房屋应视为与土地使用权一并进行抵押。一倍赔偿要求,数额合理,理由正当。

北京市第二中级人民法院判决:驳回上诉,维持原判。

[法理评析]

1. 关于房地产抵押关系的法律规定

《物权法》第 182 条规定:"以建筑物抵押的,该建筑物占用范围内的建设用地使用权一并抵押。以建设用地使用权抵押的,该土地上的建筑物一并抵押。抵押人未依照前款规定一并抵押的,未抵押的财产视为一并抵押。"

2. 故意隐瞒所售房屋已经抵押的事实,买受人要求赔偿的法律依据

《最高人民法院关于审理商品房买卖合同纠纷案件适用法律若干问题的解释》第 9 条规定:"出卖人订立商品房买卖合同时,具有下列情形之一,导致合同无效或者被撤销、解除的,买受人可以请求返还已付购房款及利息、赔偿损失,并可以请求出卖人承担不超过已付购房款一倍的赔偿责任:(一)故意隐瞒没有取得商品房预售许可证明的事实或者提供虚假商品房预售许可证明;(二)故意隐瞒所售房屋已经抵押的事实;(三)故意隐瞒所售房屋已经出卖给第三人或者为拆迁补偿安置房屋的事实。"

3. 关于房地产开发企业抵押贷款的思考

房地产行业属于资金密集型行业,在开发过程中需要大量的资金。因此,很多开发商在建设过程中力求加快进度,争取早日取得预售许可证,以便与买受人签订房屋预售合同加快回笼资金。一旦房屋预售情况不佳,开发商的资金就会紧张,影响后续工程的开展。有些开发商就会想到利用土地使用权作抵押到银行贷款。这样做会面临很大的法律风险,正像案例 2-9 法院判决的那样,开发商要赔偿买受人一倍的购房款。这一点,不少开发商没有意识到。案例 2-9 的开发商盛世嘉禾公司在一审答辩中认为:"盛世嘉禾公司出售房屋手续齐备,系合法销售,本案房屋并未抵押,只是土地存在抵押。"盛世嘉禾公司的看法在实践中并非个例。希望这个案例能对存在类似看法的开发商起到警示作用。

6. 开发商将拆迁安置房另行出卖给第三人的,如何处理?

［问题的提出］

　　实践中,拆迁人最为严重的违约行为是将拆迁补偿安置房屋另行出卖给他人,造成拆迁补偿安置协议不能履行,使得被拆迁人居无定所。拆迁人的上述违约行为造成被拆迁人集体上访、集团诉讼、群体诉讼的情况大量出现,导致拆迁矛盾激化,危害社会稳定。[①]一旦上述情况出现,法律如何保护被拆迁人的利益,如何处理这种严重的违约行为?

［参考案例］

案例 2-10　袁某等与随州烟草公司等合作开发房地产合同纠纷再审案[②]

　　2003 年 5 月 20 日,随州烟草公司(甲方)与东城建设公司(乙方)签订土地转让开发协议书,主要内容为:经甲、乙双方协商,拟对位于交通大道东侧、火车站北边的甲方土地及房屋进行转让开发。(1)甲方原有土地位于交通大道东侧、火车站北边现有房屋 10 间及土地,产权现属甲方。(2)甲方将现有土地、房屋转让给乙方开发,并提供土地、房产手续。土地转让手续由乙方办理,土地出让金等相关费用由乙方负担。(3)乙方负责房屋开发建设,并承担一切费用。(4)乙方以还房方式补偿甲方土地转让费,按占地面积还房,还房比例为 1:1.3。房屋建成后,一楼门面偿还甲方,还房不足面积的用二楼补还甲方。占地面积按底层实际建筑面积计,还房面积按实际建筑面积计……(8)还房给甲方的房屋产证由乙方办理,并承担一切费用,乙方还房时间不迟于 2003 年 12 月 31 日,乙方房产证办好时间不迟于 2004 年 5 月 1 日。(11)政策或其他因素变化造成的盈亏,均由乙方负责,甲方不承担责任。

---

① 最高人民法院民事审判第一庭:《最高人民法院关于审理商品房买卖合同纠纷案件司法解释的理解与适用》,人民法院出版社 2003 年版,第 87 页。

② 参见最高人民法院(2009)民提字第 78 号民事判决书。

2003 年 5 月 28 日,随州烟草公司(甲方)与东城建设公司(乙方)就上述协议到随州烈山公证处办理了公证。2003 年 5 月 29 日,随州烟草公司与东城建设公司在上述协议的基础上签订的补充协议,内容为:依据双方签订土地转让开发协议书,双方经协商、测算,共同约定:(1)乙方归还所有底层门面房;(2)二层归还 70 平方米的建筑;(3)若房屋结构和面积有重大变更,二层还房面积则另据实测算,底层归还甲方不变。

2003 年 6 月 5 日,东城建设公司委托随州永盛评估咨询有限公司对协议约定转让的土地进行估价,评估价值为 29.51 万元。2003 年 8 月 11 日,东城建设公司将协议约定的土地使用权办理了过户手续。2003 年 9 月 16 日,取得建设工程规划许可证;2003 年 10 月 28 日,取得建设工程施工许可证;2003 年 10 月 28 日,经有关行政管理部门许可东城建设公司开工建设;2004 年 6 月 23 日,取得商品房预售许可证并于 2004 年 10 月 10 日竣工验收。

2004 年 10 月 20 日,随州烟草公司向东城建设公司发函要求履行协议,次日东城建设公司复函,主要内容为:由于办理施工手续和周边房屋赔偿等,工程延至 2003 年 12 月才动工,至今仍未竣工。请求随州烟草公司将该土地按市场价转让给东城建设公司,以减少经济损失。在烟草公司不知情的情况下,东城建设公司于 2004 年 9 月 20 日与袁某等 8 人签订购房合同,在袁某等 8 人交纳了大部分购房款后,东城建设公司将房屋交付袁某等 8 人占有、使用,但未办理产权变更登记手续。

随州烟草公司向湖北省随州市中级人民法院提起诉讼,请求判决东城建设公司继续履行合同、交付房屋并赔偿损失等。

随州市中级人民法院经审理认为,随州烟草公司与东城建设公司签订的土地转让开发协议书及补充协议书均为有效合同。合同的主要内容是东城建设公司以还房方式补偿随州烟草公司土地使用权转让费,合同的性质实际为土地使用权转让合同。东城建设公司违反诚实信用原则,将房屋另行出售给袁某等 8 人,应当向随州烟草公司承担违约责任。袁某等 8 人在与东城建设公司签订商品房买卖合同时,诉争房屋尚未被法院查封,袁某等 8 人对于随州烟草公司的在先权利无从知晓,故袁某等 8 人的购房行为和合同备案行为均是善意。东城建设公司在未履行与随州烟草公司的协议之前,房屋仍属东城建设公司所有,故袁某等 8 人与东城建设公司签订的商品房买卖合同属有效合同。本案中,随州烟草公司、袁某等 8 人均与东城建设公司订立有合同,并都按照合同先行履行了合同主要义务,均对东城建设公司享有移转房屋所有权的请求权,故本案焦点在于随州烟草公司和袁某等8人哪一方的权利得以优先保护。

袁某等8人虽已实际占有本案诉争房屋,但尚未办理房屋产权变更登记,未取得房屋所有权,不能对抗随州烟草公司的在先权利,随州烟草公司的请求权应当予以优先保护。对随州烟草公司要求东城建设公司按照双方合同约定的条件尽快交付房屋的诉讼请求,法院予以支持。东城建设公司违反诚实信用原则,在随州烟草公司已有在先请求权的情况下,仍将房屋另行转让给善意第三人,造成袁某等8人签订房屋买卖合同的目的无法实现,应当向袁某等8人承担违约责任,对此袁某等8人可通过合法途径另行主张权利。

随州市中级人民法院判决:(1)东城建设公司于本判决生效之日起30日内将其开发的位于随州市交通大道东侧、火车站北边商品房一楼门面房及二楼70平方米的房屋返还随州烟草公司;(2)驳回随州烟草公司要求东城建设公司赔偿延期交房给其造成经济损失的诉讼请求;(3)第三人袁某等8人与东城建设公司签订的商品房买卖合同为有效合同;(4)驳回第三人袁某等8人要求确认对所购房屋享有所有权的诉讼请求。

一审宣判后,袁某等8人不服一审判决,向湖北省高级人民法院提起上诉。

湖北省高级人民法院经审理认为:袁某等8人作为有独立请求权的第三人有权参加诉讼,行使诉权,但对本案所涉房屋提出的主张,因与法律规定相悖,不具有胜诉权。一审法院判决驳回其诉讼请求并无不当,其上诉理由不能成立,依法不予支持。一审判决认定事实清楚,适用法律正确,遂判决:驳回上诉,维持原判。

袁某等8人不服湖北省高级人民法院的终审判决,向最高人民法院申请再审。

最高人民法院经再审认为,随州烟草公司与东城建设公司签订的土地转让开发协议书及补充协议,属合作开发房地产合同,具有按照所有权调换形式订立的拆迁补偿安置协议的性质。根据《最高人民法院关于审理商品房买卖合同纠纷案件适用法律若干问题的解释》第7条,当类似拆迁人地位的东城建设公司违约将补偿安置房屋另行出卖给袁某等8位第三人时,具有类似被拆迁人地位的随州烟草公司应当优先取得讼争房屋。本案中,东城建设公司恶意违约,将本应交付随州烟草公司的房屋出卖给袁某等8人,才导致诉讼发生。袁某等8人有权基于法律及相关司法解释的规定另行起诉东城建设公司,要求其返还购房款及利息,并赔偿损失。综上,袁某等8人向东城建设公司购买房屋的行为不能对抗随州烟草公司依据土地转让开发协议书的约定要求东城建设公司交付房屋的行为,其再审理由不成立,应予驳回。

最高人民法院判决:维持湖北省高级人民法院(2008)鄂民一终字第 88 号民事判决。

案例 2-11 东宁县鸿峰房地产开发有限责任公司与侯某某房屋拆迁安置补偿合同纠纷上诉案[①]

被告东宁县鸿峰房地产开发有限责任公司(以下简称鸿峰房地产公司)开发建设东宁市东宁镇江南湖 A1 区,原告侯某某的房屋位于拆迁范围内。2013 年 7 月,原、被告签订房屋拆迁产权调换协议书,协议约定,被告拆迁原告所有的位于东宁县东宁镇(建筑面积 141 平方米)的房屋,以产权调换的方式对原告进行补偿,回迁给原告东宁市东宁镇江南湖的三套住宅(一户面积为 75.911 平方米,单价为每平方米 3 580 元,总金额为 271 761 元;一户面积为 75.911 平方米,单价为每平方米 3 580 元,总金额为 271 761 元;一户面积为 78.318 平方米,单价为每平方米 3 480 元,总金额为 272 547 元),回迁时间为 2015 年 10 月 31 日,搬迁补偿费合计为 10 986 元。

协议签订后,原告按照约定于 2013 年 7 月 11 日前搬出了拆迁房屋,将拆迁房屋交付给被告。现东宁市东宁镇江南湖 A1 区已经建成,被告将江南湖区的一套房屋交付给原告。被告约定回迁给原告的江南湖的两套房屋,被告另行回迁给了案外人。现该两套房屋已经交付给案外人,由其实际占有、使用。

侯某某向黑龙江省东宁市人民法院起诉,请求:(1)要求解除原、被告于 2013 年 7 月签订的关于回迁给原告东宁市东宁镇江南湖两户房屋的产权调换协议书;(2)被告向原告支付上述两套回迁房屋的房款合计 543 522 元及利息;(3)要求被告赔偿原告 543 522 元;(4)要求被告支付搬迁补偿费用 10 986 元及利息。

一审法院认为,本案系房屋拆迁安置补偿合同纠纷。原、被告签订的拆迁安置补偿合同是双方当事人的真实意思表示,不违反法律的强制性规定,合法有效。双方均应按协议的内容履行各自的义务。本案中,被告约定回迁给原告的江南湖的两套房屋,被告另行回迁给了案外人,被告的上述行为导致双方的合同目的无法实现,原告可以请求解除合同、返还购房款及利息、赔偿损失,并可以请求被告承担不

[①] 参见黑龙江省牡丹江市中级人民法院(2017)黑 10 民终 104 号民事判决书。

超过已付购房款一倍的赔偿责任。

东宁市人民法院判决:(1)解除原告侯某某与被告东宁县鸿峰房地产开发有限责任公司两套房屋的产权调换协议书;(2)被告向原告返还上述房屋价款 543 522元;(3)被告赔偿原告损失 543 522 元;(4)被告向原告支付搬迁补偿费 10 986 元。

东宁县鸿峰房地产开发有限责任公司不服一审判决,向黑龙江省牡丹江市中级人民法院提起上诉。

牡丹江市中级人民法院判决:驳回上诉,维持原判。

[法理评析]

1. 对拆迁补偿安置协议进行特殊保护的法律依据

《最高人民法院关于审理商品房买卖合同纠纷案件适用法律若干问题的解释》第 7 条规定:"拆迁人与被拆迁人按照所有权调换形式订立拆迁补偿安置协议,明确约定拆迁人以位置、用途特定的房屋对被拆迁人予以补偿安置,如果拆迁人将该补偿安置房屋另行出卖给第三人,被拆迁人请求优先取得补偿安置房屋的,应予支持。被拆迁人请求解除拆迁补偿安置协议的,按照本解释第八条的规定处理。"

第 8 条规定:"具有下列情形之一,导致商品房买卖合同目的不能实现的,无法取得房屋的买受人可以请求解除合同、返还已付购房款及利息、赔偿损失,并可以请求出卖人承担不超过已付购房款一倍的赔偿责任:(一)商品房买卖合同订立后,出卖人未告知买受人又将该房屋抵押给第三人;(二)商品房买卖合同订立后,出卖人又将该房屋出卖给第三人。"

2. 拆迁补偿安置协议的性质

拆迁补偿安置协议作为一种特殊的买卖合同,是双方当事人约定,拆迁人以其建造或购买的产权房屋与被拆迁人享有所有权的被拆迁房屋进行调换产权的协议。[①]上述解释第 7 条将被拆迁人对特定房屋的债权视为一种特种债权,赋予物权的优先效力,称为特种债权优先权,即债权物权化。特种债权优先权是为保证特种债权优先实现的权利,其特征为:(1)它是一种具有担保物权性质的特种债权,是独立的民事权利,具有对抗第三人的效力;(2)它是一种法定的债权上的优

---

① 最高人民法院民事审判第一庭:《最高人民法院关于审理商品房买卖合同纠纷案件司法解释的理解与适用》,人民法院出版社 2003 年版,第 92 页。

先权,来源于法律规定;(3)它是一种不需要公示登记的优先权。基于特种债权的物权优先效力,被拆迁人的债权具有对抗第三人的效力,即使第三人办理了房屋所有权登记手续,被拆迁人也可请求撤销登记,优先取得拆迁补偿安置房屋。[①]

3. 拆迁人将补偿安置房屋另行出卖给第三人以后,被拆迁人的法定选择权

根据《最高人民法院关于审理商品房买卖合同纠纷案件适用法律若干问题的解释》第 7 条的规定,如果拆迁人将补偿安置房屋另行出卖给了第三人,被拆迁人有两种选择:一是主张优先权,请求优先取得补偿安置房屋;二是请求解除拆迁补偿安置协议,并根据上述解释第 8 条的规定,要求拆迁人给付购房款、赔偿损失,并可以请求出卖人承担不超过购房款一倍的赔偿责任。

案例 2-10 中,随州烟草公司选择了第一种处理方式,即请求优先取得补偿安置房屋,主张东城建设公司继续履行合同,交付房屋。法院支持了随州烟草公司的诉讼请求。

案例 2-11 中,原告侯某某选择了第二种处理方式,请求解除拆迁补偿安置协议,主张退一赔一的惩罚性赔偿。两级法院均支持了他的诉讼请求。

上述两种方案,被拆迁人可以根据自己的情况择优选择。

7. 如何认定出卖人与第三人另行订立合同属于恶意串通?

[问题的提出]

《最高人民法院关于审理商品房买卖合同纠纷案件适用法律若干问题的解释》第 10 条规定:"买受人以出卖人与第三人恶意串通,另行订立商品房买卖合同并将房屋交付使用,导致其无法取得房屋为由,请求确认出卖人与第三人订立的商品房买卖合同无效的,应予支持。"在实践中,一房两卖,出卖人与第三人恶意串通的行为都很隐蔽,买受人很难举证证明他们恶意串通的事实。那么,司法实践中,法院如何认定恶意串通的事实呢?

---

① 最高人民法院民事审判第一庭:《最高人民法院关于审理商品房买卖合同纠纷案件司法解释的理解与适用》,人民法院出版社 2003 年版,第 90 页。

[参考案例]

案例 2-12 杨某某诉上海复佳房地产开发有限公司房屋买卖合同纠纷上诉案[①]

1997 年 4 月 29 日,上海复佳房地产开发有限公司(以下简称复佳开发公司)与杨某某签订"上海市内销商品房预售合同",约定杨某某向复佳开发公司购买上海市××区××小区内两套商品房,单价为每平方米人民币 2 800 元,总价款为493 472 元。杨某某支付房款后于 1998 年 12 月取得该房使用至今。复佳开发公司于 2000 年 12 月 22 日取得新建住宅交付使用许可证,于 2001 年取得上海市房地产权证(大产证)。2004 年 12 月 9 日,复佳开发公司与第三人顾某某签订两份落款日期为 2000 年 11 月 20 日的"上海市商品房预售合同",约定顾某某向复佳开发公司购买上述两套商品房,单价为每平方米 3 800 元,两套房屋总价为 675 868 元。同日,交易中心办理了系争房屋商品房项目网上备案认证证明,复佳开发公司向顾某某开具了全额购房发票,顾某某取得了系争房屋的产权证。2004 年 12 月 11 日,复佳开发公司向顾某某的丈夫张某出具承诺书,表明顾某某已交付全部购房款并取得产权证,但因房屋已出租他人,公司承诺在 3 个月将空房屋交付张某并承担由此产生的后果。

2006 年,杨某某以复佳公司与第三人顾某某恶意串通"一房二卖",导致自己无法取得房屋产权证为由,向上海市青浦区人民法院起诉,请求:(1)确认复佳公司与顾某某签订的两份预售合同无效;(2)复佳开发公司为杨某某办理上述房屋的过户手续。

第三人顾某某的抗辩意见为:"我丈夫张某与复佳开发公司就系争的两套房屋于 2000 年已达成订购协议,并预付了 10 万元定金,预售合同虽为 2004 年 12 月 9 日签订,但全部内容系参照原先订立的订购协议,故将预售合同的落款时间写为2000 年 11 月 20 日,不同意杨某某的诉讼请求。"

被告未到庭答辩。

上海市青浦区人民法院经审理认为:复佳开发公司在明知系争房屋售予杨某

---

① 参见上海市第二中级人民法院(2007)沪二中民二(民)终字第 102 号民事判决书。

某的情况下将同一房屋再次销售给顾某某,具有主观恶意。顾某某虽称2000年其丈夫与复佳公司已签订订购协议,但其未能提供订购协议,且在得知房屋由他人使用后从未提出过异议,故顾某的解释有悖常理。另外,顾某某与复佳公司的预售合同房价款明显低于签约时系争房屋的市场价格,应认定二者存在恶意串通。

一审法院判决:复佳开发公司与顾某某签订的两份商品房预售合同无效。

顾某某不服一审判决,向上海市第二中级人民法院提起上诉。

二审法院经审理认为,复佳开发公司在与杨某某签订预售合同并将房屋交付杨某某后,又就同一标的物与顾某某签订预售合同,主观上存在恶意。顾某某虽然表示其不知晓复佳开发公司此前已与杨某某签订预售合同、交付房屋等一系列事实,但仔细分析其与复佳开发公司之间的买卖关系及过程,在合同签订时间、房屋价格、购房款支付、相关手续办理等方面存在诸多疑点和不合常理之处,现有的相关证据尚不足以证明顾某某是善意第三人。一审法院根据举证责任的分配规则,结合日常生活经验,推定复佳开发公司与顾某某之间为恶意串通损害杨某某的合法权益。

上海市第二中级人民法院判决:驳回上诉,维持原判。

案例 2-13 张某某诉刘某某等房屋买卖合同纠纷上诉案[①]

因青海昂大集团大洋房地产开发有限公司(以下简称大洋公司)欠付刘某某等人工程款,2006年8月31日,大洋公司与刘某某签订"商铺出售协议书",将××路××小区临街商铺1号楼约266.73平方米出售给刘某某,价格为每平方米3 600元,协议签订时刘某某给付大洋公司定金20 000元,大洋公司交房时刘某某须将余款940 228元一次性付清;大洋公司交房后一年内,将所有产权手续交付刘某某。2012年10月17日,大洋公司向刘某某等人出具"承诺书",承诺在2012年12月30日前解除涉案房屋抵押、办理产权证书;2013年7月2日,大洋公司又向刘某某等人出具"承诺计划书",承诺在2013年8月30日前办理相关产权证书;2014年7月2日,大洋公司及江西昂大投资发展有限公司再次向刘某某等人出具"承诺书",认可未办理房产证的原因在自身未归还贷款,同时承诺,在2014年10月前办理相关产权证书。刘某某等人从购买该房屋后至今一直以所有权人身份对外

---

① 参见青海省高级人民法院(2017)青民终21号民事判决书。

出租商铺、取得收益。2015 年 11 月 26 日，大洋公司与张某某签订"抵账协议书"，约定大洋公司所欠债务由张某某偿还共计 27 756 426.26 元，大洋公司现无力偿还所欠债务，经协商将开发的位于西宁市 ×× 区 ×× 路 ×× 号临街铺面五套(×× 小区 1 号楼副 25-1，副 25-3，副 25-5，副 25-7)以每平方米 25 000 元抵给张某某，抵偿价 26 858 000 元。将上述房产抵给张某某后，大洋公司仍欠张某某款项 898 426.26元，待张某某取得房产证后半年内由大洋公司支付给张某某，此笔余款付清后双方再无债权债务。同日，双方签订"商品房买卖合同"。2015 年 12 月 15 日，张某某取得上述商铺的房屋所有权证。后张某某陆续以该商铺作为抵押办理了贷款。

2016 年 8 月 25 日，刘某某以大洋公司、张某某为被告向西宁市中级人民法院提起诉讼，请求:(1)确认大洋公司与张某某之间以位于西宁市 ×× 区 ×× 路×× 号 1 号楼副 25-3 室商铺抵债的行为无效;(2)确认刘某某是位于西宁市 ××区 ×× 路 ×× 号 1 号楼副 25-3 号商铺的所有权人。

一审法院认为，大洋公司与刘某某于 2006 年 8 月 31 日签订的"商铺出售协议书"是双方当事人真实意思的表示，其内容不违反法律、法规的强制性规定，为有效合同。合同签订后，大洋公司已实际将涉案商铺交付刘某某使用，虽在合同中约定交房一年后办理房产手续，但经刘某某多次催促，始终以商铺未解除抵押为由拖延办理产权登记手续。大洋公司作为出卖人在明知涉案商铺已出售给刘某某等人，并且故意拖延办理房产手续的前提下，于 2015 年 11 月 26 日与张某某签订"抵账协议书"及"商品房买卖合同"，将已交付刘某某等人使用多年的涉案商铺，通过以房抵债的方式抵偿给张某某，并迅速于 2015 年 12 月为张某某办理了产权登记手续，大洋公司的行为明显存在恶意。张某某作为买受人应当通过实地查看能够知道涉案商铺已出售他人，但在签订抵账协议及办理产权登记的过程中，始终未到涉案商铺实地查看与日常交易习惯不符，能够认定大洋公司与张某某存在恶意串通，该行为直接损害了刘某某等人作为案涉商铺先行购买人的合法权益，故认定大洋公司与张某某于 2015 年 11 月 26 日签订的"商品房买卖合同"无效。刘某某要求确认大洋公司与张某某之间以位于西宁市 ×× 区 ×× 路 ×× 号 1 号楼副 25-3 室商铺抵债行为无效的诉讼请求成立，予以支持。但因涉案商铺现已登记在张某某名下，在张某某取得的房屋所有权证未被依法撤销之情形下，刘某某要求确认其为西宁市 ×× 区 ×× 路 ×× 号 1 号楼副 25-3 号铺面所有权人的诉讼请求不能成立，不予支持。

西宁市中级人民法院判决:(1)大洋公司与张某某于 2015 年 11 月 26 日签订

的"商品房买卖合同"无效;(2)大洋公司与张某某之间以位于西宁市××区××路××号1号楼副25-3室商铺抵债的行为无效;(3)驳回刘某某要求确认其为西宁市××区××路××号1号楼副25-3号铺面所有权人的诉讼请求。案件受理费59 181元,由张某某负担29 590元,大洋公司负担29 591元。

张某某不服一审判决,向青海省高级人民法院提起上诉。

青海省高级人民法院经审理认为:一审法院对于大洋公司与张某某恶意串通,另行签订房屋买卖合同的事实认定正确。遂判决:驳回上诉,维持原判。

[法理评析]

所谓恶意串通,是指行为人与相对人互相勾结,为谋取私利而实施的损害他人合法权益的民事法律行为。恶意串通的民事法律行为在主观上要求双方互相串通、为满足私利而损害他人合法权益的目的,客观上表现为实施了一定形式的行为来达到这一目的。①

1.出卖人与第三人恶意串通,买受人请求确认其合同无效的法律依据

(1)《中华人民共和国民法总则》(以下简称《民法总则》)第154条规定:"行为人与相对人恶意串通,损害他人合法权益的民事法律行为无效。"

(2)《合同法》第52条第2项规定:"恶意串通,损害国家、集体或者第三人利益的,合同无效。"

(3)《最高人民法院关于审理商品房买卖合同纠纷案件适用法律若干问题的解释》第10条规定:"买受人以出卖人与第三人恶意串通,另行订立商品房买卖合同并将房屋交付使用,导致其无法取得房屋为由,请求确认出卖人与第三人订立的商品房买卖合同无效的,应予支持。"

2.出卖人与第三人恶意串通的认定标准

案例2-12中,二审法院的本案审判长,上海市第二中级人民法院法官韩峰在其裁判文书中认为,"在一房二卖的情形下,依照《最高人民法院关于审理商品房买卖合同纠纷案件适用法律若干问题的解释》第10条规定,将后买受人明知出卖人的房屋已出卖的情况下仍与出卖人另行订立房屋买卖合同的行为确定为恶意串通行为。但实践中,买受人要举证证明出卖人与第三人有恶意串通行为(即第三人是否

---

① 李适时:《中华人民共和国民法总则释义》,法律出版社2017年版,第482~483页。

明知）往往存在一定难度，因为恶意串通行为大多较隐蔽，对于第三人是否恶意，在取证上往往十分困难。”

关于“恶意”的掌握标准，司法实践中的一般界定为：行为人于行为时明知或应当知道其行为缺乏法律上的根据或行为相对人没有权利，行为可能损害国家、集体或他人利益而为之。而确认行为人的行为缺乏法律上的根据或行为相对人没有权利的标准则是如果行为人尽一般人具有的起码注意就能够知道的，即为应当知道。

案例 2-13 中，西宁市中级人民法院认为，合同签订后，大洋公司已实际将涉案商铺交付刘某某使用，作为出卖人在明知涉案商铺已出售给刘某某等人，又与张某某签订“抵账协议书”及“商品房买卖合同”，并迅速为张某某办理了产权登记手续，大洋公司的行为明显存在恶意。张某某作为买受人应当通过实地查看能够知道涉案商铺已出售他人，但在签订抵账协议及办理产权登记的过程中，始终未到涉案商铺实地查看与日常交易习惯不符，能够认定大洋公司与张某某存在恶意串通。二审法院——青海省高级人民法院肯定了一审法院的认定。

3. 出卖人与第三人恶意串通认定的依据

最高人民法院《关于民事诉讼证据的若干规定》第 9 条第 3 项规定“根据法律规定或者已知事实和日常生活经验法则，能推定出的另一事实”的情形为当事人无须举证的事实之一，但同时明确：“当事人有相反证据足以推翻的除外。”根据这一规定，一旦前提事实得到证明，法院可径直根据前提事实认定推定事实，无须再对推定事实加以证明。推定发生的依据包括法律规定和经验法则，前者称为法律推定，后者称为事实推定。

案例 2-12 的民事判决书中说：“在综合上述前提事实的情况下，根据举证责任的分配规则，结合日常生活经验，在复佳公司和顾某不能提供充分反证的情况下，应当推定复佳公司与顾某之间签订预售合同的行为属于恶意串通行为，损害了在先购买人杨某的合法权益，故该预售合同应为无效。”

在上述两个案例中，法院都采用了“推定”的方法认定恶意串通的事实。

由于推定作为一个诉讼法上的概念至今没有在我国民事诉讼法中，所以，国内诉讼法学者关于推定的定义也不尽统一。推定的概念在国外立法中倒是屡见不鲜，如《法国民法典》第 1349 条规定：“推定为法律或法官依已知的事实所得的结果。”尽管各国立法和学者对推定的理论和分类不尽相同，但认为推定是根据某一已知的事实的存在而做出与之相关的另一事实存在（或不存在）的假定则是比较一致的共识。①

　　法律意义上的推定是指,立法者根据社会政策以及立法技术的需要,或者司法者按照经验法则或逻辑规则在确认某一基础事实的条件下对另一事实进行的推论或假定。②

　　"从诉讼法理论上看,推定是认识事实的一种方式。由于事物之间存在普遍的联系,而一些联系是有规律性的。人类通过自己积累的经验可以知道,如果某一事物出现了,那么另一事物也会随之出现。人们因此有理由相信,可以通过这些经验认识事物。将这一经验运用于司法领域,就产生了诉讼法上的推定。推定可以避免待证事实因证据缺乏而产生程序上的僵局,缓解某些事实证明上的困难,公平地分配举证责任,实现诉讼经济的目的,因此,在诉讼中引进推定的方法在理论上是可行的。"③

　　法院在审理案件时对于某个待证事实的推定属于司法上的事实推定。所谓司法上的事实推定,是指法院在自由心证范围内根据证据或者经验法则所构成的前提事实即间接事实对审判上的待证事实所作出的假定或推论。④

　　案例2-12中,民事判决书载明:"本案中,法院推定顾某与复佳公司存在恶意串通,并非基于法律规定,而是依据数个已知来源于该案件的特定事实,根据理性认识和经验法则推论当事人之间存在恶意串通,属于事实推定。"

　　通过上述学者们的论证以及司法机关的实践,笔者认为出卖人与买受人签订"商品房买卖合同"后,又与第三人就同一标的物签订"商品房买卖合同",出卖人在主观上具有恶意,至于第三人是否明知、是否串通,可以结合日常生活经验,如果第三人的行为违反常理,就可推定出卖人与第三人之间恶意串通。作为买受人的原告无须举证证明出卖人与第三人之间恶意串通。

---

① 最高人民法院民事审判第一庭:《民事诉讼证据司法解释的理解与适用》,中国法制出版社2002年版,第360~361页。
② 毕玉谦:《民事证明责任研究》,法律出版社2007年版,第403页。
③ 最高人民法院民事审判第一庭:《民事诉讼证据司法解释的理解与适用》,中国法制出版社2002年版,第362页。
④ 毕玉谦:《民事证明责任研究》,法律出版社2007年版,第462页。

8. 合同履行过程中,在不动产登记证书颁发之前房屋被法院查封,买受方应如何处理?

[问题的提出]

现实生活中绝大部分人都有一个看法或者是根深蒂固的观念:向开发商购买政府颁发了预售许可证的新房是安全的。应当说在大部分情况下这个观念是正确的。但是,这种安全也会有例外,尤其是房地产形势不好的情况下。由于房地产行业是资金密集型行业,开发商在购地、项目建设、购买建筑材料等方面都需要大量的资金。开发商在取得预售许可证以后,如果商品房销售情况不佳并且自身资金紧张,就无法支付工程款、材料款以及归还银行贷款等,就有可能遭遇金融机构、建筑商、建筑材料供应商的起诉,房子被法院查封、执行。房屋买受人与开发商签订了房屋买卖合同,支付了预付款,甚至支付了全部购房款,在不动产登记证书颁发之前房屋被法院查封,遇到这种情况,买受方应如何处理呢?

[参考案例]

案例2-14 交通银行股份有限公司陕西省分行诉赵某某等案外人执行异议之诉纠纷案①

2014年4月29日,交通银行股份有限公司陕西省分行(以下简称交行陕西省分行)与陕西瑞麟置业有限公司(以下简称瑞麟公司)签订"公司客户委托贷款合同",瑞麟公司以其自有的位于西安市××区××路西侧××项目南区在建工程提供抵押担保,并出具了抵押物清单。西安市临潼区房管所为该抵押物办理了抵押登记,并出具了"房屋他项权证"。同日,陕西省西安市汉唐公证处作出具有强制执行效力的债权文书"公证书"。后交行陕西省分行申请陕西省西安市汉唐公证处出具执行证书,2014年12月18日陕西省西安市汉唐公证处出具了"执行证书",载明瑞麟公司未在约定的期限履行还款和担保义务,交行陕西省分行可持公证书及执行证书向有管辖权的人民法院申请强制执行。执行标的为支付本金87 464 540

---

① 参见陕西省高级人民法院(2017)陕民终553号民事判决书。

元整及利息、罚息。后交行陕西省分行依据上述"执行证书"向西安市中级人民法院申请强制执行,2014 年 12 月 30 日,该院依据生效的债权文书"公证书"及"执行证书"作出执行裁定:查封被执行人瑞麟公司所有的位于西安市 ×× 区 ×× 路西侧 ×× 项目南区 285 套房屋(预售证号:临预字第 201216 号、临预字 201215 号、临预字 201121 号);查封期限为二年。

赵某某向该院提出执行异议。该院经审查认为,赵某某没有证据证明其与瑞麟公司签订的"商品房买卖合同"已在房屋管理部门备案登记,无法确认其购买涉案房屋的真实性,遂作出(2016)陕 01 执异 96 号执行裁定:驳回案外人赵某某提出的执行异议。

赵某某向西安市中级人民法院起诉,请求:停止对位于西安市 ×× 区 ×× 路西侧 ×× 项目南区 2 号楼 21603 号房产的强制执行。

一审法院查明,2014 年 9 月 19 日,原告赵某某与瑞麟公司签订"商品房买卖合同",约定,原告购买瑞麟公司位于西安市 ×× 区 ×× 路西侧 ×× 项目南区 2 号楼 21603 号房屋,合同价款 456 816 元。原告依约支付瑞麟公司购房款 456 816 元。"商品房买卖合同"未在西安市临潼房管所登记备案,现涉案房屋已交付使用。经被告交行陕西省分行申请,该院到西安市房屋管理局查询后,该局答复原告名下未登记其他居住房屋。

以上事实有"执行证书""抵押合同""房屋他项权证""情况说明""执行裁定书""商品房买卖合同""收款收据""财产查询反馈信息表""庭审笔录"等在卷佐证。

一审法院认为,《最高人民法院关于人民法院办理执行异议和复议案件若干问题的规定》第 27 条规定:"申请执行人对执行标的依法享有对抗案外人的担保物权等优先受偿权,人民法院对案外人提出的排除执行异议不予支持,但法律、司法解释另有规定的除外。"第 29 条规定:"金钱债权执行中,买受人对登记在被执行的房地产开发企业名下的商品房提出异议,符合下列情形且其权利能够排除执行的,人民法院应予支持:(一)在人民法院查封之前已签订合法有效的书面买卖合同;(二)所购商品房系用于居住且买受人名下无其他用于居住的房屋;(三)已支付的价款超过合同约定总价款的百分之五十。"本案中,2014 年 9 月 19 日,原告为购买西安市 ×× 区 ×× 路西侧 ×× 项目南区 2 号楼 21603 号房屋与房地产开发企业瑞麟公司签订"商品房买卖合同",后原告向瑞麟公司支付了全部购房款并对该房屋居住使用。因被告交行陕西省分行向该院申请强制执行,该院遂根据西安市汉唐公证处出具的债权文书"公证书"及"执行证书",于 2014 年 12 月 30 日作出执行裁定,将尚登记在房地产开发企业瑞麟公司名下的上述房屋予以查封。由于原告在人民法院查封之前已经与瑞麟公司签订商品房买卖合同,并支付了全部购房款,所购房屋用于居住使用,且西安市房屋管理局答复该院原告名下未登记其他居住房屋,因此,原告对执行标的享有足以排除强制执行的民事权益。交行陕西省分行辩称其对诉争房屋已经办理抵押登记,享有对抗原告的优先受偿权,因与上述司法解释的规定相悖,依法不能成立。

综上,原告的诉请,理由成立,该院依法应予支持。

西安市中级人民法院判决:不得执行位于西安市××区××路西侧××项目南区 2 号楼 21603 号房屋。

交行陕西省分行不服一审判决,向陕西省高级人民法院提起上诉,请求:(1)撤销西安市中级人民法院(2016)陕 01 民初 933 号民事判决;(2)改判继续对西安市××区××路西侧××项目南区 2 号楼 21603 号房产执行。

其提供的事实和理由如下:

一审法院认定事实错误,被上诉人的证据无法证明已支付房款、名下无房产以及房屋交付使用之事实。(1)无法证明被上诉人已支付购房款。本案中被上诉人仅提供购房合同及瑞麟公司单方出具的收款收据作为支付价款的依据,一方面作为第三人的瑞麟公司未出庭无法证明购房合同的真实性,另一方面大额资金的交易一般通过银行转账支付,支付高达 60 万元的购房款项,全部通过现金方式支付不可信,且被上诉人无法提供有效的购房发票。法院应审查其银行交易明细,以现金交易的还应对其取款记录及资金来源进行核实,否则无法证明支付价款的真实性。(2)无法证明被上诉人所购商品房系用于居住且其名下无其他用于居住房屋。首先,西安市房屋管理局回复的财产查询反馈信息无法全面真实反映被上诉人名下房产信息。其次,依据最高人民法院司法解释及执行规定,"名下无其他用于居住房屋"应包括被上诉人、被上诉人配偶及子女。一审法院在严重缺乏证据证明被上诉人所购房屋用于居住,且被上诉人在临潼区或者其他地区是否有其他房屋的情况下认定被上诉人名下无其他房产,属认定事实错误。(3)被上诉人无法证明其已居住。一方面,××项目南区在建工程至今尚未竣工验收,尚不能使用,更未交付;另一方面,西安市中级人民法院执行庭、评估机构在对涉案房产评估核查过程中,并未发现有任何占有或使用行为。且被上诉人主张实际占用房产的时间点均在人民法院查封之后,应当依法予以排除。

一审法院适用法律错误。(1)本案应适用《最高人民法院关于人民法院办理执行异议和复议案件若干问题的规定》第 27 条规定,上诉人享有对抗案外人的优先受偿权。上诉人属于《物权法》规定的抵押权人,在被上诉人签订"商品房买卖合同"之前已依法办理抵押权登记,对涉案房屋享有担保物权,属于第 27 条规定的享有对抗案外人担保物权情形。本案应适用该条规定,对案外人提出的排除执行异议申请不应支持。(2)本案应适用《中华人民共和国民事诉讼法》(以下简称《民事诉讼法》)第 311 条由被上诉人承担举证责任。被上诉人反复强调需保护其"消费者物权期待权",但是该权利并不会依据"商品房买卖合同"而产生,而其现有证据不足以证明其为消费者,亦无法证明其具有排除执行的民事权益,其应承担相应败诉风险。

陕西省高级人民法院认为,本案的焦点问题是:交行陕西省分行请求继续执行涉案房屋能否成立。

交行陕西省分行以《最高人民法院关于人民法院办理执行异议和复议案件若干问题的规定》第 27 条规定为依据,主张其对涉案执行标的依法享有对抗案外人的担保物权等优先受偿权,故一审法院对案外人赵某某提出的排除执行异议不应支持。但同时,该 27 条也规定了"法律、司法解释另有规定的除外"。根据《最高人民法院关于适用〈中华人民共和国民事诉讼法〉的解释》第 312 条的规定,判决执行标的能否执行,需认定案外人就执行标的是否享有足以排除强制执行的民事权益。本案中,应参照《最高人民法院关于人民法院办理执行异议和复议案件若干问题的规定》第 29 条的规定,根据赵某某在本案诉讼中提供的证据是否能够证明在人民法院查封之前其已与瑞麟公司签订了合法有效的书面买卖合同、所购商品房系用于居住且其名下无其他用于居住的房屋、已支付的价款超过合同约定总价款的百分之五十等予以认定。

首先,关于赵某某与瑞麟公司签订的"商品房买卖合同"是否合法有效的问题。经查,2014 年 9 月 19 日,赵某某与瑞麟公司签订"商品房买卖合同",约定,其购买瑞麟公司位于西安市 ×× 区 ×× 路西侧 ×× 项目南区 2 号楼 21603 号房屋,合同价款 456 816 元。该合同系双方当事人真实意思表示,内容不违反法律、行政法规的强制性规定,应为合法有效。

其次,赵某某所购商品房是否用于居住且其名下无其他用于居住房屋的问题。本案中,赵某某所购房屋的性质为居住用房,且赵某某提交的证据证明,其已占有使用涉案房屋。另,一审法院到西安市房屋管理局就赵某某名下是否有其他用于居住的房屋进行查询,该局答复赵某某名下未登记其他居住房屋。

最后,赵某某是否已支付合同约定总价款的百分之五十购房款的问题。赵某某与瑞麟公司签订的"商品房买卖合同"约定的房屋价款为 456 816 元。经查,瑞麟公司出具的收据载明,赵某某分两次已经支付瑞麟公司涉案房屋的全部购房款,符合《最高人民法院关于人民法院办理执行异议和复议案件若干问题的规定》第 29 条的规定。

综上,根据现有证据应当认定赵某某就执行标的享有足以排除强制执行的民事权益,一审判决对此认定正确。

综上所述,交行陕西省分行的上诉请求不能成立,应予驳回;一审判决认定事实清楚,适用法律正确,应予维持。经陕西省高级人民法院审判委员会讨论决定,判决:驳回上诉,维持原判。

案例 2-15 周某某与中十冶集团有限公司等案外人执行异议之诉上诉案①

2016 年 1 月 14 日,周某某与陕西特艺房地产开发有限公司(以下简称特艺公司)签订"商品房买卖合同",约定由周某某购买特艺公司开发的位于西安市 ×× 路 ×× 号 ×× 小区第 3 幢 1 单元 1507 号房屋,建筑面积 44.04 平方米;房屋单价为每平方米 6 700 元,总价款为 295 068 元;周某某应于 2016 年 1 月 14 日交清首付款 20 万元,剩余房价款 95 068 元于网签时交清;特艺公司应在 2016 年 1 月 21 前将房屋交付周某某。合同还对违约责任、保修责任、房屋交接、争议解决等问题进行了约定。合同签订后,周某某向特艺公司支付了房价款 20 万元,特艺公司向周某某出具收到该房价款的收款收据。剩余房价款 95 068 元,周某某未交清。同日,周某某(乙方)与特艺公司(甲方)另行签订"协议"一份,约定:"1. 2016 年 1 月 14 日,甲乙双方签订'认购协议书',乙方认购甲方所开发 ×× 项目 3 号楼 1 单元 1507 号房,建筑面积为 44.04 平方米,房屋单价为每平方米 6 700 元,总房款为 295 068 元(统一按照房管局网签预售面积计算,最终以实测报告为准,多退少补)。协议签订当日,乙方向甲方缴纳了房屋总价款 67.7% 首付款,共计 20 万元,剩余 95 068 元须于签署'商品房买卖合同'时缴纳;2. 本协议签订后 7 日内,乙方前往甲方处办理接房手续,在乙方按照甲方要求缴纳完物业费等费用后,甲方将本协议项下房屋

---

① 参见陕西省西安市中级人民法院(2017)陕 01 民终 13978 号民事判决书。

按现状交付甲方;……4.乙方接房后,仍有义务配合甲方签署'商品房买卖合同',乙方如未按合同规定的时间付款,甲方有权解除'商品房买卖合同'……。"2016年1月15日,特艺公司向周某某办理交房手续,周某某缴纳了物业费、装修管理费、电梯维护费等费用。周某某将涉案房屋对外出租,2017年5月收回由其居住。

2016年9月26日,中十冶集团有限公司(以下简称中十冶公司)因与特艺公司建设工程施工合同纠纷向西安市莲湖区人民法院申请财产保全,请求"查封价值4 000万元的被申请人位于莲湖区××商用住宅小区车位、商铺、房屋及其他财产或冻结被申请人银行存款4 000万元。"西安市莲湖区人民法院受理后经审查认为,中十冶公司的财产保全申请符合法律规定,遂于2016年11月30日作出民事裁定,裁定"查封、冻结被申请人陕西特艺房地产开发有限公司名下价值1 000万元的财产"。执行中,西安市莲湖区人民法院作出执行裁定,并向西安市房屋产权产籍管理中心送达协助执行通知书,于2016年12月23日查封了特艺公司名下位于西安市××路北段××号××小区的房产档案15套,包括涉案房屋。经西安市莲湖区人民法院调取的证据材料显示,涉案房屋的预售证号为2012233。

2017年4月10日,周某某向西安市莲湖区人民法院提出执行异议。该院经审查后于2017年4月26日作出执行裁定,驳回周某某的异议请求。

周某某不服,向该院起诉,请求:立即停止对位于西安市××路××号××小区3幢1单元1507号房产的强制执行,并解除查封扣押。

审理中,周某某提交的"西安市住房情况查询结果证明"显示周某某与其丈夫李某在西安市无有效房产信息。对未缴纳剩余房价款的原因,周某某称第三人特艺公司工作人员要求将尾款打入私人账户,其未予同意,而第三人表示并不知情。上述陈述均无证据佐证。

原审法院认为,本案争议的焦点在于:周某某对涉案房屋享有的民事权益是否足以排除本院的执行的措施。涉案房屋系房地产开发企业特艺公司所开发的商品房,现登记在特艺公司名下,周某某主张其因与特艺公司之间的商品房买卖合同而形成的金钱债权所指向的执行标的是否能够排除本案的执行措施,应符合《最高人民法院关于人民法院办理执行异议和复议案件若干问题的规定》第29条的规定,即:周某某在人民法院查封之前已与特艺公司签订了合法有效的书面买卖合同、周某某所购涉案房屋用于居住且其名下无其他用于居住的房屋、周某某已支付的价款超过合同约定总价款的50%三个条件。

人民法院查封之前周某某是否已与特艺公司签订了合法有效的书面买卖合

同。首先,周某某与第三人特艺公司签订"商品房买卖合同"签订的日期为 2016 年 1 月 14 日,而本院作出执行协助执行通知书,实际查封涉案房屋的时间为 2016 年 12 月 23 日,周某某与特艺公司所签订的"商品房买卖合同"时间显然在前。其次,房管部门的备案登记并非商品房买卖合同法定的生效要件,按照《最高人民法院关于审理商品房买卖合同纠纷案件适用法律若干问题的解释》第 5 条的规定,涉案"商品房买卖合同"明确了当事人的名称、商品房基本状况、具体的位置、房号、价款、交付方式,且周某某已经按照合同约定交付了大部分款项,特艺公司亦向周某某出具了收款收据。该合同已经具备商品房买卖合同的基本要素,应当认定双方存在商品房买卖合同关系。最后,证据材料显示涉案房屋具有预售许可证,在周某某与特艺公司签订涉案合同时已经取得预售许可证,未违反法律、行政法规的强制性规定,应认定为有效。

周某某所购涉案商品房是否用于居住且其名下无其他用于居住的房屋。虽然西安市不动产登记服务中心 2017 年 5 月 8 日出具的"西安市住房情况查询结果证明"显示,周某某与其丈夫李某在西安市无登记的房产信息,但从中十冶公司提供的执行异议听证笔录来看,周某某自认涉案房屋对外出租,本案庭审中周某某也陈述其是在 2017 年 5 月之后才将涉案房屋用于自住,可以认定周某某购买涉案房屋并非用于居住。周某某亦未提供其涉案房屋用于居住的证据,因此,周某某的主张并不符合此项条件。

已交付的价款是否超过合同约定总价款的 50%。根据周某某与特艺公司合同的约定,涉案房屋的价格为 295 068 元,周某某已经支付 20 万元,已付的价款超过了房屋总价款的 50%。

综上,周某某的主张不符合《最高人民法院关于人民法院办理执行异议和复议案件若干问题的规定》第 29 条规定的条件,周某某对涉案房屋享有的仅是债权,不足以排除西安市莲湖区人民法院的执行措施,其诉讼请求,不予支持。

西安市莲湖区人民法院判决:驳回原告周某某的诉讼请求。

周某某不服西安市莲湖区人民法院民事判决,向西安市中级人民法院提起上诉。请求撤销一审判决,支持一审的诉讼请求。

中十冶公司辩称,不同意周某某的上诉请求。原审法院已经对是否停止对涉案房屋采取强制执行措施作出判决,周某某在执行异议听证中自认涉案房屋对外出租并未用于自住,即使按照周某某在原审中所述其余 2017 年 5 月之后用于自住,也无法抗辩原审法院于 2017 年 1 月对涉案房屋采取的法定措施,更何况周某某未提供涉案房用于居住的证据。根据最高院相关规定,周某某的请求没有法律依据。

特艺公司辩称,同意周某某的上诉请求。周某某在特艺公司买房属实,但对于其买房原因以及居住状况特艺公司无法核实,执行听证特艺公司没有参加。

西安市中级人民法院经审理查明,二审中,周某某将涉案房屋的剩余购房款余款 95 068 元交入本院银行对公账户,表示该款项系合同约定的周某某剩余未付购房款,合同约定应在办理网签时交清,现交付法院,以停止对该房屋的执行。其余事实原审判决查明属实。

西安市中级人民法院认为,本案双方当事人争议焦点为周某某就执行标的是否享有足以排除强制执行的民事权益。《最高人民法院关于人民法院办理执行异议和复议案件若干问题的规定》第 28 条规定:"金钱债权执行中,买受人对登记在被执行人名下的不动产提出异议,符合下列情形且其权利能够排除执行的,人民法院应予支持:(一)在人民法院查封之前已签订合法有效的书面买卖合同;(二)在人民法院查封之前已合法占有该不动产;(三)已支付全部价款,或者已按照合同约定支付部分价款且将剩余价款按照人民法院的要求交付执行;(四)非因买受人自身原因未办理过户登记。"本案中,周某某在人民法院查封之前已经与特艺公司就涉案房屋签订书面商品房买卖合同,特艺公司签订涉案合同时已经取得预售许可证,故周某某与特艺公司就涉案房屋签订的商品房买卖合同合法有效;在查封之前周某某已经合法占有该不动产;周某某已按照合同约定支付超过房屋总价款的 50% 的价款,二审中,周某某将其涉案房屋的购房款余款 95 068 元交入该院银行对公账户;该房屋未办理过户登记至周某某名下非因买受人周某某自身原因。上述情况符合《最高人民法院关于人民法院办理执行异议和复议案件若干问题的规定》第 28 条规定的情形,故周某某就执行标的享有足以排除强制执行的民事权益,周某某的上诉理由成立,该院依法予以支持。

西安市中级人民法院依照《最高人民法院关于适用〈中华人民共和国民事诉讼法〉的解释》第 312 条、《最高人民法院关于人民法院办理执行异议和复议案件若干问题的规定》第 28 条之规定,判决如下:

(1)撤销西安市莲湖区人民法院(2017)陕 0104 民初 4535 号民事判决;

(2)不得执行西安市 ×× 路 ×× 号 ×× 小区 3 幢 1 单元 1507 号房屋。

[法理评析]

1. 执行异议之诉制度

2012年8月修订的《民事诉讼法》第227条设立了执行异议之诉制度。2015年1月公布的《最高人民法院关于适用〈中华人民共和国民事诉讼法〉的解释》第15章,对于贯彻落实执行异议之诉制度进行了明确、具体的解释。

(1)执行异议之诉的管辖。案外人、当事人对执行异议裁定不服,自裁定送达之日起十五日内向人民法院提起执行异议之诉的,由执行法院管辖。

(2)案外人提起的执行异议之诉的诉讼请求。包括:确认物权期待权;判决不得执行该执行标的。

(3)人民法院审理执行异议之诉案件,适用普通程序。两审终审。

(4)举证责任。案外人或者申请执行人提起执行异议之诉的,案外人应当就其对执行标的享有足以排除强制执行的民事权益承担举证证明责任。

(5)案外人执行异议之诉审理期间,人民法院不得对执行标的进行处分。申请执行人请求人民法院继续执行并提供相应担保的,人民法院可以准许。

2. 新房买受人具有能够足以排除强制执行民事权益的条件

(1)《最高人民法院关于人民法院办理执行异议和复议案件若干问题的规定》第29条规定:"金钱债权执行中,买受人对登记在被执行的房地产开发企业名下的商品房提出异议,符合下列情形且其权利能够排除执行的,人民法院应予支持:(一)在人民法院查封之前已签订合法有效的书面买卖合同;(二)所购商品房系用于居住且买受人名下无其他用于居住的房屋;(三)已支付的价款超过合同约定总价款的百分之五十。"

(2)《最高人民法院关于人民法院办理执行异议和复议案件若干问题的规定》第28条规定:"金钱债权执行中,买受人对登记在被执行人名下的不动产提出异议,符合下列情形且其权利能够排除执行的,人民法院应予支持:(一)在人民法院查封之前已签订合法有效的书面买卖合同;(二)在人民法院查封之前已合法占有该不动产;(三)已支付全部价款,或者已按照合同约定支付部分价款且将剩余价款按照人民法院的要求交付执行;(四)非因买受人自身原因未办理过户登记。"

应当注意的是:上述两条规定中只要具备任何一条,新房买受人即具备了足够排除强制执行的民事权益,即可排除强制执行。

3. 对上述两个案例的评析

（1）案例 2-14 中，交通银行股份有限公司陕西省分行与陕西瑞麟置业有限公司因贷款纠纷，向西安市中级人民法院申请强制执行瑞麟置业名下的房产，案外人赵某某向该院提出执行异议，被裁定驳回后提起执行异议之诉。由于原告赵某某在人民法院查封之前已经与瑞麟公司签订商品房买卖合同，并支付了全部购房款，所购房屋用于居住使用，且西安市房屋管理局答复该院原告名下未登记其他居住房屋，因此，原告对执行标的享有足以排除强制执行的民事权益。西安市中级人民法院判决不得执行涉案房屋。陕西省高级人民法院维持了一审判决。

两级法院判决支持不得执行涉案房屋的法律依据，就是《最高人民法院关于人民法院办理执行异议和复议案件若干问题的规定》第 29 条之规定。买受人赵某某符合该法律条款要求的三种情形，因此，两级法院毫无争议地支持了案外人不得执行涉案房屋的诉讼请求。

（2）案例 2-15 中，中十冶集团有限公司与陕西特艺房地产开发有限公司因建设工程施工合同纠纷，向西安市莲湖区人民法院申请财产保全。该院查封了案外人周某某的涉案房屋。周某某向该院提出执行异议被驳回。周某某不服，向该院起诉，请求停止对涉案房产的强制执行，并解除查封。

西安市莲湖区人民法院适用《最高人民法院关于人民法院办理执行异议和复议案件若干问题的规定》第 29 条，以涉案房屋并非原告唯一的房产为由，判决驳回了原告的诉讼请求。西安市中级人民法院适用《最高人民法院关于人民法院办理执行异议和复议案件若干问题的规定》第 28 条纠正了一审法院的错误判决。二审法院的判决理由是：案外人周某某虽然不具有第 29 条规定的情形，但具备第 28 条规定的情形。上述两个条件中只要具备任何一个，新房买受人即具备了足够排除强制执行的民事权益，即可排除强制执行。

第三章
开发商迟延交房、迟延办证的争议

1. 开发商逾期交房、办证的时间节点,如何认定?

[问题的提出]

在新房买卖引起的民事诉讼中,关于开发商逾期交房、逾期办证的时间节点问题,各地法院的看法不太相同,判决结果相差很大。出现了同案不同判的现象,提出这个问题,希望能引起司法机关和立法机关的重视。

[参考案例]

案例 3-1　天津泰耀房地产有限公司与薄某某房屋买卖合同纠纷上诉案①

2015 年 8 月 10 日,天津泰耀房地产有限公司(以下简称泰耀公司)与薄某某签订了"天津市商品房买卖合同",泰耀公司为合同甲方,薄某某为合同乙方。合同约定:"商品房坐落于宁河县 ×× 区 ×× 小区 ×× 号楼 ×× 号;商品房价款为 973 932 元;甲方于 2015 年 8 月 31 日前,将经验收合格并取得《天津市新建住宅商品房准许交付使用证》的商品房交付乙方使用;逾期交付商品房在 180 日内的,乙方有权向甲方追究已付款利息,利息自合同约定甲方应交付商品房之日次日起至实际交付商品房之日止,按银行同期贷款利率计算;双方约定,自初始登记完毕之

① 参见天津市第二中级人民法院(2017)津 02 民终 903 号民事判决书。

日起180日内,办结房屋权属转移登记,由于甲方的原因,未能在上述期限内办结房屋权属登记的,双方协商解决。"合同订立后,薄某某按合同约定付清全部房款,泰耀公司于2015年10月23日向原告交付了房屋,涉案商品房于2015年11月30日竣工验收,2015年12月10日取得《天津市新建住宅商品房准许使用证》。2016年6月底泰耀公司通知薄某某办理商品房权属转移登记。截至2015年11月29日逾期交付房屋共计90天。

薄某某以泰耀公司违约为由,向天津市宁河区人民法院起诉,请求:(1)判令泰耀公司支付其逾期交房已付款利息12 642元(自2015年9月1日至2015年12月10日,按利率4.6%计算);(2)判令泰耀公司支付其逾期办结房屋权属登记违约金11 166元(自2016年4月17日至2016年6月30日,按利率5.655%计算)。

按照合同约定泰耀公司应当向薄某某支付逾期交付商品房已付款利息:973 932×4.6%(被告认可的利率)÷365×90=11 046.79元;按照法律规定及合同约定,截至2016年6月29日逾期办理房屋权属转移登记63天,被告应当向原告支付逾期办证违约金:973 932×5.655%÷365×63=9 506.24元。

一审法院认为,泰耀公司与薄某某签订的商品房买卖合同,系双方真实意思表示,未违反相关法律法规的强制性规定,合法有效,双方均应依约履行各自的义务。薄某某已按合同约定支付了全部房款,泰耀公司亦应按照合同约定履行交房、转移房屋权属登记的义务。

(1)逾期交付房屋的时间节点。双方对逾期交房的事实无异议,关于逾期交房节点,依据《最高人民法院关于审理商品房买卖合同纠纷案件适用法律若干问题的解释》第11条"对房屋的转移占有,视为房屋的交付使用,但当事人另有约定的除外"的规定,薄某某于2015年10月23日实际接收了房屋,表明双方就商品房的交付条件已经达成新的合意,泰耀公司逾期交房违约责任的期限应截至2015年10月22日。但根据《城市房地产管理法》第27条第2款"房地产开发项目竣工,经验收合格后,方可交付使用"的规定,泰耀公司交付验收合格的商品房是其法定义务,必须履行,而是否取得《天津市新建住宅商品房准许交付使用证》并不影响房屋的交付使用。综上,薄某某在接收房屋后,又以合同约定商品房交付须取得《天津市新建住宅商品房准许使用证》为由,要求泰耀公司继续承担逾期交房的违约责任,理据不足,一审法院不予支持;泰耀公司抗辩接收房屋即应为交付,因其违反法定义务,一审法院亦不予支持。诉争商品房竣工验收合格的时间为2015年11月30日,故一审法院认定泰耀公司逾期交房的违约时间截至2015年11月29日。另,泰耀公司主张政府行为导致延期交房，相应天数 12 天应予扣除，一审法院认为，双方合同对此并没有约定，且通知的事由不属于不可抗力的情形，其抗辩理由不成立。

（2）泰耀公司是否逾期办理房屋权属转移登记，是否应承担逾期办证的违约责任。双方对办理房屋初始登记的时间没有约定，故应从法定。根据《天津市房屋权属登记条例》第 24 条"房地产开发企业应自开发建设的商品房竣工验收合格之日起 30 日内申请房屋所有权初始登记……"，第 28 条"房屋权属登记机关应当自受理房屋所有权初始登记申请之日起三十日内完成审核……"的规定，合同约定交房日期 2015 年 8 月 31 日应竣工验收合格，即泰耀公司至迟应于 2015 年 9 月 30 之前申请办理初始登记，附加 30 日初始登记办理期限及 180 日的合同约定期限，泰耀公司至迟应于 2016 年 4 月 27 日前通知薄某某办理房屋所有权转移登记手续，泰耀公司未在上述期限内通知薄某某，系违约，应承担逾期办证的违约责任。合同未约定违约金，应从法定，即按照已付购房款总额，参照中国人民银行规定的金融机构计收逾期贷款利息的标准计算。泰耀公司在 2016 年 6 月底通知原告办证，确记不清具体日期，故一审法院认定通知的时间为 2016 年 6 月 30 日。

综上，薄某某要求泰耀公司支付自 2015 年 9 月 1 日至 2015 年 11 月 29 日期间逾期交房已付款利息损失 11 046.79 元；2016 年 4 月 28 日至 2016 年 6 月 29 日期间逾期办证违约金 9 506.24 元的诉讼请求，于法有据，一审法院予以支持。

天津市宁河区人民法院判决：（1）天津泰耀房地产有限公司于本判决生效后五日内给付薄某某逾期交付商品房已付款利息 11 046.79 元、逾期办证违约金 9 506.24 元，合计 20 553.03 元；（2）驳回薄某某的其他诉讼请求。

泰耀公司不服一审法院的判决，向天津市第二中级人民法院提起上诉。其提交的理由为：（1）逾期交房违约金的起算时间不应以房屋竣工验收合格时间为准，而应以实际交房时间为准。在上诉人向被上诉人交付房屋时，房屋已具备了交房条件，被上诉人接受钥匙并实际接收了房屋表明双方对交房的事实已经认可，房屋交付完毕；（2）政府行为构成上诉人延误工期的不可抗力，相应天数应予扣除；（3）一审判决在计算房屋所有权转移登记手续的期限时以合同约定的竣工验收合格日期计算，导致上诉人因一个行为承担两次违约责任，结果对上诉人不公平。

天津市第二中级人民法院认为，关于逾期交房的起算时间问题。双方均认可被上诉人于 2015 年 10 月 23 日实际接收了房屋，此行为表明双方就商品房的交付条件已经达成新的合意，上诉人逾期交房违约责任的期限应截至 2015 年 10 月 22 日。一审法院对该部分的认定不妥，该院予以调整。

关于应否扣除上诉人因政府原因延期交房期间的违约责任问题。上诉人虽主张该期间逾期交房系因政府相关部门的通知和文件要求暂停施工造成,但上诉人提交的证据不足以证明其所述情形属于法律规定的"不可抗力"情形,故上诉人该项主张,依据不足,该院不予支持。

关于逾期办理房屋权属转移登记违约责任承担的问题。双方在合同中约定自初始登记完毕之日起 180 日内,办结房屋权属转移登记。虽双方对初始登记完毕之日未有约定,但在合同第 3 条约定,"商品房竣工,经验收合格并取得《天津市新建住宅商品房准许交付使用证》后,方可交付;未经验收或验收不合格的,不得交付使用。甲方于 2015 年 8 月 31 日前,将符合上述条件的商品房交付乙方使用"。即,双方合同此条约定的目的系为了约束甲方按照合同约定时间在 2015 年 8 月 31 日前完成竣工并验收合格。又根据《天津市不动产登记条例》第 32 条规定,"房地产开发企业应当自开发建设的商品房竣工验收合格之日起三十日内申请房屋所有权不动产首次登记,并将登记结果及时通知购房人。"可知,商品房竣工验收合格的日期关系到不动产初始登记的日期,在实际竣工验收日期晚于约定交付日期的情况下,如开发商仅依据条例规定抗辩免除逾期办理商品房的权属登记手续的责任,那么就完全背离了开发商与业主合同的约定,合同约定的效力不能及于开发商,显然失去了双方缔约合同的目的,故一审法院将逾期办理产权证的起算时间定为合同约定应竣工验收合格之日并无不妥,该院予以维持,上诉人的该项上诉请求依据不足,该院不予支持。

综上,天津泰耀房地产有限公司的上诉请求部分成立。天津市第二中级人民法院依照《民事诉讼法》第 170 条第 1 款第 2 项之规定,判决如下:

(1)撤销天津市宁河区人民法院(2016)津 0117 民初 2076 号民事判决第二项;

(2)变更天津市宁河区人民法院(2016)津 0117 民初 2076 号民事判决第一项为:上诉人天津泰耀房地产有限公司于本判决生效后五日内给付被上诉人薄某某逾期交付商品房已付款利息 6 382.59 元、逾期办证违约金 9 506.24 元,合计 15 888.83 元;

(3)驳回被上诉人薄某某在一审的其他诉讼请求;

(4)驳回上诉人天津泰耀房地产有限公司的其他上诉请求。

案例 3-2 李某某与烟台辽源房地产开发有限公司商品房销售合同纠纷案①

2012 年 12 月 11 日,李某某与烟台辽源房地产开发有限公司(以下简称辽源公司)签订"商品房买卖合同",李某某购买辽源公司开发的位于烟台市××区××街××号 1 号楼第一层 1-02 号商铺,总价款为 480 399 元;合同第 8 条约定,卖方应当在 2014 年 6 月 30 日前,依照国家和地方人民政府的有关规定,将取得"建设工程竣工规划验收合格证""建设工程竣工验收备案表""烟台城市新建住宅项目配套设施交付使用证"及法律、法规、规章规定需满足的其他事项并符合本合同约定的商品房交付买方使用;合同第 9 条约定,卖方逾期交房超过 30 日后,买方要求继续履行合同的,合同继续履行,自本合同第 8 条规定的最后交付期限的第二天起至实际交付之日止,卖方按日向买方支付已交付房价款万分之二点五的违约金;合同第 15 条约定,卖方应按相关规定在商品房交付使用后 60 日内,将办理权属登记需由卖方提供的资料报房产管理部门备案并办理房地产权属登记证书手续,如因卖方的责任,买方不能在规定期限内取得房地产权属证书,买方不退房的,卖方按已付房价款的 1% 向买方支付违约金。

合同签订后,李某某依约履行了付款义务。2014 年 12 月 28 日,双方签订了"补充协议书",第 4 条约定:(1)甲方(辽源公司)保证在 2014 年 12 月 31 日前交付乙方(李某某)房屋钥匙;(2)甲方保证在 2015 年 6 月 30 日前办理房屋综合验收手续,自 2015 年 7 月 1 日起开始办理产证手续;(3)甲乙双方同意正式交房时间改为 2015 年 6 月 30 日前,甲方替乙方向物业公司缴纳第一年物业费作为逾期交房损失补偿,具体时间以甲方综合验收完成之日起开始计算,乙方不再追究相关损失及责任。2015 年 6 月 30 日辽源公司仍未交房。

2016 年 5 月,李某某以辽源公司违约为由,向烟台市牟平区人民法院起诉,请求判令:(1)辽源公司支付逾期交房违约金为 480 399 元 × 305 天 × 0.025%=36 630.42 元(从 2015 年 7 月 1 日到 2016 年 5 月 1 日共 305 天);(2)逾期办证违约金为 480 399 元 × 1%=4 803.99 元。

辽源公司抗辩称,涉案房屋已经于 2014 年 12 月 28 日办理了交房手续,并提交了李某某签字的"交房通知书"。该通知书中关于交房应缴费用明细采用了表格形

① 参见山东省烟台市中级人民法院(2016)鲁 06 民终 2657 号民事判决书。

式,分三列分别为"签约部""财务部""业主",其中"财务部"栏中列明了"公共维修基金""有线电视费""暖气流量表"等十项费用明细,"业主"栏中注明"钥匙已领,交房收楼事项已办理完毕,特此证明,业主签章(表格右下方)",李某某在"业主签章"处签名。李某某对该证据提出异议,称虽然其在交房通知书上签字,但当时辽源公司是通知李某某去交房屋差价款等费用,房屋的钥匙并没有交接,并且当时的情况是辽源公司采用遮挡的方式使李某某没有看到业主一栏上写"钥匙已领,交房事项已经办理完毕",事实上到现在为止该房屋的交接手续、商铺的钥匙、验收合格证等等都没有交付,而且有的商铺门上都没有锁。辽源公司对此不予认可,并称从逻辑上也讲不通,交房通知书的内容首行有李某某的名字以及购买的房屋门牌号码,写有通知李某某携带的资料以及内容,所以李某某肯定是看到了通知内容,才带了相关的资料以及费用来办理交房的手续,另外,李某某签字的这一栏注明了是"业主"栏,第二栏是"财务部",上面是公共维修基金、有线电视费、暖气费等,注明了每户的金钱数额,这些款项是与交房、收楼、钥匙已领是平行的,如果进行遮盖,就会连李某某所交纳费用的明细也一并遮盖,那么就无法算清其费用是多少,所以李某某的解释是不合逻辑的。

李某某还提交了2016年5月26日下午拍摄的涉案房屋的现场照片两张复印件,证明现在房屋的情况是虽然有锁但是没有钥匙,而且锁也不好用,根本不存在辽源公司说的交付钥匙的情况,任何人都可以进出。辽源公司质证称,从照片来看,看不出照片上的门是涉案房屋的门,并且这上面是有锁的,即使如李某某所称的没有钥匙,但是在交房时辽源公司已经将钥匙交付给了李某某,这个钥匙是在李某某手中保管的,门上没有钥匙也属正常,这个锁坏否与是否交房没有关系,因为照片是最近才拍的,而双方交接房屋是在2014年12月28日,距现在已经很长时间了。

辽源公司称涉案楼房没有取得房屋综合验收合格手续,但是该房已经取得了竣工验收合格手续,并提交了竣工验收报告,证明涉案房屋于2014年11月29日竣工验收合格,并加盖了建设单位、监理单位、施工单位、勘察单位以及设计单位的公章。李某某对该证据有异议,称该证据是辽源公司单方出具的,真实性无法确定,并且该证据仅证明房屋经过竣工验收合格,没有达到双方签订合同第8条交付期限规定的"建设工程竣工规划验收合格证"以及"建设工程竣工验收备案表"等。

李某某主张根据合同第9条约定,辽源公司超过30天逾期交房应当向李某某支付已交房款万分之二点五的违约金,从2015年7月1日到2016年5月1日共

305 天,按照上述约定逾期交房违约金为 480 399 元 × 305 天 × 0.025%=36 630.42 元;根据合同第 15 条第 2 款的约定,买方不退房,卖方按已付房价款的 1% 向买方支付违约金,故逾期办证违约金为 480 399 元 × 1%=4 803.99 元。辽源公司主张其已经交付房屋,虽然交付房屋时没有达到原合同第 8 条的约定,但是该房屋已经竣工验收合格,说明该房屋已经具有使用功能,李某某明知涉案房屋没有达到合同第 8 条的条件仍然接收房屋,视为同意对房屋交付条件进行变更,所以李某某索要交房违约金是没有依据的。另外,双方在履行商品房买卖合同中签订了补充协议,并在实际履行过程中对交房时间和交房条件进行了变更,因此双方签订的合同第 15 条的约定,就不再适用,应适用双方在补充合同中约定的第 4 条第 2 项和第 3 项的规定,不再支付办证违约金。另外计算总房款的基数应当扣除面积差价款 16 412.21 元。

　　原审法院认为,李某某与辽源公司签订的"商品房买卖合同""补充协议书"系双方当事人真实意思表示,不违反法律有关规定,依法予以确认。双方在"补充协议书"中约定变更了交房时间为 2014 年 12 月 31 日前交付房屋钥匙,而辽源公司提交了李某某签字的"交房通知书",李某某亦签字确认已经办理完交付手续。虽李某某主张辽源公司采用遮挡的形式致使李某某没有注意到"交房通知书"中注明的"钥匙已领,交房收楼事项已办理完毕",但其未能提供证据加以证明,故对该主张不予支持。李某某称涉案房屋没有安装单独的门锁,也就不存在交付钥匙的行为,李某某既然在"交房通知书"上签字,就视为其认可辽源公司履行了房屋交付的手续,商铺没有安装门锁亦不能推翻李某某已经签字确认交付的事实,故对该证据予以确认,据此认定李某某与辽源公司已于 2014 年 12 月 28 日办理了房屋交接手续。《最高人民法院关于审理商品房买卖合同纠纷案件适用法律若干问题的解释》第 11 条规定"对房屋的转移占有,视为房屋的交付使用,但当事人另有约定的除外",本案所涉房屋已由建设单位组织监理、施工、勘察及设计五家单位进行竣工验收合格,虽未具备合同约定的交付使用条件,但已具备了基本使用功能,买受人知晓该房屋不完全具备交付使用条件,仍办理交房手续,应视为双方以实际交房行为对合同约定的交付条件进行了变更,买受人再以房屋交付条件不符合合同约定请求支付逾期交房违约金的主张,没有依据,亦不符合公平原则。故对李某某逾期交房违约金的主张,依法不予支持。李某某与辽源公司签订的补充协议明确约定自 2015 年 7 月 1 日起开始办理产证手续,但辽源公司至今没有协助李某某办理房屋产权登记手续,其行为已构成违约,李某某根据"商品房买卖合同"第 15 条的约定,要求辽源公司支付全部房款1%的违约金4 803.99元,理由正当,依法予以支持。原审法院于2016年5月30日判决:(1)烟台辽源房地产开发有限公司自本判决生效之日起十日内向李某某支付逾期协助办理房屋产权证书的违约金4 803.99元。(2)驳回李某某的其他诉讼请求。

宣判后,李某某不服,向烟台市中级人民法院提起上诉,理由如下:(1)上诉人虽然在交房通知上签字,但不是上诉人的真实意思表示,商品房到现在仍无门锁,交房通知书上的钥匙交付不属实,涉案房屋至今没有交付。原审法院认定"上诉人在'交房通知书'上签字,视为被上诉人履行了房屋交付手续"错误。(2)涉案房屋没有进行法定的工程综合验收,"工程竣工验收报告"不应作为定案依据。(3)上诉人购买商铺,没法管理使用,且被上诉人的工程没有达到法定条件及约定条件,不允许交付使用,仅消防安全设施这一项不符合标准,上诉人就无法开门营业。商铺根本不具备基本使用条件,至今仍在闲置。原审法院认定"涉案房屋具备基本使用功能"错误。(4)原审法院认定"双方办理了交房手续,应视为双方以实际交房行为对合同约定的交付条件进行了变更"错误。被上诉人逾期交房的客观事实存在,应当依法承担逾期交房的违约责任。请求二审法院撤销原审判决,依法裁判。

原审审理中,被上诉人主张购房款应扣除面积差价款16 412.21元,上诉人表示没有异议。

烟台市中级人民法院审理中,被上诉人认可涉案房屋所在工程未完成综合验收,目前尚不具备约定的交付条件。

该院认为,上诉人与被上诉人签订"商品房买卖合同",约定了房屋交付的条件及时间,之后签订的"补充协议"确定了房屋钥匙的交付时间,被上诉人并保证在2015年6月30日前办理房屋综合验收手续并正式交房。该"补充协议"约定的交付房屋钥匙并非是交接房屋,也并未降低交房条件。被上诉人没有按约完成房屋综合验收,尚未达到约定交付房屋的条件,上诉人虽然在"交房通知书"上签字,但不能视同其同意降低房屋交付条件接收房屋,不影响被上诉人在不具备交房条件、未办理正式交房手续情形下所应承担的违约责任。原审法院认定"双方以实际交房行为对合同约定的交付条件进行了变更"错误,依法应予纠正。根据双方所签"商品房买卖合同"及"补充协议"之约定,被上诉人应向上诉人支付逾期交房违约金。上诉人对被上诉人主张购房款应扣除面积差价款16 412.21元没有异议,实际购房款应认定为463 986.79元。依照《民事诉讼法》第169条、第170条第2项、第175

条的规定,判决如下:

(1)维持烟台市牟平区人民法院(2016)鲁0612民初718号民事判决第一项。

(2)撤销烟台市牟平区人民法院(2016)鲁0612民初718号民事判决第二项。

(3)烟台辽源房地产开发有限公司于本判决生效之日起十日内支付李某某自2015年7月1日起至判决之日止的逾期交房违约金51 966.52元(463 986.79元×448天×0.025%)。

[法理评析]

1. 交付房屋的条件必须是验收合格

这里所说的交付是法律意义上的概念,要满足交付的条件。

(1)交付的条件为:"只有在满足法定的、约定的交付条件情况下,商品房才可交付使用。"[①]《城市房地产开发经营管理条例》第17条规定:"房地产开发项目竣工,依照《建设工程质量管理条例》的规定验收合格后,方可交付使用。"

(2)"交付是指出卖人将房屋的占有转移给买受人,实践中可采用交钥匙等方式转移房屋的占有"。[②]在实践中房屋的转移占有方式有出卖人向买受人交付房屋钥匙、出卖人向买受人发出书面交房通知、买受人在交房通知上签字等几种形式。[③]

(3)如何理解最高法院有关司法解释的含义呢?《最高人民法院关于审理商品房买卖合同纠纷案件适用法律若干问题的解释》第11条第1款规定:"对房屋的转移占有,视为房屋的交付使用,但当事人另有约定的除外。"笔者认为,最高人民法院的上述司法解释目的是在界定房屋转移占有后的风险承担问题,其中包含了一个前提条件,即房屋已经验收合格。转移占有前风险由出卖人承担,转移占有后风险由买受人承担。

2. 逾期交房、逾期办证的时间节点问题

(1)逾期交房的时间节点。案例3-1中,天津市第二中级人民法院认为,房屋的实际交付日为逾期交房的时间节点,不管房屋是否综合验收合格。

案例3-2中,烟台市中级人民法院认为,没有按约完成房屋综合验收,尚未达到

---

① 杨勤法:《房地产法实务》,北京大学出版社2017年版,第99页。

② 杨勤法:《房地产法实务》,北京大学出版社2017年版,第99页。

③ 最高人民法院民事审判第一庭:《最高人民法院关于审理商品房买卖合同纠纷案件司法解释的理解与适用》,人民法院出版社2003年版,第140页。

约定交付房屋的条件,上诉人虽然在"交房通知书"上签字,但不能视同其同意降低房屋交付条件接收房屋,不影响被上诉人在不具备交房条件、未办理正式交房手续情形下所应承担的违约责任。

由此可以看出法院对此问题的不同看法。笔者同意烟台市中级人民法院的观点。

(2)逾期办证的时间节点。在这一问题上,上述两地法院的看法基本一致,即:逾期办理产权证的起算时间定为合同约定应竣工验收合格之日。

2. 合同约定的迟延交房违约金过高或者过低的,如何调整?

[问题的提出]

在新房的买卖中,由于开发商占据强势地位,在签订房屋买卖合同时,买受人往往没有自主修改合同条款的权利。开发商往往将迟延交房的违约金定得很低,这样对开发商有利。或者将迟延付款违约金与迟延交房违约金都定得很高,这样对买受人形成付款时的威慑,让买受人不敢迟延付款。如果开发商迟延交房的情况出现,开发商就会以迟延交房违约金过高为由进行抗辩。那么,在实践中,合同约定的迟延交房违约金过高或者过低的,司法机关会如何处理呢?

[参考案例]

案例 3-3 南京利源物业发展有限公司诉吴某某等商品房 预售合同纠纷案[①]

2015 年 1 月 23 日,南京利源物业发展有限公司(以下简称利源公司)(甲方)与吴某某等三人(乙方)签订"××花园商品房预售合同"一份,约定由乙方购买甲方开发的房屋一套,建筑面积 71.73 平方米,总价为 1 032 722 元;甲方应于 2015 年

---

① 参见江苏省高级人民法院(2016)苏民申 5346 号民事裁定书。

6月30日前交付该商品房,该商品房交付时应当符合下列条件:已取得"建设工程规划验收合格书"和房屋建筑工程竣工验收备案证明材料,该商品房为住宅的,甲方还应当提供"住宅质量保证书"和"住宅使用说明书";甲方迟延交付该商品房的,应按照甲方迟延交付的实际天数,以每天5元计算,向乙方支付违约金。

合同签订后,吴某某等三人向利源公司支付了首付款432 722元。但直到2015年9月30日,利源公司开发的涉案房屋尚未竣工。

吴某某等三人向南京市江宁区人民法院提起诉讼,要求利源公司支付违约金。

一审案件审理中,经法院向多家中介服务机构询价,涉案房屋附近区域的2居室房屋的月租金为2 600元。

南京市江宁区人民法院判决:利源公司于判决发生法律效力之日起10日内向吴某某等三人支付自2015年7月1日起至2015年9月30日止的逾期交房违约金7 800元,此后的逾期交房违约金按照每月2 600元的标准支付至实际交付之日止。

利源公司不服,向南京市中级人民法院提起上诉。该院经审理,驳回上诉,维持原判。利源公司向江苏省高级人民法院申请再审。

利源公司申请再审称:(1)利源公司与吴某某等三人在合同中已明确约定了逾期交房的违约金标准为每天5元,原审法院不适用该标准,违背了《合同法》第4条规定合同自愿原则的立法本意。(2)即使吴某某等三人请求调整违约金标准,也应当以违约造成的损失在原来违约金每天5元标准上适当调整违约金数额,而不是直接参照其他标准。(3)原审法院未根据《最高人民法院关于审理商品房买卖合同纠纷案件适用法律若干问题的解释》第17条规定,按照有关主管部门公布或者有资格的房地产评估机构评定的同地段同类房屋租金标准作为定案依据,仅依据中介公司的询价结果认定相应租金标准,缺乏法律依据。综上,原审认定的基本事实缺乏证据证明,适用法律错误,请求依法对本案再审。

江苏省高级人民法院经审查认为,利源公司申请再审理由不能成立。理由如下:(1)《合同法》第114条第2款规定"约定的违约金低于造成的损失的,当事人可以请求人民法院或者仲裁机构予以增加",本案吴某某等三人虽与利源公司在合同中约定了逾期交房违约金标准为每天5元,但该标准显然偏低,不足以弥补实际产生的损失,吴某某等三人主张予以增加违约金,符合法律规定。(2)《最高人民法院关于审理商品房买卖合同纠纷案件适用法律若干问题的解释》第16条规定"当事人以约定的违约金低于造成的损失为由请求增加的,应当以违约造成的损失确定违约金数额",因此调增违约金应以不超过违约造成的损失为限,利源公司认为应当在双方约定的逾期交房违约金每天 5 元标准上适当调整违约金数额,没有法律依据。(3)根据《最高人民法院关于审理商品房买卖合同纠纷案件适用法律若干问题的解释》第 17 条规定"逾期交付房屋的损失可以参照同地段同类房屋租金标准确定",一审法院虽未以有关主管部门公布的租金标准来确定损失,或向有资格的房地产评估机构申请对同地段同类房屋的租金价格进行评估,但由于涉案楼盘已经属于第二期开发,涉案楼盘周围地区亦已形成成熟的房屋租赁市场,一审法院通过向当地三家中介机构询价的方式同样能够客观反映逾期交付期间同类房屋的租金标准,故原审法院参照询价标准调整利源公司逾期交房违约金数额并无不当。综上,利源公司的再审申请不符合《民事诉讼法》第 200 条规定的条件。

江苏省高级人民法院裁定:驳回南京利源物业发展有限公司的再审申请。

案例 3-4　三亚中铁置业有限公司等诉邹某某商品房销售合同纠纷案[①]

三亚中铁置业有限公司(以下简称中铁公司)与邹某某于 2012 年 1 月 28 日签订"商品房买卖合同"及"合同补充协议"。"商品房买卖合同"约定,邹某某购买中铁公司开发的商铺房,建筑面积 278.5 平方米,总金额 974.75 万元。付款方式及期限:签约当日买受人须支付房款 487.75 万元,剩余房款 487 万元向银行申请商业按揭贷款。交付期限:出卖人应当在 2012 年 12 月 31 日前交付。出卖人逾期交房的违约责任:(1)如逾期超过 10 日的,出卖人按日计算向买受人支付全部房价款万分之二的违约金,并于实际交付当日向买受人支付违约金,合同继续履行;(2)逾期超过 10 日后,买受人有权选择两种方式处置:其一,买受人有权随时行使合同解除权;其二,买受人不行使合同解除权的,出卖人应每日向买受人支付已付房款万分之五的违约金,并于实付当日向买受人支付违约金,合同继续履行。由于买受人原因,未能按期交付的,双方同意按以下方式处理:视为出卖人已于房屋交接书面通知载明的买受人应收房的起始日,向买受人交付了房屋。"合同补充协议"约定:"买受人应于签署主合同当日向贷款银行提供完整有效的申请商业按揭贷款文件资料,缴纳办理贷款所需全部费用,并按照贷款银行要求签署相关文件。若买受人违

---

① 参见海南省高级人民法院(2016)琼民终 203 号民事判决书。

反上述约定,则每迟延一日,买受人应向出卖人支付相当于房屋总价款的万分之三的违约金。"

合同签订后,邹某某按合同约定以转账及贷款方式分两次支付了房款,贷款部分于 2012 年 12 月 21 日进入中铁公司的账户。2011 年期间,中铁公司与三亚市人民政府及部队就涉案项目进行多次协调处理。2012 年 12 月 5 日工程竣工后,中铁公司将涉案项目房屋的销售交由第三人淮创公司包销。邹某某通过淮创公司购买涉案房屋。中铁公司于 2011 年 12 月 22 日取得涉案项目的"商品房预售许可证"。2015 年 1 月 4 日取得了"工程竣工验收备案证"。2014 年 6 月 18 日,邹某某向中铁公司提交了"逾期交付房屋违约通知函"。2014 年 7 月 31 日,中铁公司致业主的"回复函"中要求邹某某及时对项目进行验收。中铁公司并于 2015 年 1 月 5 日以邮寄方式通知邹某某自 2015 年 1 月 5 日至 2015 年 1 月 30 日办理收房手续。但邹某某以未达到交付条件为由,拒办理交房手续。

此后,邹某某向海南省三亚市中级人民法院起诉,请求:(1)中铁公司交付已购房屋;(2)中铁公司支付已付房款 974.75 万元每日万分之五的违约金。

诉讼中,邹某某、中铁公司对于邹某某于 2015 年 1 月 15 日已收取涉案房屋并无异议,邹某某撤回要求中铁公司交付房屋的主张。

中铁公司抗辩逾期交房违约金过高,请求降低。

海南省三亚市中级人民法院认为:

1. 关于中铁公司向邹某某支付逾期交房违约金的期限应如何确定的问题。依合同约定,中铁公司应于 2012 年 12 月 31 日前将房产交付给邹某某使用,邹某某在房屋交付时付清全部购房款。邹某某于 2012 年 12 月 21 日已付清全部购房款,但中铁公司于 2015 年 1 月 15 日交付涉案房屋,已超过合同约定的期限。故中铁公司已构成交房违约,应当承担违约责任。依合同约定,中铁公司应承担自 2013 年 1 月 1 日至 2015 年 1 月 15 日的逾期交房违约金。

2. 关于邹某某主张逾期交房违约金是否过高的问题。《最高人民法院关于适用〈中华人民共和国合同法〉若干问题的解释(二)》第 27 条规定:"当事人通过反诉或者抗辩的方式,请求人民法院依照合同法第一百一十四条第二款的规定调整违约金的,人民法院应予以支持。"本案中,邹某某主张逾期交房违约金依合同约定按已付房款总额的每日万分之五支付。中铁公司以邹某某主张的违约金过高,请求给予调整。违约金是否过高,应以实际损失为基础,兼顾合同的履行情况、当事人的过错程度以及预期利益等综合因素,根据公平原则和诚实信用原则予以衡量。邹某某未能提供证据证明其受到实际损失的具体数额,故中铁公司抗辩违约金过高,要求调整,于法有据,应予以采纳。《最高人民法院关于审理商品房买卖合同纠纷案件适用法律若干问题的解释》第 17 条规定,商品房买卖合同没有约定违约金数额或者损失赔偿额计算方法,违约金数额或者损失赔偿额可参照中国人民银行规定的金融机构计收逾期贷款利息的标准计算。结合本案实际,参照逾期贷款利息的标准,以每日万分之二点一调整违约金较为合理,故中铁公司应支付给邹某某的违约金为 1 524 996.38 元(9 747 500 元 × 0.00021 × 745 天)。

中铁公司以依照"合同补充协议"约定,邹某某在贷款过程中存在违约为由,抗辩逾期交房违约金应与邹某某因违约产生的违约金抵销。《合同法》第 99 条规定:"当事人互负到期债务,该债务的标的物种类、品质相同的,任何一方可以将自己的债务与对方的债务抵销,但依照法律规定或者按照合同性质不得抵销的除外的规定。"本案中,中铁公司并未提起反诉,无法认定二种违约金为互负到期债务,且合同亦没有约定二种违约金可以抵销,中铁公司该项抗辩理由不能成立,不予以采纳。

海南省三亚市中级人民法院判决:中铁公司应于本判决生效之日起十日内向邹某某支付逾期交房违约金 1 524 996.38 元。

中铁公司不服一审判决,向海南省高级人民法院提起上诉。

海南省高级人民法院另查明,邹某某向银行提交"书面个人信贷业务申请表"的日期为 2012 年 10 月 22 日。

海南省高级人民法院认为,本案的争议焦点是:(1)原审法院认定违约金按已付购房款日万分之二点一计算是否正确;(2)中铁公司是否享有抵扣违约金的权利。

关于合同约定的违约金问题。双方签订的"商品房买卖合同"约定,出卖人逾期交房超过 10 日的,买受人不选择解除合同的,出卖人应每日向买受人支付已付房款万分之五的违约金。一审中,邹某某诉请要求中铁公司承担逾期交房违约金,中铁公司认为购房合同约定的逾期交房违约金过高请求法院以不超过实际损失的 30% 进行调整。根据《最高人民法院关于审理商品房买卖合同纠纷案件适用法律若干问题的解释》第 16 条的规定,当事人以约定的违约金过高为由请求减少的,应当以违约金超过造成的损失 30% 为标准适当减少;当事人以约定的违约金低于造成的损失为由请求增加的,应当以违约造成的损失确定违约金数额。本案中,邹某某未提交任何证据证明因中铁公司逾期交房行为造成其实际损失的数额,故邹某某的实际损失应认定为:邹某某已付房款被中铁公司逾期交房期间占用的贷款利息(按中国人民银行发布的同期一年期一般流动资金贷款基准利率计息)。因违约金为以补偿实际损失为主、以惩罚性为辅的基本性质,综合考虑本案事实,该院酌情将违约金调整为中铁公司逾期交房期间占用邹某某已付房款贷款利息的130%。

依据双方签订的"商品房买卖合同"之约定,买受人有违约行为的,出卖人可以延期交付商品房,且无需承担逾期交房的违约责任;买受人应于签署"主合同"当日向贷款银行提供完整有效的申请商业按揭贷款文件资料……本案中,邹某某与中铁公司签约时间为 2012 年 1 月 28 日,邹某某向贷款银行提供完整有效的申请商业按揭贷款文件资料日期为 2012 年 10 月 22 日,邹某某共计迟延申请办理贷款8 个月及 24 天。因此对邹某某违约延迟申请贷款的期间,中铁公司享有顺延交房且无需承担该期间逾期交房的违约责任。"商品房买卖合同"约定"中铁公司应于2012 年 12 月 31 日前交付房屋",该交房日期顺延 8 个月及 24 天的日期应为 2013年 9 月 24 日,且于合同约定的交房日期前中铁公司已经收到全部购房款 9 747 500元,故中铁公司应承担逾期交房的违约金为:以 9 747 500 元为本金,按中国人民银行发布的同期一年期一般流动资金贷款基准利率 130% 计息,自 2013 年 9 月 25 日计至 2015 年 1 月 14 日(一审双方交房日期的前一天)止。《最高人民法院关于审理商品房买卖合同纠纷案件适用法律若干问题的解释》第 17 条系针对双方签订的"商品房买卖合同"中未约定违约金数额或者损失赔偿额计算方法不明的情形,但本案双方签订的购房合同对逾期交房的违约金数额是有明确约定的,故原审法院依据该条规定并作出判决不当,该院予以纠正。

中铁公司是否享有抵扣违约金的权利。购房合同约定:"买受人有违约行为的,出卖人可以延期交付商品房,且无需承担逾期交房的违约责任;买受人应于签署主合同当日向贷款银行提供完整有效的申请商业按揭贷款文件资料……;买受人违反上述约定,则每迟延一日,邹某某应支付相当于房屋总价款的万分之三的违约金。"上述约定系针对买受人一种违约行为(逾期向银行提交申请商业按揭贷款资料)而产生两种违约责任的情形,如果买受人构成违约,出卖人有权选择要求买受人承担其中一种违约责任。经该院释明,中铁公司当庭明确表示选择适用可顺延交房的免责条款,放弃要求邹某某承担因迟延向银行提交申请商业按揭贷款资料而支付违约金的责任。

海南省高级人民法院认为,一审判决认定事实清楚,但适用法律错误。遂判决:

(1)撤销三亚市中级人民法院(2015)三亚民一初字第 2 号民事判决;

(2)三亚中铁置业有限公司于本判决生效之日起十日内向邹某某支付逾期交房的违约金 986 105.17 元(以 9 747 500 元为本金计息,按中国人民银行发布的同期一年期一般流动资金贷款基准利率 130% 计算,自 2013 年 9 月 25 日计至 2015 年 1 月 14 日止)。

[**法理评析**]

关于合同约定的违约金是否会被法院支持的问题是很多当事人甚至代理律师都感到困惑的事情,也是在司法实践中经常争议的焦点问题。要想彻底搞清楚上述问题,必须要理解法律制度设计的违约金的性质。"长期以来,尤其是以前计划经济时代,我国更多地强调违约金的惩罚性。在后来的立法中承认违约金的补偿性和惩罚性多重属性,以补偿性为主、惩罚性为辅,这样,既维护了守约人的利益,也兼顾了违约人的利益,体现公平原则。"[①]由此可以看出,我国法律对违约金的定性:以补偿性为主、惩罚性为辅。根据该定性,法院调整当事人约定的违约金是以实际损失为基础的。

1. 当事人请求调整违约金的法律依据

《合同法》第 114 条第 2 款规定:"约定的违约金低于造成的损失的,当事人可以请求人民法院或者仲裁机构予以增加;约定的违约金过分高于造成的损失的,当事人可以请求人民法院或者仲裁机构予以适当减少。"

2. 约定的违约金低于造成的损失的调整原则

《最高人民法院关于审理商品房买卖合同纠纷案件适用法律若干问题的解释》第 16 条规定:"当事人以约定的违约金低于造成的损失为由请求增加的,应当以违约造成的损失确定违约金数额。"根据该规定,约定的违约金低于造成的损失的,以实际损失确定违约金数额。

3. 约定的违约金过分高于造成损失的调整原则

上述司法解释第 16 条还规定:"当事人以约定的违约金过高为由请求减少的,应当以违约金超过造成的损失 30% 为标准适当减少。"

---

① 最高人民法院民事审判第一庭:《最高人民法院关于审理商品房买卖合同纠纷案件司法解释的理解与适用》,人民法院出版社 2003 年版,第 213 页。

4. 损失赔偿额的参照标准

《最高人民法院关于审理商品房买卖合同纠纷案件适用法律若干问题的解释》第 17 条规定："商品房买卖合同没有约定违约金数额或者损失赔偿额计算方法,违约金数额或者损失赔偿额可以参照以下标准确定:逾期付款的,按照未付购房款总额,参照中国人民银行规定的金融机构计收逾期贷款利息的标准计算。逾期交付使用房屋的,按照逾期交付使用房屋期间有关主管部门公布或者有资格的房地产评估机构评定的同地段同类房屋租金标准确定。"

根据上述规定,逾期交付房屋的损失可以参照同地段同类房屋租金标准确定。

案例 3-3 中,约定的迟延交房违约金为每天 5 元,明显偏低。南京市江宁区人民法院、南京市中级人民法院以及江苏省高级人民法院三级法院都支持将违约金调整为涉案房屋周边房租的水平,即每月 2 600 元。该判决体现了补偿性原则。

案例 3-4 中,约定的迟延交房违约金为每天万分之五,三亚中铁置业有限公司抗辩违约金过高,海南省高级人民法院将违约金调整为:按中国人民银行发布的同期一年期一般流动资金贷款基准利率 130% 计算。该判决体现了补偿性为主、惩罚性为辅的原则。

3. 逾期办理房产证,合同未约定违约金,开发商应承担赔偿责任吗?

[问题的提出]

在很多人看来,买新房子,开发商如果迟延交房,影响了生活的预期,出卖方应该支付违约金,这是天经地义的事情。但是,房产证早一天办,晚一天办,大多数人都不介意。也正是有了这种观念,很多人对此都不在意,在签订房屋买卖合同时往往没有留意逾期办理房产证时开发商要不要承担赔偿责任。有时候,买房人不主张这项权利,出卖方也就懈怠了,结果就会出现合同没有约定逾期办理房产证的违约金。在这种情况下,开发商应承担赔偿责任吗?

[参考案例]

案例 3-5　北京世安住房股份有限公司与唐某某房屋买卖合同纠纷上诉案①

2009 年 9 月 26 日,北京世安住房股份有限公司(以下简称世安公司)与唐某某签订"商品房结算单",载明:购房人为唐某某,房号为涉诉房屋,实测建筑面积 148.95 平方米,实测套内建筑面积 114.64 平方米,预售总价 1 906 560 元,结算总价 1 906 560 元。

当日,唐某某向世安公司支付了全部购房款 1 906 560 元,并办理了房屋入住手续。

2014 年 12 月 26 日,涉诉房屋所在楼栋办理完毕初始登记。

2015 年 12 月 21 日,世安公司(出卖人)与唐某某(买受人)签订"北京市商品房现房买卖合同",约定:唐某某购买世安公司开发的涉诉房屋,总价款为 1 906 560 元,唐某某采取一次性付款;商品房交付后,唐某某自行委托他人向权属登记机关申请办理房屋权属转移登记或同意委托世安公司指定产权代办公司向权属登记机关申请办理房屋权属转移登记;如因世安公司责任,唐某某未能在商品房交付之日起 720 日内取得房屋所有权证书的,唐某某有权退房,唐某某不退房的,自唐某某应当取得房屋所有权证书的期限届满之次日起至实际取得房屋所有权证书之日止,世安公司按日计算向唐某某支付全部已付款万分之 × 的违约金(原文如此)。

2016 年 6 月 6 日,唐某某取得涉诉房屋不动产权证书。

唐某某向北京市朝阳区人民法院起诉请求:世安公司赔偿逾期取得房屋所有权证书的经济损失 30 万元。

世安公司认为此买卖合同中并未约定逾期办理房屋所有权证书的违约责任,故不同意向唐某某赔偿经济损失。唐某某认为此合同虽未约定违约金,但世安公司逾期办理涉诉房屋所有权证书的行为导致其无法出售、抵押房屋,造成唐某某巨大经济损失,世安公司应予赔偿。

---

① 参见北京市第三中级人民法院(2016)京 03 民终 11945 号民事判决书。

北京市朝阳区人民法院认为：依法成立的合同，受法律保护。当事人应当按照约定全面履行自己的义务。当事人一方不履行合同义务或者履行合同义务不符合约定的，应当承担继续履行、采取补救措施或者赔偿损失等违约责任。

本案中，根据已经查明的事实，唐某某与世安公司间存在合法、有效的房屋买卖合同关系。双方约定的唐某某取得房屋所有权证书的期限为交房之日起的720日内，而唐某某实际取得房屋所有权证书的时间为2016年6月6日。现世安公司未能举证证明涉诉房屋所有权证书的逾期取得系存在不可抗力或唐某某怠于履行其相关义务的情形，故世安公司就此构成违约。虽然"北京市商品房现房买卖合同"中未约定唐某某逾期取得房屋所有权证书的违约责任，但房屋所有权证书的逾期取得确实会给唐某某使用、处分房屋造成阻碍，从而产生经济损失。故根据《最高人民法院关于审理商品房买卖合同纠纷案件适用法律若干问题的解释》第18条的规定，唐某某要求世安公司赔偿经济损失，具有事实及法律依据，且主张的金额并未超过合理范围，法院予以支持。

北京市朝阳区人民法院判决：北京世安住房股份有限公司于判决生效之日起十五日内赔偿唐某某经济损失30万元。

世安公司不服一审判决，向北京市第三中级人民法院提起上诉。

二审中，世安公司与唐某某均认可"北京市商品房现房买卖合同"系为办理房屋所有权证而签订。

世安公司向北京市第三中级人民法院提交加盖有世安公司公章的"告知函"复印件一份，证明其在2015年1月4日已告知南湖西园×栋楼所有业主，可以办理所有权转移登记手续。"告知函"载明："南湖西园×栋楼已办理完毕商品房初始登记，现已具备办理房屋所有权转移登记的条件。各位业主可以自行或委托他人办理房屋所有权转移登记，具体事宜联系我司李先生。时间：2015年1月4日；联系人：李先生；电话：××××。"唐某某对该证据的真实性不认可，认为非新证据，世安公司在办理完初始登记后并未向其告知。因世安公司所提交的"告知函"为复印件，唐某某对"告知函"的真实性不予认可，二审法院无法确认"告知函"的真实性，对世安公司欲证明的事实不予采信。

世安公司为证明其已于2007年8月24日取得商品房预售资格，向二审法院提交"北京市商品房预售许可证"一份。世安公司为证明其于2014年12月26日取得涉诉房屋所在楼栋的初始登记，具备了签订现房买卖合同的条件，向二审法院提交南湖西园×号楼房屋所有权证（×京房权证朝字第×号）。唐某某对上述证据的真实性予以认可,亦认可证明事实。二审法院对上述证据的真实性及证明目的予以确认。

双方当事人对原审法院查明的事实无异议。

北京市第三中级人民法院认为:综合双方的诉辩意见及查明的事实,本案的争议焦点在于世安公司应否向唐某某赔偿逾期办理房屋所有权证的经济损失。

根据查明的事实,2009 年 9 月 26 日,唐某某与世安公司签订"商品房结算单"。当日,唐某某向世安公司支付了涉诉房屋的全部购房款,并办理了房屋入住手续。2015 年 12 月 21 日,双方为办理房屋所有权登记手续而签订"北京市商品房现房买卖合同"。世安公司与唐某某之间的房屋买卖合同实际已于 2009 年 9 月 26 日订立、生效,且主要合同义务已于其时履行完毕。2015 年 12 月 21 日签订的商品房现房买卖合同,系对前述房屋买卖合同行为的确认。根据《最高人民法院关于审理商品房买卖合同纠纷案件适用法律若干问题的解释》第 18 条第 1 款的规定:"由于出卖人的原因,买受人在下列期限届满未能取得房屋权属证书的,除当事人有特殊约定外,出卖人应当承担违约责任:……(三)商品房买卖合同的标的物为已竣工房屋的,自合同订立之日起 90 日。"世安公司交付给唐某某的标的物系已竣工房屋,"商品房结算单"与"北京市商品房现房买卖合同"虽均未对何时办理房屋所有权登记手续作出明确约定,世安公司亦应当按照上述规定于合同订立后的 90 日内履行为唐某某办理房屋权属证书的义务。由于世安公司自身原因而未能履行上述规定的义务,双方对此亦无特殊约定,世安公司应当承担违约责任。对于责任的具体负担,《最高人民法院关于审理商品房买卖合同纠纷案件适用法律若干问题的解释》第 18 条第 2 款的规定:"合同没有约定违约金或者损失数额难以确定的,可以按照已付购房款总额,参照中国人民银行规定的金融机构计收逾期贷款利息的标准计算。"唐某某要求世安公司赔偿逾期取得房屋所有权证的经济损失 30 万元,并未超出按照上述规定标准计算所得的范围。原审判决支持唐某某的诉讼请求,并无不妥。

北京市第三中级人民法院判决:驳回上诉,维持原判。

[法理评析]

1. 关于房屋产权登记

(1)不动产权属证书是享有不动产物权的证据。我国实行房屋所有权登记发证制度。登记机关在办理登记后,给权利人颁发不动产权属证书,作为财产拥有的确认。经过登记的房地产权利受法律保护,由国家强制力予以保护,可以对抗权利人以外的任何主体的侵害。由于登记才产生物权变动的效力,登记的迟延毫无疑问会影响买受人权利的实现。

（2）交付房屋并保证房屋所有权转移给买受人是出卖人的义务。房屋的交付包括实物交付和证件交付。所谓实物交付,是指出卖人将房屋房屋腾空交付买受人占有、使用。所谓证件交付,是指出卖人将房屋产权证交付买受人,并协助实现房产转移登记。[①]在现实操作中,都是先交付房屋后办理过户登记手续。

（3）买受人无法取得房产权属证书的原因包括:土地使用手续不合法;房地产开发企业未支付全部土地使用权出让金;房地产开发企业违章建房,比如,超过了审批的范围;房地产开发企业不能提供规定的资料,比如没有通过综合验收而不能提供综合验收合格的证明;未交代收的公共物业维修基金、未注销抵押权等其他原因。[②]

2. 出卖人迟延办证要承担赔偿责任的法律依据

（1）《合同法》第107条规定:"当事人一方不履行合同义务或者履行合同义务不符合约定的,应当承担继续履行、采取补救措施或者赔偿损失等违约责任。"

（2）《最高人民法院关于审理商品房买卖合同纠纷案件适用法律若干问题的解释》第18条规定:"由于出卖人的原因,买受人在下列期限届满未能取得房屋权属证书的,除当事人有特殊约定外,出卖人应当承担违约责任:(一)商品房买卖合同约定的办理房屋所有权登记的期限;(二)商品房买卖合同的标的物为尚未建成房屋的,自房屋交付使用之日起90日;(三)商品房买卖合同的标的物为已竣工房屋的,自合同订立之日起90日。合同没有约定违约金或者损失数额难以确定的,可以按照已付购房款总额,参照中国人民银行规定的金融机构计收逾期贷款利息的标准计算。"

笔者认为,即使合同没有约定违约金,由于房地产开发企业的原因导致迟延办理房屋产权证书的,仍然要承担赔偿责任。

---

① 最高人民法院民事审判第一庭:《最高人民法院关于审理商品房买卖合同纠纷案件司法解释的理解与适用》,人民法院出版社2003年版,第232页。

② 最高人民法院民事审判第一庭:《最高人民法院关于审理商品房买卖合同纠纷案件司法解释的理解与适用》,人民法院出版社2003年版,第232~233页。

4. 由于政府部门原因致使自来水不通导致无法通过工程质量验收，开发商以此为抗辩理由免除逾期交付房屋的违约责任，理由成立吗？

[问题的提出]

在房产开发企业与买受人签订的商品房买卖合同或者补充协议中，往往都有如下条款："因政府部门进行与本项目关联的市政工程等事件导致房屋无法按时交付和办理房屋产权证书的，可以顺延交付房屋，无须承担违约责任。"在现实的实务操作中，由于上述合同条款的存在，房产开发企业确实免除了不少麻烦。但是根据《建筑工程施工质量验收统一标准》，上述合同条款看似合法的外表下面掩盖了一些事实真相，侵犯了买受人的合法权益。

这个问题的提出，意义在于给房屋买受人的代理律师以及审判人员以启示：遇到类似的问题要仔细研究《建筑工程施工质量验收统一标准》，判断房产开发企业提出的免除逾期交付违约责任的理由是否成立。

[参考案例]

案例 3-6 徐某与阳江同心房地产开发有限公司商品房预售合同纠纷再审案[①]

再审申请人徐某因与被申请人阳江同心房地产开发有限公司(下称同心房地产公司)商品房预售合同纠纷一案，不服广东省阳江市中级人民法院(2014)阳中法民一终字第 404 号民事判决，向广东省高级人民法院申请再审。该院于 2015 年 11 月 5 日作出(2015)粤高法民一申字第 1233 号及第 1234 号民事裁定，提审本案，并依法组成合议庭公开开庭进行了审理。

2014 年 4 月 2 日，徐某向广东省阳江市江城区人民法院提起本案诉讼，请求：(1)同心房地产公司支付迟延交付违约金 45 325.90 元(从 2013 年 7 月 1 日起计至 2014 年 3 月 31 日共 274 日，按已付房款的每日万分之三计算)；(2)本案诉讼费由

---

① 参见广东省高级人民法院(2016)粤民再 126 号民事判决书。

同心房地产公司承担。

一审法院经审理查明：2012 年 10 月 9 日，徐某（乙方）与同心房地产公司（甲方）签订了"商品房买卖合同"。合同主要约定：徐某向同心房地产公司购买位于阳江市 ×× 区 ×× 路 ×× 号 ×× 花苑第 3 幢 8 单元第 803 号商品房一套，该商品房为预售商品房，预售许可证为阳预许证字 2011055 号，建筑面积共 121.46 平方米（其中套内建筑面积 97.25 平方米，公共分摊建筑面积 24.21 平方米），单价为每平方米 5 670.03 元，房屋总价款为 551 410 元，定于 2013 年 6 月 30 日前交付房屋，交付时具备"该商品房经验收合格"条件，并将符合合同约定的商品房交付乙方使用。逾期交房的，甲方需承担如下违约责任：（1）逾期不超过 180 日，按日向乙方支付已交付房价款万分之三的违约金，合同继续履行。（2）逾期超过 180 日后，乙方有权解除合同。解除合同的，甲方应当自乙方解除合同通知到达之日起 60 天内退还全部已付款，并按乙方累计已付款的 3% 向其支付违约金；乙方要求继续履行合同的，合同继续履行，自本合同第 8 条规定的最后交付期限的第二天起至实际交付之日止，甲方按日向乙方支付已支付房价款万分之三的违约金。合同签订后，徐某按时支付了全部购房款。徐某认为同心房地产公司没有按时交付经验收合格的商品房，遂提起本案诉讼。

一审庭审中，同心房地产公司辩称其曾于 2013 年 5 月 7 日向市政部门申请涉诉房地产项目的给水主管道工程的审批，因在此期间阳江市正在申请"国家园林城市"，从而暂停市内市政工程开挖审批，最终导致同心房地产公司无法进行施工，从而无法办理竣工验收手续。因此，同心房地产公司认为其迟延交付房屋的原因是市政部门迟延审批相关工程，导致同心房地产公司无法按时办理竣工验收程序，属于双方签订的"商品房买卖合同补充协议"第 11 条第 6 项"因政府部门进行与本项目关联的市政工程等事件导致房屋无法按时交付和办理房屋产权证书的，可以顺延交付房屋，无须承担违约责任"约定的情形，交付时间应当顺延。该给水工程于 2013 年 12 月 13 日才予以批准，同心房地产公司于 2014 年 1 月 13 日已办理了工程竣工验收备案，因此，如果 2013 年 5 月 7 日给水工程被予以批准，同心房地产公司完全有可能于 2013 年 6 月 30 日前向徐某交付经验收合格的商品房。但同心房地产公司没有提供相关证据证明其曾于 2013 年 5 月 7 日向市政部门提出过涉诉房地产项目的给水工程申请及相关的行政部门不予审批的事实，也没有证据证明涉诉的房地产项目给水工程属于市政工程。徐某对此认为，涉诉房地产的通水工程是民用工程，非市政工程，该情况不属于不可抗力，同心房地产公司没有证据证明是由于政府的原因造成其迟延交房,且双方在合同约定交付经验收合格的商品房的时间为 2013 年 6 月 30 日,同心房地产公司辩称于 2013 年 5 月 7 日申请审批涉案房地产项目通水工程,明显是没有控制好工程的竣工时间。

涉案房屋于 2014 年 1 月 13 日取得政府有关部门的"建设工程竣工验收备案表"。

庭审中,同心房地产公司主张其已于 2013 年 11 月 26 日向徐某交付了房屋,并与其签订了"业主钥匙签收单",故根据《最高人民法院关于审理商品房买卖合同纠纷案件适用法律若干问题的解释》第 11 条"对房屋的转移占有,视为房屋的交付使用,但当事人另有约定的除外"的规定,应视为同心房地产公司已于 2013 年 11 月 26 日向徐某交付了房屋。

徐某在庭审中确认其于 2013 年 11 月 26 日与同心房地产公司签订了"业主钥匙签收单",收到上述房屋并进行了装修,但认为同心房地产公司交楼时没有出示"住宅质量保证书""住宅使用说明书",涉诉房屋尚未达到交付的条件,因此其确实存在迟延交房的违约行为,违约金应从 2013 年 7 月 1 日起计至 2014 年 3 月 31 日止。

一审法院认为:本案是同心房地产公司作为甲方将正在建设中的商品房预先出售给徐某,徐某支付房屋价款,同心房地产公司向其交付房屋过程中产生的纠纷,属商品房预售合同纠纷。双方在平等自愿、协商一致的基础上签订的"商品房买卖合同",是双方真实意思表示,主体适格,内容合法。本案涉案预售的商品房亦已领取"商品房预售许可证",该合同合法有效,双方应按照合同的约定履行各自的义务。本案的争议焦点为:(1)同心房地产公司是否存在迟延交房的违约事实;(2)若同心房地产公司构成违约,应如何计算违约金。

对于焦点一,同心房地产公司是否存在迟延交房的违约事实问题。双方在合同中明确约定:甲方定于 2013 年 6 月 30 日前将经验收合格的商品房交付乙方使用。本案中,徐某主张同心房地产公司至起诉之日尚未履行交付商品房的义务,同心房地产公司已构成违约;同心房地产公司则主张已于 2013 年 11 月 26 日履行交付义务,并辩称其迟延交付商品房的原因是市政部门迟延审批涉案房地产项目的通水工程的申请,导致无法按时办理竣工验收程序,属于双方签订的"商品房买卖合同补充协议"第 11 条第 6 项的约定"因政府部门进行与本项目关联的市政工程等事件导致房屋无法按时交付和办理房屋产权证书的,甲方可以顺延交付房屋,无须承担违约责任"的情形,交付时间应当顺延。对此,一审法院认为,同心房地产公司在本案没有提供相关证据证明其曾于 2013 年 5 月 7 日向市政部门提出过涉诉房地产项目的给水工程申请及相关的行政部门不予审批的事实,也没有证据证明涉诉的房地产项目给水工程属于市政工程,同心房地产公司应承担举证不能的不利后果。退一步而言,即使同心房地产公司能举证证明其于 2013 年 5 月 7 日向市政府部门提出过涉案房地产项目的给水工程申请,那么按其上述提出申请的日期(2013年 5 月 7 日)与合同约定交付房屋日期(2013 年 6 月 30 日之前)相隔也是很短,很明显是同心房地产公司没有控制好涉案房地产项目施工期限,完全是同心房地产公司一方的原因所致,不属于双方在合同约定的交付时间应当顺延的情形。综上,一审法院认定同心房地产公司存在迟延交房的事实。

对于焦点二,若同心房地产公司构成违约,应如何计算违约金的问题。同心房地产公司已于 2013 年 11 月 26 日将涉案房屋交付给徐某使用,徐某亦已收取房屋并进行了占有、装修和使用,且该房屋后来同心房地产公司已经取得了政府有关部门的"建设工程竣工验收备案表",属于经验收合格的房屋,符合交付条件。根据《最高人民法院关于审理商品房买卖合同纠纷案件适用法律若干问题的解释》第 11 条"对房屋的转移占有,视为房屋的交付使用,但当事人另有约定的除外"的规定,应视为同心房地产公司于 2013 年 11 月 26 日向徐某交付了房屋。按双方在合同约定的交房日期 2013 年 6 月 30 日的第二天开始计算,同心房地产公司迟延 149 天交房。依照合同中"逾期不超过 180 日,自本合同第八条规定的最后交付期限的第二天起至实际交付之日止,甲方按日向乙方支付已支付房价款万分之三的违约金,合同继续履行"的约定,同心房地产公司在本案中应支付给徐某的违约金为 24 648.03 元(551 410 元 × 0.0003 × 149 日)。因此,对徐某请求超出一审法院核定的违约金数额的部分应不予支持。

广东省阳江市江城区人民法院判决:(1)限同心房地产公司在本判决发生法律效力之日起五日内支付违约金 24 648.03 元给徐某;(2)驳回徐某的其他诉讼请求。

同心房地产公司不服一审判决,向广东省阳江市中级人民法院提起上诉,请求撤销一审判决。

徐某答辩称:(1)同心房地产公司的上诉理由不充分,给水管道工程施工问题与同心房地产公司延迟交楼并不具有因果关系。(2)同心房地产公司延迟交楼另有原因。(3)退一步而言,即使同心房地产公司的上诉理由成立,但其通过补充协议提出免除自己责任的条款属于格式条款,依据《合同法》及相关解释的规定,同心房地产公司没有提供证据证实其已经对免责条款做出明确的说明,其格式条款应属无效。同心房地产公司客观上延迟交楼已是不争的事实,根据法律规定其应从违约之日起承担违约责任。综上,请求驳回同心房地产公司的上诉请求。

二审法院经审理查明:本案讼争房屋所在的工程已于 2014 年 1 月 13 日办理工程竣工验收合格备案手续。双方当事人确认,徐某于 2013 年 11 月 26 日在"业主钥匙签收单"中签名,收到购买的房屋并进行了装修。

同心房地产公司曾在二审法院审结的另案(与本案同属系列案)中提出调查申请,申请到阳江市城市综合管理局调查 2013 年 3 月至 2013 年 12 月期间,该局是否因阳江市申请"国家园林城市称号"而暂缓或停止审批阳江市内道路面挖掘等工程的申请。二审法院根据同心房地产公司的申请,去函阳江市城市综合管理局进行调查,该局于 2014 年 11 月 10 日复函二审法院,主要内容是:(1)同心房地产公司于 2013 年 5 月向该局申请挖掘道路施工许可证情况属实,该局未受理其申请。具体原因如下:创建国家园林城市检查工作最初定于 2013 年 6 月进行。为减少道路挖掘对市容市貌的影响,保证"创园迎检"工作顺利进行,该局应市"创园办"以及相关创园工作要求,从 2013 年 5 月起停止市区道路挖掘施工许可证的审批业务。同心房地产公司申请挖掘的地段为新江北路边绿化带,该路段为"创园"必检路段,根据"创园"工作精神,迎检期间原则上不再批准开挖必检路段道路。(2)"创园"检查工作结束后,该局即刻恢复市区道路挖掘施工许可证的审批业务,同心房地产公司于 2013 年 12 月 3 日再次向该局申请挖掘道路施工许可证,该局于 2013 年 12 月 13 日批准申请并印发施工许可证。该复函所附的道路挖掘施工许可证载明施工日期是 2013 年 12 月 14 日至 2014 年 1 月 4 日。二审法院向阳江市城市综合管理局了解何时恢复道路挖掘施工许可证审批,该局对原来的复函作了补充说明,主要内容是:该局应市"创园办"以及相关"创园"工作要求,从 2013 年 5 月起,停止市区道路挖掘施工许可证审批业务。2013 年 11 月 23 日至 25 日国家住建部对阳江市"创园"进行验收,"创园"检查工作结束后,该局于 2013 年 11 月 26 日恢复市区道路挖掘施工许可证的审批业务。

徐某在二审期间提交证据:(1)广东省阳江市质量技术监督局于 2014 年 6 月 19 日出具的《关于对××花苑电梯质量安全隐患投诉的复函》,证明同心房地产公司延迟交楼的原因包括电梯检验不合格,存在安全隐患;(2)阳江市疾病预防控制中心自来水末梢水检验报告和部分业主钥匙签收单,证明小区内用水已可以满足业主装修及生活需要。

二审法院认为:根据徐某于 2013 年 11 月 26 日收到涉诉房屋钥匙及涉诉房屋所在的××花苑工程于 2014 年 1 月 13 日办理工程竣工验收合格备案手续的事实,

由于 2013 年 11 月 26 日房屋未达到经验收合格的标准,应认定同心房地产公司于 2014 年 1 月 13 日交付经验收合格的商品房给徐某,一审法院认定 2013 年 11 月 26 日为同心房地产公司的交房时间欠妥,应予纠正。对于同心房地产公司于上述时间交房给徐某是否违反合同约定的问题,"商品房买卖合同"虽约定同心房地产公司定于 2013 年 6 月 30 日交付商品房,但双方在补充协议约定了"乙方同意,除不可抗力外,因遵守法律法规和政府法令,或因政府部门进行与本项目关联的市政工程等事件导致房屋无法按时交付和办理房屋产权证书的,甲方可以顺延交付房屋和办理房屋产权证书,无须承担违约责任",该约定对双方当事人具有约束力。二审法院在另一已生效的同一系列案件中根据同心房地产公司的申请进行调查,阳江市城市综合管理局明确答复二审法院,同心房地产公司于 2013 年 5 月间申请道路挖掘施工许可证,但由于阳江市进行"创园"活动,同心房地产公司所申请挖掘路段是在新江北路边绿化带,是"创园"活动必检路段,而没有受理同心房地产公司的申请,同心房地产公司在"创园"工作结束后即于 2013 年 12 月 3 日再次申请挖掘道路施工许可证。由于市政府的"创园"活动不批准同心房地产公司开挖道路,造成同心房地产公司在上述期间无法施工而延误工期,无法按合同约定的期限交付商品房。同心房地产公司开挖道路工程虽不是市政工程,但与市政管理有关,且是政府"创园"活动的市政管理要求不批准其施工,其无法施工的原因应属于双方在补充协议约定的可顺延交付楼房的事项,故上述期间应予扣减。上述复函中未明确同心房地产公司提出申请的日期,而同心房地产公司主张的 2013 年 5 月 7 日递交申请也未能提供证据证明,可推定同心房地产公司在 5 月底提出申请,故顺延期限应从 2013 年 6 月 1 日起计至 2013 年 12 月 3 日同心房地产公司再次提出挖掘道路申请时止,共 186 天,该期间为双方合同约定应顺延交房的时间。从 2013 年 7 月 1 日起计至实际履行交房义务时止,同心房地产公司迟延 197 天交房,扣除应顺延期间 186 天,同心房地产公司实际迟延交房 11 天。徐某二审抗辩主张 ×× 花苑的电梯及自来水检验已于 2013 年 8、9 月份已检验合格,同心房地产公司所讲的给水管道工程项目与工程竣工验收无关,同心房地产公司迟延交房是另有原因所致,不应顺延交房时间。因徐某二审提供的证据不足以反映在 2013 年 9 月份涉诉楼房已具备竣工验收合格的条件,同心房地产公司在一审已提供证据证明其向市政部门申请给水主管道工程项目是主要用于 ×× 花苑楼盘的自来水供应,故徐某上述抗辩主张理据不足,二审不予采纳。另对徐某申请调查的问题,二审法院认为不足以影响本案的事实认定,不予准许。同心房地产公司迟延 11 天交付商品房给徐某,其行为已构成违约,应支付违约金给徐某,违约金按合同约定的按已付房价款每日万分之三计算为:551 410 元 × 0.0003 × 11 天 =1 819.65 元。

二审法院判决:(1)维持阳江市江城区人民法院(2014)阳城法民二初字第 255 号民事判决第二项。(2)变更阳江市江城区人民法院民事判决第一项为:阳江同心房地产开发有限公司在本判决发生法律效力之日起十日内支付违约金 1 819.65 元给徐某。

徐某不服二审判决,向广东省高级人民法院申请再审,主要事实和理由是:(1)二审判决认定徐某与同心房地产公司签订的补充协议中的免责条款对双方当事人具有约束力是适用法律错误。该协议是同心房地产公司单方制定的格式合同,应提供证据证明其对该格式条款尽了合理提示及说明义务,否则该条款对徐某没有约束力。(2)二审判决认为同心房地产公司开挖道路工程与其延迟交楼有相关性,应顺延同心房地产公司的交楼时间是认定事实不清。(3)二审法院不批准徐某的调查取证申请是在程序上不公平。

徐某请求:撤销二审判决,对本案进行再审。

广东省高级人民法院认为,本案系商品房预售合同纠纷。根据双方当事人在再审阶段的诉辩意见,本案争议的焦点问题是:案涉房屋不能按时交付是否因阳江市城市综合管理局停止市区道路挖掘施工许可证审批业务所导致,即是否属于案涉"商品房买卖合同补充协议"第 11 条第 6 项约定的可以顺延交房期限的情形。

本案中,因阳江市进行创建"国家园林城市称号"活动,阳江市城市综合管理局从 2013 年 5 月至 2013 年 11 月 26 日停止市区道路挖掘施工许可证审批业务,未受理同心房地产公司于 2013 年 5 月提出的挖掘道路许可证的申请,导致阳江市自来水安装工程有限公司不能施工挖掘道路,受影响的应是案涉楼盘通自来水的时间。"建筑给水、排水及采暖"部分工程的质量属于《建筑工程施工质量验收统一标准》中的验收内容,但是否通自来水并不属于商品房竣工验收的内容。通自来水还是通临时用水,跟居民生活用水品质相关,跟建筑工程施工质量无关,跟房屋的竣工验收与交付没有必然联系。同心房地产公司所称的"给水工程"其实就是申请开通自来水,与建筑物本身所应具备且属于竣工验收内容的"给水、排水工程"(管道安装)根本就不是同一回事情。因此,同心房地产公司主张其迟延交付房屋的原因是市政部门迟延审批相关工程,导致同心房地产公司无法按时办理竣工验收程序,属于双方签订的"商品房买卖合同补充协议"第 11 条第 6 项约定的免责事由,没有事实依据。

一审判决认为同心房地产公司迟延交房是"没有控制好涉案房地产项目施工

期限,是同心房地产公司一方的原因所致,不属于双方在合同约定的交付时间应当顺延的情形"并无不当,二审判决认为应当顺延,改判扣除相应期间,没有事实与法律依据,广东省高级人民法院予以纠正。

综上所述,二审判决认定事实与适用法律错误,广东省高级人民法院予以纠正。徐某的再审主张有理,该院予以支持。判决如下:

(1)撤销广东省阳江市中级人民法院(2014)阳中法民一终字第404号民事判决;

(2)维持广东省阳江市江城区人民法院(2014)阳城法民二初字第255号民事判决。

[法理评析]

1. 建筑工程施工质量验收的依据

建筑工程施工质量验收的依据为国家标准《建筑工程施工质量验收统一标准》(GB50300-2013),本标准自2014年6月1日起实施。

2. 建筑给水、排水及采暖需验收的项目

根据《建筑工程施工质量验收统一标准》,建筑给水、排水及采暖系统需验收的项目:室内给水系统、室内排水系统、室内热水系统、卫生器具、室内供暖系统、室外给水管网、室外排水管网、室外供热管网、建筑饮用水供应系统、建筑中水系统及雨水利用系统、游泳池及公共浴池水系统、水景喷泉系统、热源及辅助设备、监测与控制仪表。共计14个项目。不包括通自来水。

3. 广东省高级人民法院的判决理由评析

回到本案,广东省高级人民法院认为:"建筑给水、排水及采暖"分部工程的质量属于《建筑工程施工质量验收统一标准》中的验收内容,但是否通自来水并不属于商品房竣工验收的内容。同心房地产公司所称的"给水工程"其实就是申请开通自来水,与建筑物本身所应具备且属于竣工验收内容的"给水、排水工程"(管道安装)根本就不是同一回事情。因此,同心房地产公司主张其迟延交付房屋的原因是市政部门迟延审批相关工程,导致同心房地产公司无法按时办理竣工验收程序,属于双方签订的"商品房买卖合同补充协议"第11条第6项约定的免责事由,没有事实依据。

笔者认为,广东省高级人民法院的判决理由抓住了问题的本质,极具说服力。很少有律师和法官从这个深度阐述类似免责条款的效力问题。这个典型案例的意义在于给房屋买受人的代理律师以及审判人员以启示：遇到类似的问题要仔细研究《建筑工程施工质量验收统一标准》，判断房产开发企业提出的免除逾期交付违约责任的理由是否成立。

5. 由于开发商的原因迟延办理房产证超过一年，合同约定继续履行，没有约定可以解除合同，买受方能否解除合同？（合同的约定能排除法定的解除权吗？）

［问题的提出］

在新房的买卖中，由于开发商的强势地位，一般来讲，买受人没有能力改动开发商起草的合同条款。关于迟延交房、迟延办证的违约责任上，合同条款往往都是约定开发商支付违约金，合同继续履行。很少有约定买受人可以解除合同的情况。因为，这样约定对开发商有利，开发商试图通过这种约定消除买受人单方解除合同的隐患。在现实中，由于开发商的原因，买受人长期无法办理房产所有权登记，严重侵害了买受人的利益。那么，在合同约定继续履行，没有约定买受人可以解除合同的情况下，买受方有权解除合同吗？最高人民法院的判例很好地回答了这个问题。

［参考案例］

案例 3-7　抚顺丰远房地产开发有限公司诉王某某等房屋
买卖合同纠纷案[①]

再审申请人抚顺丰远房地产开发有限公司（以下简称丰远公司）因与被申请人王某某、常某某房屋买卖合同纠纷一案，不服辽宁省高级人民法院（2016）辽民终395 号民事判决，向最高人民法院申请再审。

[①] 参见中华人民共和国最高人民法院（2016）最高法民申 3131 号民事裁定书。

丰远公司申请再审称：二审法院判决解除丰远公司与王某某、常某某签订的商品房买卖合同，丰远公司返还王某某、常某某购房款并赔偿损失，认定事实不清，适用法律错误。（1）丰远公司与王某某、常某某签订"商品房买卖合同"真实合法有效，合同条款对合同双方有绝对的约束力。合同第15条明确约定了丰远公司不能在规定的360日内协助办理产权登记的，合同继续履行，丰远公司支付违约金。商品房买卖合同纠纷，应按照有约定从约定，没有约定从法定的原则处理。依照合同约定，丰远公司应以赔偿违约金的方式向王某某、常某某承担违约责任，合同继续履行，而不是以退房为承担违约责任的方式。（2）二审判决适用《最高人民法院关于审理商品房买卖合同纠纷案件适用法律若干问题的解释》第19条认定本案事实，属适用法律错误。双方的合同约定已经否定了买房人的解除权，应当按照双方的约定继续履行合同，丰远公司以支付违约金的方式承担违约责任。

最高人民法院经审查认为，本案的争议焦点是能否适用《最高人民法院关于审理商品房买卖合同纠纷案件适用法律若干问题的解释》第19条的规定解除合同。

丰远公司与王某某、常某某之间的"商品房买卖合同"第15条约定："出卖人应当在商品房交付使用后360日内，将办理权属登记需由出卖人提供的资料报产权登记机关备案。如因出卖人的责任，买受人不能在规定期限取得房地产权属证书的，双方同意按下列第3项处理：……3.由出卖人按日向买受人支付已交付房款万分之一的违约金，合同继续履行。由于政府原因及不可预见原因造成买受人不能及时办理产权登记的，出卖人不承担违约责任。"丰远公司认为双方已经约定了不能办理产权登记的违约责任承担方式，就不能再适用《最高人民法院关于审理商品房买卖合同纠纷案件适用法律若干问题的解释》第19条的规定来解除合同。

最高人民法院认为，合同解除分为约定解除和法定解除，有约定从约定，无约定适用法定。本案的"商品房买卖合同"约定了丰远公司协助办理产权登记的期限，并约定未能在约定期限办理的，丰远公司应当承担违约责任，合同继续履行，合同中并未约定一方当事人享有解除合同的权利。在合同未约定解除权的情况下，应当适用法律的规定。《最高人民法院关于审理商品房买卖合同纠纷案件适用法律若干问题的解释》第19条规定："商品房买卖合同约定或者《城市房地产开发经营管理条例》第33条规定的办理房屋所有权登记的期限届满后超过一年，由于出卖人的原因，导致买受人无法办理房屋所有权登记，买受人请求解除合同和赔偿损失的，应予支持。"上述司法解释为商品房买卖合同的出卖人设定了一个协助买受人办理产权登记的最迟期限，即在商品房买卖合同约定或者相关法规规定的期限届满后,又超过一年。自超过后,买受人即享有了解除合同的权利。及至本案,合同约定丰远公司应于商品房交付使用后 360 日内即 2013 年 4 月 18 日之前,将办理涉案房屋权属登记需由其提供的资料报产权登记机关备案。根据《最高人民法院关于审理商品房买卖合同纠纷案件适用法律若干问题的解释》第 19 条规定,王某某、常某某在约定的期限届满后一年(即 2014 年 4 月 19 日)即可以要求解除合同并赔偿损失。经一审、二审法院审理及本院再审审查查明,丰远公司于 2015 年 3 月 16 日才获得办理涉案房屋产权登记所必需的抚顺市房屋建筑工程竣工验收备案书,2015 年 4 月 29 日,即王某某、常某某提起本案诉讼(2015 年 4 月 23 日)之后,才开具办理涉案房屋产权登记所必需的涉案商品房的销售发票,显然已经超出了合同约定的期限以及《最高人民法院关于审理商品房买卖合同纠纷案件适用法律若干问题的解释》规定的最迟期限。虽然双方的“商品房买卖合同”中约定了合同继续履行,但是并未排除买受人享有的法定解除权,故王某某、常某某依法诉请要求解除合同,符合法律规定,应予支持。

最高人民法院裁定:驳回抚顺丰远房地产开发有限公司的再审申请。

案例 3-8　上海麦格茂置业有限公司诉陈某某商品房预售合同纠纷案①

2007 年 11 月 19 日,上海麦格茂置业有限公司(以下简称麦格茂公司)(甲方、卖方)与陈某某(乙方、买方)签订预售合同,乙方向甲方购买店铺,总价 306 765 元。预售合同第 10 条约定,该房屋交付时甲方应取得竣工验收文件,甲方取得验收合格证的 90 天内办理房地产初始登记,取得商品房房地产权证(大产证);第 11 条约定,甲方定于 2008 年 6 月 30 日前将该房屋交付给乙方,除不可抗力外;第 12 条约定,甲方如未在本合同第 11 条约定期限内将该房屋交付乙方,应当向乙方支付违约金,违约金按乙方已支付的房价款的每日万分之一计算,违约金自本合同第 11 条约定的最后交付期限之第二天起算至实际交付之日止;逾期超过 90 天,乙方继续履行合同,甲方继续向乙方支付违约金,违约金以乙方已付房款按每日万分之一计算,至实际交付之日止;第 13 条约定,该房屋符合本合同第 10 条约定的交付条件后,甲方应在交付之日前 7 天书面通知乙方办理交付房屋的手续;乙方应在收到该

---

① 参见上海市第一中级人民法院(2016)沪 01 民终 7561 号民事判决书。

通知书之日起 20 天内,会同甲方对该房屋进行验收交接;房屋交付的标志为交付钥匙并签署"房屋交接书";第 14 条约定,在甲方办理了新建商品房房地产初始登记手续、取得了房地产权证(大产证)后 60 日内,由甲、乙双方签署本合同规定的"房屋交接书"。"房屋交接书"作为办理该房屋过户手续的必备文件。甲、乙双方在签署"房屋交接书"之日起 60 天内,由双方依法向南汇区(现浦东新区)房地产交易中心办理价格申报、过户申请手续,并申领该房屋的房地产权证(小产证)。预售合同补充条款第 15 条第 2 款约定,乙方同意(系争房屋)由甲方委托或创办的商务管理公司统一管理,乙方必须服从商务公司的管理。

预售合同签订当天,陈某某与上海 ×× 有限公司(以下简称 ×× 公司)签订"物业委托经营合同",陈某某将涉案房屋委托 ×× 公司进行统一经营管理;委托经营的期限为五年,从 2008 年 6 月 1 日至 2013 年 5 月 31 日止。第 5 条约定:(1) ×× 公司承诺以下列比例支付甲方收益:本合同签订时,×× 公司已经将前三年的委托收益(该物业购买总价的 18%)交付给陈某某,即陈某某已经收到前三年的收益;(2)陈某某同意该物业由 ×× 公司全权管理经营。

预售合同和"物业委托经营合同"签订后,陈某某于 2007 年 11 月 19 日向麦格茂公司付清了全部房款 306 765 元及备案费 50 元。2011 年 12 月 15 日,麦格茂公司取得涉案房屋所在楼栋的竣工验收备案证书,但至今未取得涉案房屋大产证。

2015 年 6 月,陈某某诉至上海市浦东新区人民法院,请求判令麦格茂公司赔偿逾期办证违约金。一审法院经审理后,于 2015 年 11 月作出民事判决,判令麦格茂公司应于判决生效之日起十日内支付陈某某逾期办证违约金(以 361 983 元为基数,按中国人民银行同期同类贷款利率上浮 30% 的标准自 2013 年 6 月 10 日起计算至 2015 年 11 月 4 日止)。

2015 年 12 月 23 日,陈某某向麦格茂公司发送律师函,催告其交付房产证。此后,陈某某向上海市浦东新区人民法院起诉,请求:(1)解除双方签订的"上海市商品房预售合同";(2)要求麦格茂公司以房款 361 983 元为本金、按同期银行贷款利率支付 2008 年 8 月 30 日(应当办证之日)计算至判决生效日止的利息。

一审中,陈某某与麦格茂公司一致确认,陈某某实际支付房款 306 765 元。麦格茂公司称,因无力支付办理大产证所需缴纳的税费,故大产证至今未办好。

一审法院认为,陈某某与麦格茂公司签订的预售合同系双方当事人真实意思表示,应为合法有效,双方均应遵照履行。本案中,预售合同约定,房屋交付时麦格茂公司应取得竣工验收文件,麦格茂公司取得验收合格证的 90 天内办理房地产初始登记,取得大产证,在取得大产证后 60 日内签订"房屋交接书",在签订"房屋交接书"后 60 日内协助陈某某办理小产证。现麦格茂公司于 2011 年 12 月 15 日取得竣工验收备案证书,但至今未能办理大产证,显属违约,且该违约行为导致陈某某无法办理小产证,且早已超过法律规定的宽限期限,陈某某的合同目的不能实现。现陈某某起诉要求解除预售合同、返还已付购房款的诉讼请求,均予以支持。

一审法院判决:(1)解除陈某某与上海麦格茂置业有限公司于 2007 年 11 月 19 日签订的"上海市商品房预售合同";(2)上海麦格茂置业有限公司应于判决生效之日起十日内退还陈某某购房款 306 765 元;(3)上海麦格茂置业有限公司应于判决生效之日起十日内支付陈某某利息损失。

麦格茂公司不服一审判决,向上海市第一中级人民法院提起上诉。

上海市第一中级人民法院经审理,判决:驳回上诉,维持原判。

[法理评析]

由于开发商的原因迟延办理房产证超过一年,虽然合同约定继续履行,但买受方主张解除合同具有法律依据。《最高人民法院关于审理商品房买卖合同纠纷案件适用法律若干问题的解释》第 19 条规定:"商品房买卖合同约定或者《城市房地产开发经营管理条例》第 33 条规定的办理房屋所有权登记的期限届满后超过一年,由于出卖人的原因,导致买受人无法办理房屋所有权登记,买受人请求解除合同和赔偿损失的,应予支持。"

1.买受方可以解除合同的法理基础

双方当事人在"商品房买卖合同"中约定了在迟延办理房屋所有权登记情况下,出卖方支付违约金,合同继续履行。通过该约定,买受人取得了一种权力,即在出卖方违约的情况下,收取违约金,合同继续履行。但是,当出卖方严重违约的情况下——即商品房买卖合同约定的办理房屋所有权登记的期限届满后超过一年,由于出卖人的原因,导致买受人无法办理房屋所有权登记,此时,法律赋予买受人合同解除权。这两种权力同时存在,买受人可以选择行使何种权力。因此,买受人选择解除合同,即选择法定解除合同,具有法理依据。

2.法院对此类问题的认识和看法

上述两个案例中,法院都支持买受方要求解除合同的主张。案例 3-7 中,最高人民法院认为,在合同未约定解除权的情况下,应当适用法律的规定。虽然双方的商品房买卖合同中约定了合同继续履行,但是并未排除买受人享有的法定解除权。

总之,由于开发商的原因迟延办理房产证超过一年,合同约定继续履行,虽然没有约定可以解除合同,但是买受方有权主张解除合同,合同的约定不能排除法定的解除权。

6. 迟延交房、迟延付款情况下,当事人行使约定解除合同权利的期限?

[问题的提出]

在商品房买卖合同中,当事人一般都有买受方迟延付款、出卖方迟延交房情况下合同解除的约定,这种约定有利于保护守约方的合法权益。法律制度的设计也充分保护这种约定。但是,在现实生活中,由于合同当事人法律意识淡薄,不知道在行使解除合同的权力时还有期限的限制,遇到问题,久拖不决。等到向法院起诉时,已超过了行使合同解除权的期限,后悔不及。

[参考案例]

案例 3-9 北海东诚房地产开发有限公司诉陈某某商品房买卖合同纠纷案①

北海东诚房地产开发有限公司(以下简称东诚公司)因买受人陈某某迟延付款构成违约,向一审法院起诉,要求解除合同。陈某某提起反诉,要求继续履行合同。一审法院判决解除合同。陈某某不服,提起上诉。广西壮族自治区高级人民法院改判,判决继续履行合同。理由是东诚公司的起诉超过合同解除权行使期限,解除权消灭。

再审申请人东诚公司不服广西壮族自治区高级人民法院(2015)桂民一终字第10号民事判决,向最高人民法院申请再审。

————————

① 参见中华人民共和国最高人民法院(2016)最高法民申760号民事裁定书。

东诚公司申请再审称:(1)二审判决适用法律错误。双方签订的三份"商品房买卖意购协议"和"补充协议"不属于商品房买卖合同,不应认定为商品房买卖合同;一、二审诉讼中,双方当事人均认为双方订立的意购协议和补充协议为预约合同,争议的核心为预约合同的履行或解除问题。陈某某存在违约行为,东诚公司请求解除合同理由充分,但二审判决却错误适用法律,认为东诚公司解除合同理由不成立。(2)二审判决东诚公司单方无法履行,双方纠纷依然无法解决。诉讼前,涉案的石化大厦已作整体抵押,履行二审判决,必然要第三人同意,东诚公司单方无法履行。

最高人民法院经审查认为:

(1)关于二审判决是否适用法律错误的问题。本案中,双方当事人签订的"商品房买卖意购协议书"和"补充协议"是当事人之间的真实意思表示,不违反法律、行政法规的强制性规定,合法有效。上述协议对当事人名称、姓名,商品房基本状况,商品房的销售方式,商品房价款的确定方式及总价款、付款方式、付款时间,交付使用条件及日期,解决争议的方法,违约责任等进行了约定,东诚公司也已经按照约定收受陈某某购房款854万元,并将涉案商品房交给陈某某使用,二审判决适用《最高人民法院关于审理商品房买卖合同纠纷案件适用法律若干问题的解释》第5条规定,认定双方当事人之间签订的上述协议为商品房买卖合同,并无不当。

(2)陈某某未依"补充协议"约定在2011年9月30日前支付100万元,东诚公司依约享有合同解除权。但东诚公司在2011年10月31日解除权发生之日起至2012年10月30日一年内并未行使合同解除权,解除权消灭。因此,二审判决不支持东诚公司关于解除"商品房买卖意购协议书"和"补充协议"的诉求,并无不当。

(3)关于东诚公司主张其无法单方履行二审判决的问题。东诚公司是否可以单方履行上述协议不属于法定的再审事由。

最高人民法院裁定:驳回北海东诚房地产开发有限公司的再审申请。

案例3-10 林某某诉江苏皇珈置业有限公司商品房预售合同纠纷案[①]

林某某与江苏皇珈置业有限公司(以下简称皇珈公司)在商品房买卖合同中约

---

① 参见江苏省高级人民法院(2016)苏民申3966号民事裁定书。

定,房屋交付时间为2012年12月31日前,逾期交房满六十日的,林某某可以解除合同。因皇珈公司一直未履行交房义务,林某某于2014年3月25日发出解除合同通知。此后,向一审法院起诉主张解除合同,一审法院判决驳回其诉求,理由是起诉超过合同解除权行使期限,解除权消灭。林某某不服,提起上诉。江苏省常州市中级人民法院维持一审判决。

再审申请人林某某不服江苏省常州市中级人民法院(2015)常民终字第1512号民事判决,向江苏省高级人民法院申请再审。

林某某申请再审称:(1)林某某二审中提交的电话录音证明林某某丈夫不同意皇珈公司提出继续履行合同的方案,要求解除合同;(2)皇珈公司一直未履行交房义务,在林某某催告后仍不履行,林某某可依法行使法定解除权;(3)一审中,皇珈公司未就林某某行使解除权的期限提出抗辩,一审判决认定林某某行使解除权已超过法定期间,超出双方诉辩范围。

江苏省高级人民法院经审查认为:(1)根据林某某二审中提交的其丈夫宁某与皇珈公司张某某的录音资料,宁某并未明确提出要求解除合同,上述录音资料不能证明宁某有明确要求解除合同的意思表示。该项申请再审理由不能成立。(2)解除合同通知,已超出解除权行使的期限,其原享有的解除权已消灭。

《合同法》第95条第1款规定:"法律规定或者当事人约定解除权行使期限,期限届满当事人不行使的,该权利消灭。"根据该条规定,合同当事人要求依据合同约定或法律规定行使约定解除权的,不仅应当具备合同约定或法律规定的解除条件,还应当在法定期间内行使,超出法定或约定的行使期限的,当事人解除权消灭。故一审、二审判决对林某某的合同解除权行使期限进行审查,符合法律规定,不存在超出当事人诉讼请求的情形。

本案双方当事人在商品房买卖合同中约定的房屋交付时间为2012年12月31日前,逾期交房满六十日的,林某某可以解除合同,但该合同并未约定解除权的行使期限,故林某某可主张行使合同解除权的期限应于2014年3月2日届满。林某某于2014年3月25日发出解除合同通知,已超出解除权行使的期限,其原享有的解除权已消灭。一审、二审判决未支持林某某提出的解除合同的诉讼请求,并无不当。

江苏省高级人民法院裁定:驳回林某某的再审申请。

［法理评析］

上述两个案例中,合同解除权人均因为超出解除权行使的期限而败诉。超出合同解除权行使的期限解除权消灭,在这个问题上,从基层法院到最高人民法院的认识都是一致的。由此可见,合同解除权行使的期限及其法律规定至关重要,有必要透彻地理解。

1. 合同约定解除权的概念

约定解除权,是指当事人在合同中约定,合同履行过程中出现某种情况,当事人一方或者双方有解除合同的权利。[①]

2. 合同约定解除权的法律依据

《合同法》第93条第2款规定:"当事人可以约定一方解除合同的条件。解除合同的条件成就时,解除权人可以解除合同。"

3. 解除权消灭的法律依据

《合同法》第95条第1款规定:"法律规定或者当事人约定解除权行使期限,期限届满当事人不行使的,该权利消灭。"

在实践中,当事人约定解除权行使期限的情况很少,绝大多数情况下,都适用法律规定的解除权行使期限。

《最高人民法院关于审理商品房买卖合同纠纷案件适用法律若干问题的解释》第15条第2款规定:"法律没有规定或者当事人没有约定,经对方当事人催告后,解除权行使的合理期限为三个月。对方当事人没有催告的,解除权应当在解除权发生之日起一年内行使;逾期不行使的,解除权消灭。"

在实践中,对方当事人因违约催告解除权人行使合同解除权的情况极少。绝大多数情况下,都适用法律规定的解除权行使期限,即解除权应当在解除权发生之日起一年内行使,逾期不行使的,解除权消灭。

4. 法律制度设计解除权行使期限的意义

解除权的行使,是法律赋予当事人的保护自己合法权益的手段,但该权利的行使不能毫无限制。行使解除权会引起合同关系的重大变化,如果享有解除权的当事人长期不行使解除的权利,就会使合同关系处于不确定状态,影响当事人权利的享有和义务的履行。因此,解除权应当在一定期间行使。[②]

---

① 胡康生:《中华人民共和国合同法释义》,法律出版社2013年第3版,第173页。
② 胡康生:《中华人民共和国合同法释义》,法律出版社2013年第3版,第179页。

总之,迟延交房、迟延付款情况下,当事人行使约定解除合同权利的期限为一年,自解除权发生之日起算。

7. 未完成综合验收,交钥匙是否属于交付使用?

[问题的提出]

《最高人民法院关于审理商品房买卖合同纠纷案件适用法律若干问题的解释》第11条规定:"对房屋的转移占有,视为房屋的交付使用,但当事人另有约定的除外。房屋毁损、灭失的风险,在交付使用前由出卖人承担,交付使用后由买受人承担;买受人接到出卖人的书面交房通知,无正当理由拒绝接收的,房屋毁损、灭失的风险自书面交房通知确定的交付使用之日起由买受人承担,但法律另有规定或者当事人另有约定的除外。"

在实践中,通常认为交钥匙就是对房屋的转移占有。如何理解上述司法解释的"对房屋的转移占有,视为房屋的交付使用"? 那么,房屋没经过合格验收,交钥匙是否属于交付使用呢? 这个问题在司法实践中容易造成混淆,导致不同的法院有相互矛盾的判决结果。因此,很有必要探讨这个问题。

[参考案例]

案例 3-11　李某某与烟台辽源房地产开发有限公司商品房销售合同纠纷案[①]

2012 年 12 月 11 日,李某某与烟台辽源房地产开发有限公司(以下简称辽源公司)签订商品房买卖合同。李某某购买辽源公司开发的位于烟台市 ×× 区 ×× 街 ×× 号 ×× 号楼第一层 1-02 号商铺,总价款为 480 399 元;合同第 8 条约定,卖方应当在 2014 年 6 月 30 日前,依照国家和地方人民政府的有关规定,将取得"建

---

① 参见山东省烟台市中级人民法院(2016)鲁 06 民终 2657 号民事判决书。

设工程竣工规划验收合格证""建设工程竣工验收备案表""烟台城市新建住宅项目配套设施交付使用证"及法律、法规、规章规定需满足的其他事项并符合本合同约定的商品房交付买方使用;合同第9条约定,卖方逾期交房超过30日后,买方要求继续履行合同的,合同继续履行,自本合同第8条规定的最后交付期限的第二天起至实际交付之日止,卖方按日向买方支付已交付房价款万分之二点五的违约金;合同第15条约定,卖方应按相关规定在商品房交付使用后60日内,将办理权属登记需由卖方提供的资料报房产管理部门备案并办理房地产权属登记证书手续,如因卖方的责任,买方不能在规定期限内取得房地产权属证书,买方不退房的,卖方按已付房价款的1%向买方支付违约金。

合同签订后,李某某依约履行了付款义务。2014年12月28日,双方签订了"补充协议书",第四条约定:(1)甲方(辽源公司)保证在2014年12月31日前交付乙方(李某某)房屋钥匙;(2)甲方保证在2015年6月30日前办理房屋综合验收手续,自2015年7月1日起开始办理产证手续;(3)甲乙双方同意正式交房时间改为2015年6月30日前,甲方替乙方向物业公司缴纳第一年物业费作为逾期交房损失补偿,具体时间以甲方综合验收完成之日起开始计算,乙方不再追究相关损失及责任。

因辽源公司一直未完成综合验收,无法办理房产证,李某某向烟台市牟平区人民法院起诉,诉讼请求:(1)判令辽源公司支付迟延交付违约金480 399元×305天×0.025%=36 630.42元;(2)判令辽源公司支付迟延办证违约金480 399元×1%=4 803.99元。

辽源公司主张涉案房屋已经于2014年12月28日办理了交房手续,并提交了李某某签字的"交房通知书",该通知书中关于交房应缴费用明细采用了表格形式,分三列分别为"签约部""财务部""业主",其中"财务部"栏中列明了"公共维修基金""有线电视费""暖气流量表"等十项费用明细,"业主"栏中注明"钥匙已领,交房收楼事项已办理完毕,特此证明,业主签章(表格右下方)",李某某在"业主签章"处签名。李某某对该证据提出异议,称虽然其在交房通知书上签字,但当时辽源公司是通知李某某去交房屋差价款等费用,房屋的钥匙并没有交接,并且当时的情况是辽源公司采用遮挡的方式使李某某没有看到"业主"一栏上写"钥匙已领,交房事项已经办理完毕",事实上到现在为止该房屋的交接手续、商铺的钥匙、验收合格证等都没有交付,而且有的商铺门上都没有锁。

辽源公司称涉案楼房没有取得房屋综合验收合格手续,但是该房已经取得了竣工验收合格手续,并提交了竣工验收报告,证明涉案房屋于 2014 年 11 月 29 日竣工验收合格,并加盖了建设单位、监理单位、施工单位、勘察单位以及设计单位的公章。李某某对该证据有异议,称该证据是辽源公司单方出具的,真实性无法确定,并且该证据仅证明房屋经过竣工验收合格,没有达到双方签订合同第 8 条交付期限规定的"建设工程竣工规划验收合格证"以及"建设工程竣工验收备案表"等。

辽源公司主张其已经交付房屋,虽然交付房屋时没有达到原合同第 8 条的约定,但是该房屋已经竣工验收合格,说明该房屋已经具有使用功能,李某某明知涉案房屋没有达到合同第 8 条的条件仍然接收房屋,视为同意对房屋交付条件进行变更,所以李某某索要交房违约金是没有依据的。另外,双方在履行商品房买卖合同中签订了补充协议,并在实际履行过程中对交房时间和交房条件进行了变更,因此双方签订的合同第 15 条的约定就不再适用,应适用双方在补充合同中约定的第 4 条第 2 项和第 3 项的规定,不再支付办证违约金。另外计算总房款的基数应当扣除面积差价款 16 412.21 元。

原审法院认为,李某某与辽源公司签订的"商品房买卖合同"及"补充协议书"系双方当事人真实意思表示,不违反法律有关规定,依法予以确认。双方在"补充协议书"中约定变更了交房时间为 2014 年 12 月 31 日前交付房屋钥匙,而辽源公司提交了李某某签字的"交房通知书",李某某亦签字确认已经办理完交付手续。虽李某某主张辽源公司采用遮挡的形式致使李某某没有注意到"交房通知书"中注明的"钥匙已领,交房收楼事项已办理完毕",但其未能提供证据加以证明,故对该主张不予支持。李某某称涉案房屋没有安装单独的门锁,也就不存在交付钥匙的行为,李某某既然在"交房通知书"上签字,就视为其认可辽源公司履行了房屋交付的手续,商铺没有安装门锁亦不能推翻李某某已经签字确认交付的事实,故对该证据予以确认,据此认定李某某与辽源公司已于 2014 年 12 月 28 日办理了房屋交接手续。

本案所涉房屋已由建设单位组织监理、施工、勘察及设计五家单位进行竣工验收合格,虽未具备合同约定的交付使用条件,但已具备了基本使用功能,买受人知晓该房屋不完全具备交付使用条件,仍办理交房手续,应视为双方以实际交房行为对合同约定的交付条件进行了变更,买受人再以房屋交付条件不符合合同约定请求支付逾期交房违约金的主张,没有依据,亦不符合公平原则。故对李某某逾期交房违约金的主张,依法不予支持。李某某与辽源公司签订的补充协议明确约定自 2015 年 7 月 1 日起开始办理产证手续,但辽源公司至今没有协助李某某办理房屋产权登记手续,其行为已构成违约,李某某根据"商品房买卖合同"第 15 条的约定,要求辽源公司支付全部房款 1% 的违约金 4 803.99 元,理由正当,依法予以支持。原审法院于 2016 年 5 月 30 日判决:(1)烟台辽源房地产开发有限公司自本判决生效之日起十日内向李某某支付逾期协助办理房屋产权证书的违约金 4 803.99 元;(2)驳回李某某的其他诉讼请求。

李某某不服,向山东省烟台市中级人民法院提起上诉。

原审审理中,被上诉人主张购房款应扣除面积差价款 16 412.21 元,上诉人表示没有异议。

山东省烟台市中级人民法院审理中,查明被上诉人认可涉案房屋所在工程未完成综合验收,目前尚不具备约定的交付条件。

山东省烟台市中级人民法院认为,上诉人与被上诉人签订商品房买卖合同,约定了房屋交付的条件及时间,之后签订的补充协议确定了房屋钥匙的交付时间,被上诉人并保证在 2015 年 6 月 30 日前办理房屋综合验收手续并正式交房。该补充协议约定的交付房屋钥匙并非是交接房屋,也并未降低交房条件。被上诉人没有按约完成房屋综合验收,尚未达到约定交付房屋的条件,上诉人虽然在"交房通知书"上签字,但不能视同其同意降低房屋交付条件接收房屋,不影响被上诉人在不具备交房条件未办理正式交房手续情形下所应承担的违约责任。原审法院认定"双方以实际交房行为对合同约定的交付条件进行了变更"错误,依法应予纠正。根据双方所签商品房买卖合同及补充协议之约定,被上诉人应向上诉人支付逾期交房违约金。上诉人对被上诉人主张购房款应扣除面积差价款 16 412.21 元没有异议,实际购房款应认定为 463 986.79 元。

山东省烟台市中级人民法院判决:

(1)维持烟台市牟平区人民法院民事判决第一项。

(2)撤销烟台市牟平区人民法院(2016)鲁 0612 民初 718 号民事判决第二项。

(3)烟台辽源房地产开发有限公司于本判决生效之日起十日内支付李某某自 2015 年 7 月 1 日起至判决之日止的逾期交房违约金 51 966.52 元(463 986.79 元 ×448 天 ×0.025%)。

[法理评析]

向买受人交付房屋是商品房销售中房地产开发企业的一项主要义务。这里所说的交付是法律意义上的概念,要满足交付的条件。

1. 交付的条件

"只有在满足法定的、约定的交付条件情况下,商品房才可交付使用。"[1]《城市房地产开发经营管理条例》第17条规定:"房地产开发项目竣工,依照《建设工程质量管理条例》的规定验收合格后,方可交付使用。"

案例3-11中,山东省烟台市中级人民法院在判决中指出:被上诉人没有按约完成房屋综合验收,尚未达到约定交付房屋的条件。

2. 交付的方式

在实践中,房屋的转移占有方式有出卖人向买受人交付房屋钥匙、出卖人向买受人发出书面交房通知、买受人在交房通知上签字等几种形式。[2]

"交付是指出卖人将房屋的占有转移给买受人,实践中可采用交钥匙等方式转移房屋的占有。"[3]

3. 如何理解最高法院有关司法解释的含义

《最高人民法院关于审理商品房买卖合同纠纷案件适用法律若干问题的解释》第11条第1款规定:"对房屋的转移占有,视为房屋的交付使用,但当事人另有约定的除外。"

笔者认为,最高人民法院的上述司法解释目的是在界定房屋转移占有后的风险承担问题,其中包含了一个前提条件,即房屋已经验收合格。转移占有前风险由出卖人承担,转移占有后风险由买受人承担。依据是该条司法解释的第2款:"房屋毁损、灭失的风险,在交付使用前由出卖人承担,交付使用后由买受人承担;买受人接到出卖人的书面交房通知,无正当理由拒绝接收的,房屋毁损、灭失的风险自书面交房通知确定的交付使用之日起由买受人承担,但法律另有规定或者当事人另有约定的除外。"综合考虑该条司法解释的内容,可以看出其用意是解决房屋的风险承担问题,与房屋验收合格才能交付的规定并不矛盾。

总之,未完成综合验收,交钥匙不属于交付使用。

---

[1] 杨勤法:《房地产法实务》,北京大学出版社2017年版,第99页。

[2] 最高人民法院民事审判第一庭:《最高人民法院关于审理商品房买卖合同纠纷案件司法解释的理解与适用》,人民法院出版社2003年版,第140页。

[3] 杨勤法:《房地产法实务》,北京大学出版社2017年版,第99页。

第四章

房屋按揭贷款方面的争议及处理办法

1. 房屋按揭贷款不成功,买卖合同应如何处理?

[问题的提出]

在现实生活中,绝大多数人买房都是通过银行抵押贷款的方式支付购房款,俗称按揭贷款。在有些情况下,由于开发商的原因或者购房者自身的原因,导致按揭贷款办理不成功。还有一种情况,就是不可归责于双方的原因,出现按揭贷款办不下来,如果出现这些情况,如何处理?这些问题都是司法实践中需要解决的问题。

[参考案例]

案例 4-1　韶关市顺宏房地产开发有限公司与闵某某房屋买卖合同纠纷上诉案①

韶关市顺宏房地产开发有限公司(以下简称顺宏公司)与闵某某于 2016 年 4 月 18 日签订"韶关碧桂园认购书""商品房买卖合同"及附件、附录、补充协议书等,约定闵某某购买顺宏公司开发的商品房一套,总价款 757 065 元。闵某某在签订合同时支付 1 万元定金,在 2016 年 4 月 21 日前付清第一期楼款 227 065 元(含定金),并向贷款银行办理按揭申请手续,在 2016 年 4 月 30 日前付清第二期楼款 1 万元,在 2016 年 5 月 30 日前付清 520 000 元(银行按揭款项);闵某某如未按合同

① 参见广东省韶关市中级人民法院(2017)粤 02 民终 198 号民事判决书。

约定的时间付款,逾期不超过 90 日,按日支付逾期应付款万分之二的违约金,合同继续履行,逾期超过 90 日后,顺宏公司有权解除合同,闵某某按合同约定总房价款的 20% 向顺宏公司支付违约金等条款内容。闵某某陈述在签订合同前,顺宏公司销售人员就首付方案与闵某某进行了计算,总房价款为 757 065 元,首付约 227 065 元(含定金 1 万元),闵某某实际首付 119 065 元,余首付款项 108 000 元由顺宏公司协助闵某某向银行贷款,剩余房款 530 000 元由农业银行按揭支付,闵某某考虑到支付 119 065 元首付(含定金 1 万元)没问题,且闵某某的银行流水资料经销售人员交农业银行工作人员审核,闵某某相信了顺宏公司,并签订了合同。

合同签订后,闵某某向顺宏公司共计支付房款 129 065 元。此后,顺宏公司告知闵某某所提供的按揭贷款资料不足,未能通过银行审核,无法办理银行按揭贷款。

顺宏公司向韶关市浈江区人民法院起诉请求:(1)解除顺宏公司、闵某某所签的商品房买卖合同;(2)闵某某向顺宏公司支付解除合同违约金 151 413 元(违约金按照总房价款 757 065 元的 20% 计算)。

一审法院认为:根据双方合同约定,闵某某未按合同约定的时间付款,逾期超过 90 日后,顺宏公司有权解除合同。因闵某某未能订立商品房担保贷款合同,无法办理银行按揭付款,闵某某至今未能付清房款,双方合同无法继续履行,故顺宏公司要求解除合同,予以支持。鉴于导致合同不能继续履行的原因,不宜归责于一方,顺宏公司应当将收受的购房款返还给闵某某。顺宏公司主张的违约金过分高于造成的损失,该院依法予以调整,违约金宜根据闵某某未付房款按每日万分之二计算至 2016 年 10 月 10 日止,共计违约金为 17 603.20 元。顺宏公司解除合同应返还闵某某房款 129 065 元,该款与违约金相抵,顺宏公司仍应返还闵某某房款 111 461.80 元。

一审法院判决:(1)解除顺宏公司与闵某某签订的商品房买卖合同;(2)顺宏公司应返还闵某某房款 129 065 元,闵某某应支付违约金 17 603.20 元给顺宏公司,两者相抵,顺宏公司应于本判决生效之日起十日内返还 111 461.80 元给闵某某;(3)驳回顺宏公司的其他诉讼请求。

顺宏公司不服一审判决,向广东省韶关市中级人民法院提起上诉。

广东省韶关市中级人民法院判决:驳回上诉,维持原判。

案例 4-2 陈某某与溧阳市华泰房地产开发有限公司房屋买卖合同纠纷上诉案①

2014 年 9 月 15 日,陈某某与溧阳市华泰房地产开发有限公司(以下简称华泰房地产公司)签订"××广场商品房认购协议书"四份,约定由陈某某认购华泰房地产公司开发的××广场××幢 115 号、116 号、117 号、118 号房屋。双方约定:签订认购协议书时,陈某某向华泰房地产公司交纳定金 5 万元;陈某某应在签订认购协议书后七日内携带认购协议书、定金收据、有效身份证件(如办理按揭购房还须携带按揭贷款申请相关资料,陈某某在约定时间内未能提供的,陈某某承担一切后果)前来办理商品房购销合同的签订手续,同时付清应付款项。否则视为陈某某违约,陈某某无权要求华泰房地产公司返还定金,且华泰房地产公司有权对该房屋另行处理。当日,陈某某向华泰房地产公司交纳 115 号房屋的定金 5 万元。2015 年 1 月 24 日,双方签订"商品房买卖合同"三份,约定由陈某某购买上述××幢 116 号、117 号、118 号房屋,双方对房屋面积、价格、付款方式及期限、房屋交付期限、违约责任等作了约定。116 号房屋,房价为 671 780.64 元,117 号房屋,房屋总价 680 316.64 元,118 号房屋,房屋总价 1 000 492.4 元,首付款均为 30%,剩余房款均应于 2015 年 1 月 31 日申请办理银行贷款手续,并按贷款方式付款。该三份合同均约定:出卖人代理买受人办理贷款手续,买受人在签订合同并支付首付款后三日内,将申请银行贷款需由买受人提供的证件资料交付出卖人;因买受人原因,买受人未能获得银行贷款或获得贷款少于申请贷款金额的,出卖人同意买受人在十五日内,以自有资金或其他方式支付,在此期间内不承担逾期付款的违约责任。因出卖人过错导致买受人未能获得银行贷款或获得贷款少于申请贷款金额的,买受人可以采取下列方式处理:合同继续履行,具体付款方式和付款期限另行协商,并签订补充协议。因非归责于出卖人或买受人的原因,导致买受人未能获得银行贷款或获得贷款少于申请贷款金额的,双方应就具体付款方式另行协商,并签订补充协议;协商不成的,买受人可以单方面解除合同。

2015 年 1 月 24 日,陈某某向华泰房地产公司交付 116 号房屋购房款 371 781 元、交付 117 号房屋购房款 380 317 元、交付 118 号房屋的购房款 550 493 元。2015 年 2 月 2 日,陈某某又向华泰房地产公司交付 118 号房屋的购房款 9 万元。

---

① 参见江苏省常州市中级人民法院(2016)苏 04 民终 2475 号民事判决书。

　　后在华泰房地产公司为陈某某代办贷款过程中,因陈某某未能提供符合贷款条件的收入证明资料及担保手续而未贷成。

　　陈某某向江苏省溧阳市人民法院起诉,请求:解除合同,退还购房款及其利息。华泰房地产公司抗辩:不同意解除合同,要求陈某某继续履行合同。

　　一审法院认为,双方之间签订的商品房认购协议书及商品房买卖合同合法有效,受法律保护。双方均应按约履行各自的义务,在华泰房地产公司为陈某某代办银行贷款的过程中,因陈某某未能提供符合银行贷款条件的相关资料,致使贷款不成,其责任在陈某某。陈某某要求解除合同的理由不充分,且贷款不成并不导致合同必然解除,故对陈某某要求解除合同的请求不予支持,对陈某某要求华泰房地产公司返还购房款、承担违约责任的请求亦不予支持。

　　溧阳市人民法院判决:驳回陈某某的诉讼请求。

　　陈某某不服,向江苏省常州市中级人民法院提起上诉。该院在审理期间,向案涉贷款事宜经办银行工作人员进行了调查,银行工作人员陈述,当时陈某某按银行要求提交了身份证、户口本、单身证明、收入证明、购房合同、首付款发票、刷卡单、农行借记卡等,陈某某提供的收入证明所载工资收入系每月 4.5 万元,但经银行审核,陈某某在南京有 110 万元的房贷,每月要还 7 000 多元,在溧阳要申请购买三套房屋,申请贷款共 96 万元,每个月要还 1 万元左右,而陈某某提供的工资卡流水每月只有 7 000 多元,故银行要求其提供担保人,但最终其未能提供,故最终审批未通过。

　　江苏省常州市中级人民法院认为:本案双方当事人签订的房屋买卖合同及补偿协议合法有效,双方均应按合同约定履行自己的义务,双方约定由被上诉人华泰房地产公司代理上诉人陈某某办理贷款手续,但需由上诉人陈某某提供申请银行贷款所需提供的证件资料;根据查明的事实,提供担保人系银行根据上诉人陈某某本身收入情况与其他贷款情况而提出,但上诉人陈某某未能按银行要求提供担保人,故银行贷款办理未成的责任无法归责于被上诉人华泰房地产公司,上诉人陈某某认为办理银行贷款义务以及贷款未成的责任在于被上诉人华泰房地产公司依据不足,根据现有证据贷款未成的责任应认定系上诉人陈某某的原因。本案系因上诉人陈某某个人原因导致贷款未成,并未能按合同约定支付剩余房款,上诉人陈某某系合同违约方,被上诉人华泰房地产公司又明确不同意解除合同,故一审判决驳回上诉人陈某某的诉讼请求并无不当。

　　江苏省常州市中级人民法院判决:驳回上诉,维持原判。

[法理评析]

1. 按揭贷款不成功,商品房买卖合同后续处理的法律依据

《最高人民法院关于审理商品房买卖合同纠纷案件适用法律若干问题的解释》第 23 条规定:"商品房买卖合同约定,买受人以担保贷款方式付款,因当事人一方原因未能订立商品房担保贷款合同并导致商品房买卖合同不能继续履行的,对方当事人可以请求解除合同和赔偿损失。因不可归责于当事人双方的事由未能订立商品房担保贷款合同并导致商品房买卖合同不能继续履行的,当事人可以请求解除合同,出卖人应当将收受的购房款本金及其利息或者定金返还买受人。"

2. 因不同原因导致的按揭贷款不成功情况下的处理结果

(1)因不可归责于当事人双方的情况。根据上述司法解释,任何一方当事人均可以请求解除合同,出卖人应当将收受的购房款本金及其利息或者定金返还买受人。案例 4-1 即属于这种情况。

(2)因开发商的原因导致按揭贷款不成功。因开发商的原因,比如建房手续不全、资信状况不良等导致按揭贷款不成功,根据上述司法解释,买受人可以要求解除合同并赔偿损失。

(3)因买受人的原因导致按揭贷款不成功。根据上述司法解释,开发商可以要求解除合同并赔偿损失。但买受人不得主张解除合同。案例 4-2 即属于这种情况。

3. 对该条司法解释的质疑及建议

因买受人的原因导致按揭贷款不成功,根据上述司法解释的规定,以及案例 4-2 中的判决结果,买受人不得主张解除合同。笔者认为,该条解释在实践中会导致法院强迫没有购买能力的买受人购买房子。"如果按揭贷款合同未能签订,结合普通购房者的履行能力,买卖合同的继续履行即成为事实上的不可能。"[1]在客观上,买卖合同的继续履行成为事实上不可能的情况下,法院仍然判决不准买受人解除合同,至少在法理上是说不通的,实践中合同也无法履行。

笔者建议,因买受人的原因导致按揭贷款不成功的情况下,赋予买受人解除合同的权利。作为房屋买受人,在签订房屋买卖合同时,应当坚持附加一个条款,即不管什么原因导致买受人无法按揭贷款的,买受人可以解除合同并无须承担违约责任。

---

[1] 最高人民法院民事审判第一庭:《最高人民法院关于审理商品房买卖合同纠纷案件司法解释的理解与适用》,人民法院出版社 2003 年版,第 290 页。

2. 开发商违约,买房人请求解除与开发商的房屋买卖合同,能否将贷款银行作为被告一并解除按揭贷款合同?

[问题的提出]

在实践中,买受人购买房屋时往往都是支付一部分款项作为首付款,大部分购房款都是通过银行按揭贷款的方式支付。鉴于这种模式,买受人往往都要签订两份合同——房屋买卖合同以及银行抵押贷款合同。在法理上,这两份合同是彼此独立的合同,开发商违约,买受人可以起诉开发商。但是,提供贷款的银行并未违约。那么,在开发商违约的情况下,买房人向人民法院请求解除房屋买卖合同时,能否将贷款银行作为被告一并解除按揭贷款合同呢?

[参考案例]

案例 4-3　肖某某、陈某某诉上海博锦房地产开发中心有限公司、上海银行股份有限公司青浦支行商品房预售合同纠纷、按揭贷款合同纠纷案[①]

2010 年 4 月 13 日,肖某某、陈某某(乙方、买方)与上海博锦房地产开发中心有限公司(以下简称博锦公司)(甲方、卖方)签订"上海市商品房预售合同",约定乙方向甲方购买 ×× 路 ×× 弄 ×× 支弄 ×× 三期 ×× 号 1201 室房屋。甲方定于 2011 年 12 月 31 日前将该房屋交付给乙方,除不可抗力外,逾期超过 60 天,乙方有权单方面解除本合同。乙方行使本合同条款中约定的单方面解除本合同权利时,应书面通知甲方,甲方应当在收到乙方的书面通知起 60 天内将乙方已支付的房价款(包括利息,利息按中国人民银行公布的同期存款利率计算)全部退还乙方,并承担赔偿责任,赔偿金额为总房价款的 1%,在退还房款时一并支付给乙方。前款及本合同其他条款所称已支付的房价款,是包括乙方直接支付的和通过贷款方式支付的房价款。

---

① 参见上海市第一中级人民法院(2013)沪一中民二(民)终字第 325 号民事判决书。

合同签订后,肖某某、陈某某于 2010 年 4 月 14 日向博锦公司支付了首期购房款 952 848 元,并作为借款人与上海银行股份有限公司青浦支行(贷款人,以下简称青浦支行)、博锦公司(保证人)签订"个人住房借款担保合同",约定贷款金额为 141 万元。贷款人将贷款资金划入博锦公司名下账户。贷款以等额本金还款方式偿还。借款人以上述所购房屋作为抵押财产提供抵押担保。博锦公司为本合同项下肖某某、陈某某的全部债务提供阶段性连带保证担保。

2010 年 5 月 9 日,青浦支行取得涉案房屋的抵押权人预告登记证明。2010 年 4 月 30 日,青浦支行发放贷款 141 万元。肖某某、陈某某自 2010 年 5 月 20 日起逐月向青浦支行归还贷款本息。

博锦公司违背合同约定,迟迟不能交付房屋。为此,肖某某、陈某某委托律师于 2012 年 4 月 6 日向博锦公司发函解除合同,但博锦公司至今未有任何回复,因此,肖某某、陈某某诉至上海市闵行区人民法院,请求判令:(1)解除与博锦公司签订的"上海市商品房预售合同";(2)解除和青浦支行签订的"个人住房借款担保合同";(3)博锦公司退还已付房款 952 848 元及至判决生效日止已付银行贷款本金;(4)博锦公司赔偿其支付的首付款利息损失 155 770.80 元(暂计至 2012 年 9 月 30 日)及按揭贷款利息损失(自贷款发放日至博锦公司付款日);(5)博锦公司向青浦支行返还判决生效之日起的尚余贷款本息。

上海市闵行区人民法院于 2012 年 12 月 21 日作出判决:(1)解除原告与被告博锦公司签订的"上海市商品房预售合同";(2)解除原告与被告青浦支行、博锦公司签订的"个人住房借款担保合同";(3)被告博锦公司于判决生效之日起三日内向原告返还房款 952 848 元及自 2010 年 5 月 20 日起至判决生效之日止原告已向被告青浦支行归还的贷款本金(以被告青浦支行于判决生效当月出具的还款明细清单为准);(4)被告博锦公司于判决生效之日起三日内向原告赔偿以 952 848 元为本金,自 2010 年 4 月 14 日起至判决生效之日止,按中国人民银行同期定期存款利率计算的利息;(5)被告博锦公司于判决生效之日起三日内向原告赔偿自 2010 年 5 月 20 日起至判决生效之日止,原告已向被告青浦支行支付的贷款利息(以被告青浦支行于判决生效当月出具的还款明细清单为准);(6)被告博锦公司于判决生效之日起七日内向被告青浦支行偿还原告自判决生效之日起就"个人住房借款担保合同"剩余的贷款。自被告博锦公司清偿上述贷款之日起七日内,被告青浦支行办理上海市××区××路××弄××支弄××号 1201 室房屋上抵押登记的涤除手续。

青浦支行不服一审判决,向上海市第一中级人民法院提起上诉。

上海市第一中级人民法院判决:驳回上诉,维持原判。

案例4-4 张家港东方保利置业有限公司等诉许某某等商品房预售合同、按揭贷款合同纠纷案①

2013年2月5日,张家港东方保利置业有限公司(甲方,以下简称东方保利公司)与许某某、鲍某(乙方)签订"商品房买卖合同"。合同约定,东方保利公司向许某某、鲍某出售位于××项目第××幢××单元602号房(以下简称案涉房屋),商品房价款为449.7万元。合同的第9条约定交付期限在2013年12月30日前,将具备下列第一种条件(该商品房符合《苏州市商品住宅交付使用管理办法》规定要求,并取得"张家港市商品住宅交付使用通知书"),并符合本合同约定的商品房交付乙方使用。合同第10条约定甲方逾期交房的违约责任:逾期超过60日后,乙方有权解除合同。乙方解除合同的,甲方应当自乙方解除合同通知到达之日起10天内退还全部已付款,并按乙方累计已付款的1%向乙方支付违约金。第12条约定,房屋交付和接收商品房达到第9条约定的交付使用条件后,甲方应当书面通知乙方办理交付手续的时间、地点以及应当携带的证件。双方进行验收交接时,甲方应当出示本合同第9条规定的证明文件,并签署房屋交接单。所购商品房为住宅的,甲方还需提供"住宅质量保证书"和"住宅使用说明书"。甲方不出示证明文件或出示证明文件不齐全,乙方有权拒绝交接,由此产生的延期交房责任由甲方按第10条约定承担。

2013年2月20日,许某某、鲍某(甲方、借款人)、交通银行股份有限公司张家港分行(以下简称交通银行张家港分行)(乙方、贷款人)、东方保利公司(丙方、保证人)签订了"个人房产抵押贷款合同",约定甲方购买案涉商品房并以该房屋向乙方申请个人房产抵押贷款,贷款金额200万元,贷款时间300个月,甲方在委托乙方在贷款发放后,将贷款资金以甲方购房款名义从放款账户支付至丙方账户,贷款以等额本息还款方式,丙方为本合同项下贷款提供连带责任保证。许某某、鲍某将涉案房屋为"个人房产抵押贷款合同"项下债权提供抵押担保。2013年4月2日,交通银行张家港分行发放贷款200万元。2013年5月20日起,许某某、鲍某逐月向

---

① 参见江苏省苏州市中级人民法院(2016)苏05民终9913号民事判决书。

交通银行张家港分行归还贷款本息至今。

许某某、鲍某于 2013 年 2 月 16 日至 5 月 20 日已经向东方保利公司支付房款 249.7 万元。

东方保利公司已收到许某某、鲍某的房款 449.7 万元。

2015 年 2 月 10 日,许某某、鲍某分别向东方保利公司发出退房书面决定通知书和解约通知,内容为:"合同约定交房日期为 2013 年 12 月 30 日,我方多次要求你方提供符合合同约定的房屋给我方验收,但你方至今未提供'住宅质量保证书'和'住宅使用说明书',故要求解除'商品房买卖合同'并支付损失。"2015 年 2 月 11 日,东方保利公司收到上述两份通知。

此后,许某某、鲍某向江苏省张家港市人民法院起诉请求:(1)确认许某某、鲍某与东方保利公司签订的"商品房买卖合同"于 2015 年 2 月 11 日解除。(2)东方保利公司返还许某某、鲍某已付购房款 449.7 万元及赔偿实际损失。(3)解除东方保利公司与第三人交通银行张家港分行签订的"个人房产抵押贷款合同"。

一审法院认为,许某某、鲍某与东方保利公司签订"商品房买卖合同"是其真实意思的表示,双方之间买卖合同法律关系依法成立,应为合法有效,双方均应当按照买卖合同的约定履行各自的义务。许某某、鲍某已经依约履行了支付对价的义务,东方保利公司应当履行按时交房的义务。双方签订的"商品房买卖合同"约定案涉房屋应于 2013 年 12 月 30 日前交付,逾期交房超过 60 日后,许某某、鲍某有权解除合同。许某某、鲍某称根据交房通知书于 2014 年 1 月 11 日前往收房,但东方保利公司未有人员提供办理收房手续,并提供了 2014 年 1 月 11 日的名单予以证明,该名单上由当时 ×× 项目的物业公司江苏福田物业管理公司盖章。因东方保利公司未按合同的约定日期交付房屋,且逾期超过 60 日,许某某、鲍某有权根据合同约定的第 10 条解除合同,要求东方保利公司退还全部已付款。许某某、鲍某于 2015 年 2 月 10 日向东方保利公司邮寄解约通知,2015 年 2 月 11 日东方保利公司收到该通知,故东方保利公司与许某某、鲍某的商品房买卖合同于 2015 年 2 月 11 日解除。许某某、鲍某要求确认与东方保利公司签订的"商品房买卖合同"于 2015 年 2 月 11 日解除的主张,一审法院予以支持。"商品房买卖合同"解除后,东方保利公司应当将许某某、鲍某支付的房款 249.7 万元返还给许某某、鲍某,并赔偿许某某、鲍某因此所产生的损失。因此许某某、鲍某要求东方保利公司返还已购房款 249.7 万元及已向交通银行张家港分行所还贷款本金,并赔偿已付款利息及已还贷款利息的诉讼请求,于法有据,一审法院予以支持。

商品房买卖合同被确认无效或被撤销、解除后,商品房担保贷款合同也被解除的,交通银行张家港分行应当将收受的购房贷款和购房款的本金及利息分别返还担保权人和许某某、鲍某,故许某某、鲍某要求东方保利公司向交通银行张家港分行返还自判决生效之日起剩余贷款的请求,应予以支持。东方保利公司清偿剩余贷款本息等债务后,交通银行张家港分行应及时涤除涉案房屋上的抵押登记。

一审法院判决:(1)确认许某某、鲍某与张家港东方保利置业有限公司签订的"商品房买卖合同"已于2015年2月11日解除。(2)解除许某某、鲍某与第三人交通银行股份有限公司张家港分行签订的"个人房产抵押贷款合同"。(3)张家港东方保利置业有限公司应于判决生效之日起10日内向许某某、鲍某返还房款249.7万元及自2013年5月20日起至判决生效之日止许某某、鲍某已向第三人交通银行股份有限公司张家港分行归还的贷款本金(以交通银行股份有限公司张家港分行于判决生效当月出具的还款明细清单为准)。(4)张家港东方保利置业有限公司应于判决生效之日起10日内向许某某、鲍某赔偿利息损失。(5)张家港东方保利置业有限公司应于判决生效之日起10日内向许某某、鲍某赔偿自2013年5月20日起至判决生效之日止,许某某、鲍某已向第三人交通银行股份有限公司张家港分行支付的贷款利息(以第三人交通银行股份有限公司张家港分行于判决生效当月出具的还款明细清单为准)。(6)张家港东方保利置业有限公司于判决生效之日起10日内向第三人交通银行股份有限公司张家港分行偿还许某某、鲍某自判决生效之日起就"个人房产抵押贷款合同"剩余的贷款。自张家港东方保利置业有限公司清偿上述贷款之日起10日内,交通银行股份有限公司张家港分行办理××项目第××幢××单元602号房屋上抵押登记的涤除手续。

东方保利公司不服一审判决,向苏州市中级人民法院提起上诉。

苏州市中级人民法院经审理判决:驳回上诉,维持原判。

[法理评析]

在开发商违约,造成迟延交付房屋,或者房屋质量有严重问题等情况下,买房人请求法院解除与开发商的房屋买卖合同时,能否将贷款银行作为被告一并解除按揭贷款合同?这是司法实践中普遍遇到的问题。通过大量的司法实践,对这个问题的回答是肯定的。下面从法理上和法律依据上两个层面对上述问题进行剖析。

1.法理层面

买房人与贷款银行签订商品房按揭贷款合同的目的就是为了买房,这是单纯而确定的。"当商品房买卖合同被确认无效或者被撤销、解除以后,买受人对原来欲购得之房屋将因人民法院的生效民事判决而确定地丧失期待及占有使用。而此时,按揭贷款合同的仍然存续对借款人而言已经毫无意义。"①因此,应当解除买房人与贷款银行签订的商品房按揭贷款合同。

将商品房买卖合同纠纷与按揭贷款合同纠纷合并审理,既可以减少当事人的诉讼之累,也节约司法资源。按揭银行诉讼地位的确定,完全取决于当事人意志。当购房人亦即借款人一并就商品房预售合同和按揭贷款合同提起诉讼时,按揭银行为当然被告。

2.法律依据层面

《最高人民法院关于审理商品房买卖合同纠纷案件适用法律若干问题的解释》第24条规定:"因商品房买卖合同被确认无效或者被撤销、解除,致使商品房担保贷款合同的目的无法实现,当事人请求解除商品房担保贷款合同的,应予支持。"

第25条规定:"以担保贷款为付款方式的商品房买卖合同的当事人一方请求确认商品房买卖合同无效或者撤销、解除合同的,如果担保权人作为有独立请求权第三人提出诉讼请求,应当与商品房担保贷款合同纠纷合并审理;未提出诉讼请求的,仅处理商品房买卖合同纠纷。担保权人就商品房担保贷款合同纠纷另行起诉的,可以与商品房买卖合同纠纷合并审理。商品房买卖合同被确认无效或者被撤销、解除后,商品房担保贷款合同也被解除的,出卖人应当将收受的购房贷款和购房款的本金及利息分别返还担保权人和买受人。"

上述两个案例中,相关的人民法院都将商品房买卖合同纠纷与按揭贷款合同纠纷合并审理,并按照上述司法解释的规定,直接判决出售方将按揭贷款及购房人应当赔偿按揭银行的损失直接支付给按揭银行,将首付款及应当赔偿购房人的其他损失支付给购房人。

---

① 最高人民法院民事审判第一庭:《最高人民法院关于审理商品房买卖合同纠纷案件司法解释的理解与适用》,人民法院出版社2003年版,第305页。

第五章

特殊情况下，房屋买卖合同的效力

1. 商品房预售许可证被撤销后，买卖合同的效力，如何确定？

[问题的提出]

房地产开发企业取得商品房预售合同许可证后，与买受人签订商品房预售合同。此后，因种种原因，商品房预售许可证被撤销。在司法实践中，就产生一个问题：在撤销房屋预售许可证之前签订的商品房预售合同是否有效？

[参考案例]

案例 5-1 陈某某与安徽省无为县方舟置业有限公司房屋买卖合同纠纷上诉案[①]

安徽省无为县方舟置业有限公司（以下简称方舟置业）于 2011 年 12 月 27 日取得 ×× 小区的房屋预售许可证。2012 年 4 月 5 日，陈某某与方舟置业签订商品房买卖合同，约定陈某某购买方舟置业开发的无为县 ×× 小区 ×× 幢 ×× 单元 605 室住宅房一套。合同约定 2012 年 11 月 30 日交房。陈某某在签订合同的当日交付全部房款 327 317 元。经法院审理查明，2012 年 7 月 27 日，涉案的 ×× 小区的房屋预售许可证被无为县住房与城乡建设局以土地使用权办理抵押贷款为由撤销了。此后，陈某某多次催促交房，但方舟置业均以各种理由敷衍。

---

① 参见安徽省芜湖市中级人民法院（2017）皖 02 民终 99 号民事判决书。

陈某某向安徽省无为县人民法院起诉,请求:依法确认陈某某与方舟置业签订的房屋买卖合同有效。

一审法院认为,陈某某与方舟置业签订的房屋买卖合同,虽当时有预售许可证,但××小区的房屋预售许可证已于2012年7月27日因土地使用权办理抵押贷款被撤销。陈某某在房屋未重新取得房屋预售许可证明之前主张合同有效,于法无据。

安徽省无为县人民法院判决:驳回陈某某的诉讼请求。

陈某某不服一审判决,向安徽省芜湖市中级人民法院提起上诉。上诉请求:(1)确认陈某某与方舟置业签订的房屋买卖合同有效;(2)判决方舟置业交付涉案房屋。

芜湖市中级人民法院认为,方舟置业于2011年12月27日取得涉案××小区的房屋预售许可证。陈某某与方舟置业于2012年4月5日签订的房屋买卖合同是双方当事人的真实意思表示,不违反法律、行政法规的禁止性规定,应属有效。涉案××小区的房屋预售许可证虽因土地使用权办理抵押贷款而被无为县住房与城乡建设局于2012年7月27日撤销,但该撤销房屋预售许可证的行政行为对此前已经发生的法律事实不具有溯及力,且行政处罚行为也不能产生方舟置业与陈某某签订的房屋买卖合同无效的法律后果。上诉人要求确认与方舟置业签订的房屋买卖合同有效的请求有理,应予支持。

因陈某某未在本案一审诉讼期间提出要求方舟置业交付房屋的诉讼请求,故本案二审对陈某某要求方舟置业交付房屋的上诉请求不予审查。

安徽省芜湖市中级人民法院判决:

(1)撤销安徽省无为县人民法院(2016)皖0225民初221号民事判决;

(2)陈某某与安徽省无为县方舟置业有限公司签订的房屋买卖合同有效。

[法理评析]

1.取得商品房预售许可证是商品房预售合同有效的一个前提条件

根据《城市房地产管理法》第45条规定,商品房预售必须取得预售许可证。这是法律的强制性规定。

《最高人民法院关于审理商品房买卖合同纠纷案件适用法律若干问题的解释》第2条规定:"出卖人未取得商品房预售许可证明,与买受人订立的商品房预售合同,应当认定无效,但是在起诉前取得商品房预售许可证明的,可以认定有效。"

最高人民法院通过司法解释的方式强调:出卖人未取得商品房预售许可证明,与买受人订立的商品房预售合同,应当认定无效。

2. 在撤销房屋预售许可证之前签订的商品房预售合同应当认定有效

（1）撤销房屋预售许可证的行政行为对此前已经发生的法律事实不具有溯及力。在法理上,不溯及既往是基本原则。

（2）行政处罚行为针对的是房地产开发企业的行政违法行为,该违法行为只是导致房地产开发企业承担行政责任,并不导致已经签订的商品房预售合同无效。

（3）涉案的房屋买卖合同是双方当事人的真实意思表示,在当时签订合同时,房地产开发企业已经取得了预售许可证。因此,没有违反法律、行政法规的禁止性规定,应属有效。

2. 买方迟延付款违约,开发商未经通知解除合同,另行出售,应承担赔偿责任吗?

[**问题的提出**]

在实践中,双方当事人在合同中约定解除合同的条件。结果所约定的解除条件成就,有些当事人认为既然解除条件已经成就,合同就当然自动地失效,因此不采取任何实际行动,导致在法律诉讼中承担不利的后果。

[**参考案例**]

案例 5-2　成都鑫怡置地有限公司与敬某某商品房预售合同纠纷上诉案①

2013 年 2 月 23 日,成都鑫怡置地有限公司(以下简称鑫怡公司)(出卖人)与

---

① 参见四川省成都市中级人民法院(2016)川 01 民终 10051 号民事判决书。

敬某某(买受人)签订"商品房买卖合同""商品房买卖合同补充协议",约定买受人购买出卖人位于成都市武侯区晋吉南路××号××幢2层206号住宅,建筑面积74.89平方米,价款651 543元。并约定,买受人以贷款方式付款,首期支付购房总价款的30%,其余价款可以向中国建设银行股份有限公司成都金河支行或住房公积金管理机构借款支付。"商品房买卖合同"附件五约定,买受人在签订合同当日支付首付款201 543元,其余房款450 000元在合同签订后的三十日内通过银行贷款方式一次性支付给出卖人。关于逾期付款,合同约定,逾期超过90日,出卖人有权解除合同;买受人愿意继续履行合同的,经出卖人同意后,合同继续履行,买受人按日计算向出卖人支付应付款万分之四的违约金。

"商品房买卖合同"签订后,敬某某于2013年3月5日向鑫怡公司支付了首付款201 543元,之后,由于敬某某的条件不具备,没有获得银行贷款,敬某某未能在合同签订后三十日内支付剩余购房款45万元。

由于没能按合同约定的付款期限支付购房款,2013年12月22日,敬某某向鑫怡公司致以"承诺书"(格式由鑫怡公司提供),敬某某承诺在2013年12月31日前支付剩余购房款45万元,否则鑫怡公司有权解除买卖合同。2013年12月31日前,敬某某仍然没有支付剩余购房款。2014年1月6日,敬某某向鑫怡公司转账25万元;2014年4月23日,再次转账20万元。敬某某两次向鑫怡公司转账合计达45万元,鑫怡公司收到后至今没有向敬某某开具收据。

2015年1月13日,鑫怡公司(出卖人)又与案外人刘某某(买受人)签订"商品房买卖合同",将成都市武侯区晋吉南路××号××幢2层206号房屋出售给了刘某某,刘某某已收房入住。

敬某某认为自己已经付清了购房款,鑫怡公司却将该房屋又出售给案外人,违反了合同约定,因此向成都市武侯区人民法院法院提起诉讼。请求:(1)判令解除双方签订的"商品房买卖合同";(2)判令鑫怡公司返还已付购房款651 543元及相应利息;(3)判令鑫怡公司向敬某某赔偿已付购房款一倍的损失651 543元。

一审法院认为,敬某某与鑫怡公司签订的"商品房买卖合同"系双方的真实意思表示,不违反法律及行政法规的强制性规定,合法有效。根据合同,敬某某应向鑫怡公司支付的购房款为651 543元,但敬某某在支付首付款201 543元以后,由于自身原因未能获得银行贷款,从而未能在合同约定的期限内支付剩余的款项45万元,已经构成违约,根据合同约定,鑫怡公司有权解除合同,或者经鑫怡公司同意后继续履行合同。从鑫怡公司在2013年12月向敬某某提供"承诺书"格式,由敬某某向鑫怡公司出具"承诺书"来看,双方明显达成了继续履行合同的一致意见。所以,合同应该继续履行。敬某某在"承诺书"中承诺了支付余款的期限,并承诺如未支付则鑫怡公司有权解除合同,但敬某某仍然未能在承诺的期限内付款,按理鑫怡公司有权解除合同。但是,鑫怡公司并没有在敬某某承诺的付款期限届满后决定并通知敬某某解除合同,而且敬某某在承诺期限届满后四个月内即付清了剩余购房款,鑫怡公司在收到上述余款后也没有向敬某某作出解除合同的意思表示,更没有退还敬某某购房款,而自行又将合同指向的房屋出售并交付于案外人,使原与敬某某签订的"商品房买卖合同"无法履行,敬某某无法取得合同约定的房产。

成都市武侯区人民法院认为,在合同中约定解除条件的,只不过是赋予一方当事人以解除权。如果所约定的解除条件成就时,合同并不当然自动地失效,只有当该当事人行使解除权时才使合同实际解除。因此,虽然"商品房买卖合同""承诺书"赋予了鑫怡公司在敬某某未按期支付购房款条件下的合同解除权,但鑫怡公司并没有与敬某某履行解除合同手续,即并没有行使合同解除权,双方的"商品房买卖合同"仍然有效,在此情况下鑫怡公司将合同约定的标的房屋转售于案外人的行为系违约行为,所以,敬某某关于解除合同、返还已付购房款及利息、赔偿损失的理由成立。但本案中,具体情况是敬某某先行违约,鑫怡公司没有行使合同解除权,给予了敬某某继续履行合同的资格,而且也没有证据显示鑫怡公司在此过程中要求敬某某支付逾期付款的违约金,所以鑫怡公司的过错程度较轻,其赔偿金额亦应相应酌减,一审法院酌定为已付购房款的 10% 即 65 154.3 元。

成都市武侯区人民法院判决:(1)解除敬某某与鑫怡公司于 2013 年 2 月 23 日签订的"商品房买卖合同";(2)鑫怡公司于判决生效之日起十日内返还敬某某购房款 651 543 元及利息;(3)鑫怡公司于判决生效之日起十日内赔偿敬某某 65 154.3 元;(4)驳回敬某某的其他诉讼请求。

成都鑫怡置地有限公司不服一审判决,向四川省成都市中级人民法院提起上诉。

成都市中级人民法院判决:驳回上诉,维持原判。

[法理评析]

1. 一方当事人解除合同权利的法律依据

《合同法》第 93 条第 2 款规定:"当事人可以约定一方解除合同的条件。解除合同的条件成就时,解除权人可以解除合同。"上述法律规定赋予了一方当事人解除合同的解除权。

2.合同解除权的行使方式

《合同法》第96条第1款规定:"当事人一方依照本法第九十三条第二款、第九十四条的规定主张解除合同的,应当通知对方。合同自通知到达对方时解除。对方有异议的,可以请求人民法院或者仲裁机构确认解除合同的效力。"

应当特别加以注意的是,正如一审法院在判决中指出的:在合同中约定解除条件的,只不过是赋予一方当事人以解除权。如果所约定的解除条件成就时,合同并不当然自动地失效,只有当该当事人行使解除权时才使合同实际解除。

上述法律规定给解除权人设定了一个义务,即应当通知对方。在法律实务中,解除权人最好用邮政快递的方式向对方送达解除合同的通知,以便取得通知对方的证据。对于重大事项,最好请公证人员现场公证寄送邮政快递的过程。

3.解除权人未依据法定程序通知对方不产生解除合同的效力

案例5-2中,因鑫怡公司无证据证明向对方当事人发出了通知,故法院认定双方之间的购房合同尚未解除,双方应继续履行。因此,法院认定鑫怡公司违约,应承担违约责任。

3. 已经办理房产登记的房屋,其买卖合同也可解除、撤销吗?

[问题的提出]

在普通大众的印象中,一旦购买的房屋经过房地产管理部门的登记,取得了产权证书,就属于万事大吉了。应该说,在现实生活中,绝大部分情况都是这样的,取得了产权证书就等于取得了房屋的所有权。但是,也有这种情况:由于购买房屋时的基础法律关系有瑕疵,房屋买卖合同的效力存在不确定性,相关的权利人通过启动法律程序使得房屋买卖合同被法院解除或者撤销。因此,作为房屋买受人在签订房屋买卖合同时,务必谨慎行事。

[参考案例]

案例 5-3　鄂州市同心房地产开发有限公司与肖某某等房屋买卖合同纠纷上诉案①

2016 年 3 月 17 日,鄂州市同心房地产开发有限公司(以下简称同心公司)与肖某某签订"商品房买卖合同",约定:肖某某购买同心公司开发的 ×× 项目 ×× 幢 ×× 单元 1102 号房屋一套,房屋总价款 57 万元,付款方式为买受人于 2016 年 3 月 17 日前支付首期房款 20 万元,余款 37 万元向银行申请公积金贷款支付。合同签订后,肖某某按照约定向同心公司支付了 20 万元的房屋首付款。2016 年 4 月 25 日,为顺利办理贷款手续,同心公司将上述房屋产权登记至肖某某、张某某名下。同年 5 月 16 日,因肖某某与他人之间的民间借贷纠纷,已登记在肖某某、张某某名下的上述房屋被法院查封,导致上述房屋公积金贷款无法办理。肖某某、张某某尚有 37 万元购房款未向同心公司支付。

同心公司向鄂州市鄂城区人民法院提起诉讼,请求:(1)解除当事人之间签订的涉案房屋买卖合同;(2)肖某某、张某某协助办理涉案房屋产权注销手续并将该房屋产权恢复至同心公司名下。

一审法院认为,不动产物权的设立、变更、转让和消灭,经依法登记,发生效力。本案中,涉案房屋由同心公司登记至肖某某、张某某,故该二人已取得了该房屋的所有权,因此,同心公司要求解除与肖某某签订的"商品房买卖合同"及肖某某、张某某协助履行该不动产注销登记手续,将不动产产权恢复至同心公司名下的诉讼请求于法无据,不予支持。但同心公司可以要求肖某某、张某某承担剩余房款给付义务及违约责任。

依照《物权法》第 9 条和《民事诉讼法》第 142 条之规定,鄂州市鄂城区人民法院判决:驳回同心公司的诉讼请求。

同心公司不服,向湖北省鄂州市中级人民法院提起上诉。理由如下:(1)当事人之间关于按揭贷款支付购房款的方式没有履行完毕,且已无法履行。(2)买受人发生没有按期付款的行为,出卖人有权解除合同。(3)根据《最高人民法院关于审

---

① 参见湖北省鄂州市中级人民法院(2017)鄂 07 民终 174 号民事判决书。

理商品房买卖合同纠纷案件适用法律若干问题的解释》第23条规定,同心公司有权解除合同。(4)一审判决认为涉案房屋办理了产权过户就不能解除商品房买卖合同,没有法律依据。没有法律规定未完成贷款而办理房屋过户后的商品房买卖合同不能解除。综上所述,一审判决适用法律错误。

肖某某、张某某答辩称:同意同心公司上诉。

湖北省鄂州市中级人民法院认为,关于涉案合同能否解除的问题,依据法律规定,当事人可自由订立合同,也可协商解除合同。肖某某、张某某对同心公司解除合同的主张予以同意,依据《合同法》第93条规定,同心公司请求解除房屋买卖合同符合法律规定。房屋产权登记是行政机关为了社会交易安全对民事主体所有的权益作出的宣示,属公法范畴,而民事主体之间房屋买卖合同是民事权益的转让行为,属私法范畴,二者并不排斥。本案中,虽然涉案房屋产权已登记在肖某某、张某某名下,但是并不影响当事人解除涉案房屋买卖合同。因此,一审判决驳回同心公司解除涉案合同请求有误,该院予以纠正。

关于是否应支持同心公司要求肖某某、张某某协助办理涉案房屋产权注销登记并恢复至同心公司名下的请求的问题。涉案房屋已被人民法院查封,与该房屋权属变更相关的行为已被依法禁止,在法院查封未解除前,同心公司要求注销登记并恢复产权的请求没有法律依据。因此,对同心公司的上述主张不予以支持。

湖北省鄂州市中级人民法院认为:同心公司的上诉部分成立。判决:

(1)撤销鄂州市鄂城区人民法院(2016)鄂0704民初1396号民事判决;

(2)解除鄂州市同心房地产开发有限公司与肖某某签订的××项目××幢××单元1102号房屋买卖合同;

(3)驳回鄂州市同心房地产开发有限公司其他诉讼请求。

一审、二审案件受理费各2 000元,由同心公司和肖某某、张某某分别负担2 000元。

[法理评析]

1. 经过产权登记的房屋买卖合同能否解除的问题

案例5-3中,湖北省鄂州市中级人民法院在终审判决中认为:"房屋产权登记是行政机关为了社会交易安全对民事主体所有的权益作出的宣示,属公法范畴,而民事主体之间房屋买卖合同是民事权益的转让行为,属私法范畴,二者并不排斥。

本案中，虽然涉案房屋产权已登记在肖某某、张某某名下，但是并不影响当事人解除涉案房屋买卖合同。"

笔者认为，不管是基于双方当事人的协商合意或者是基于出卖方单方的请求，涉案合同均可以解除。因为登记的性质是使得买受人为取得房屋所有权的权力外衣通过公法认可的一种行为，而权力外衣包裹的内容（私权）属于当事人有权处分的范围。

2. 合同解除的效力

《合同法》第97条规定："合同解除后，尚未履行的，终止履行；已经履行的，根据履行情况和合同性质，当事人可以要求恢复原状、采取其他补救措施，并有权要求赔偿损失。"

3. 注销登记的法律依据

《不动产登记暂行条例》已于2019年3月24日起施行。其中，第14条规定："因买卖、设定抵押权等申请不动产登记的，应当由当事人双方共同申请。属于下列情形之一的，可以由当事人单方申请：……（三）人民法院、仲裁委员会生效的法律文书或者人民政府生效的决定等设立、变更、转让、消灭不动产权利的；……"

第六章
商品房质量方面的争议

1. 什么情况下属于"房屋主体结构不合格",买受方可以解除合同?

[问题的提出]

《最高人民法院关于审理商品房买卖合同纠纷案件适用法律若干问题的解释》第 12 条规定,"因房屋主体结构质量不合格不能交付使用,或者房屋交付使用后,房屋主体结构质量经核验确属不合格,买受人请求解除合同和赔偿损失的,应予支持。"如何理解"房屋主体结构质量经核验确属不合格"?因为对上述问题不同的理解会导致不同的判决结果。

[参考案例]

案例 6-1 重庆融创基业房地产开发有限公司与吴某商品房预售合同纠纷案①

重庆融创基业房地产开发有限公司(以下简称融创公司)原名为重庆奥林匹克花园置业有限公司,于 2011 年更名为重庆融创基业房地产开发有限公司。

2009 年 12 月 24 日,以融创公司为甲方、吴某为乙方,签订"重庆市商品房买卖合同"一份,该合同主要约定:乙方购买甲方开发的房屋一套,建筑面积 122.78 平方米,总成交价 625 543 元,乙方于签署本合同当日缴付 125 543 元,向银行申请

---

① 参见重庆市第一中级人民法院(2016)渝 01 民终 7397 号民事判决书。

500 000元个人抵押贷款；甲方应当在2010年12月15日前依照国家和地方的有关规定，将已进行建设工程竣工验收备案登记的商品房交付乙方使用；附件五补充协议中约定，购买重庆××花园住宅及产权商铺单位的业主及其直系亲属可免试入学北大附中、附小。

2009年12月24日，吴某向融创公司支付首付款125 543元，契税6 255.43元、抵押登记费80元、转移登记费80元、大修基金18 766元、印花税25元。吴某向兴业银行股份有限公司重庆分行抵押贷款50万元，于2010年3月30日支付至融创公司账户。

2010年12月14日，融创公司取得案涉房屋所在楼栋的建设工程竣工验收备案登记证。2010年12月15日吴某向案涉房屋所在小区物管公司支付物管费553元。2010年12月21日吴某接房。吴某准备装修时发现案涉房屋楼板有裂缝，遂通知融创公司。融创公司委托重庆市建设工程质量检验测试中心对案涉房屋F-K/3-4轴线楼板混凝土强度、板面钢筋配置情况是否满足设计要求进行鉴定。鉴定结论是重庆××花园七期工程××号房F-K/3-4轴线楼板板面钢筋保护层厚度不满足设计要求，混凝土强度满足设计要求，处理方式建议，因本工程已完工交付使用，楼下住户已装修入住，现场未检测板底钢筋配置及楼板厚度，无法分析裂缝产生的可能原因，为解决楼面钢筋保护层过厚的问题，建议剔除楼板板面3~4cm混凝土，采用后锚固的手段增加负弯矩钢筋后再恢复板面钢筋保护层。

此后，吴某向重庆市渝北区人民法院起诉，要求融创公司对案涉房屋进行维修。在该案审理过程中，吴某申请对案涉房屋2011年与2013年两次装修差价进行司法鉴定。鉴定结论是：以2011年装修方案为参照，鉴定2011年与2013年两次装修差价为19 611.6元，单列2013年变更装修方案部分差价2 083.04元。吴某还申请了对楼板整体质量进行司法鉴定，双方选定重庆市建设工程质量检验测试中心作为鉴定机构，但因为楼下住户已经装修，如要鉴定须把楼板部分装修打掉，未能与楼下住户协商一致，司法鉴定未能进行。吴某自行委托重庆市建设工程质量检验测试中心进行鉴定，鉴定内容有，根据现场条件（楼下住户已经装修），尽可能的明确主体楼板结构质量问题，现有裂缝是否属于贯穿性裂缝，分析裂缝产生原因，明确裂缝是否影响主体楼板结构安全及使用，出具主体楼板结构和裂缝加固处理建议。鉴定结论是：重庆××花园七期工程××号房屋44.950m (3) - (4)/(E)-(K)客厅地板板体存在贯穿性裂缝，板顶钢筋保护层厚度和局部钢筋间距偏大，板顶长边负弯矩承载力不足，不满足设计和国家现行施工质量验收规范要求，裂缝对楼板耐久性和正常使用有影响,应采取加固处理措施。吴某支付鉴定费 15 000 元。鉴定作出后,吴某撤诉。吴某称自行鉴定时变更了鉴定内容,对钢筋保护层的厚度没有鉴定,这样就不需要破坏楼下的装修,只有这样才能作出鉴定报告。

因吴某与融创公司双方对维修方案一直未达成一致,也未取得楼下业主同意,融创公司未对案涉房屋进行维修。

故吴某撤诉后再次起诉,请求判令:(1)解除吴某与融创公司签订的"重庆市商品房买卖合同";(2)融创公司立即退还吴某已付房款 625 543 元、大修基金 18 766 元、印花税 25 元、契税 6 255.43 元、抵押登记费 80 元、转移登记费 80 元;(3)融创公司向吴某支付因房屋主体结构质量问题造成的损失,包括房屋增值损失 194 657 元,截至 2016 年 6 月 30 日已支付的贷款利息 123 858.32 元,已支付房款的资金占用损失,已交物管费 553 元,已支付给装修公司的定金及装修损失费 19 725 元,房屋质量鉴定费 15 000 元,因房屋无法入住在外租房而支付的房租损失(从 2011 年 5 月 1 日起至 2016 年 3 月 31 日为 174 000 元,2016 年 4 月 1 日后按每月 3 000 元计算至返还房款之日止)。

一审法院查明,2011 年 4 月 7 日,吴某取得了案涉房屋的房地产权证,融创公司代收的印花税、抵押登记费、转移登记费已交付到相关部门。融创公司已将其代收的大修基金 18 766 元交至重庆北部新区经开园国土资源房屋管理所,将其代收的契税 6 255.43 元交至重庆经济技术地方税务局。另查明,从 2010 年 4 月 21 日起至 2016 年 6 月 30 日止,吴某向兴业银行股份有限公司重庆分行已偿还贷款本金 107 758.5 元、利息 123 858.32 元。

庭审中,吴某申请对案涉房屋在 2016 年 5 月 13 日的价值进行鉴定。一审法院依法委托重庆金友资产评估土地房地产估价有限公司进行评估,评估价值为 820 200 元。吴某支付评估费 8 000 元。

一审法院认为:吴某与融创公司签订的"重庆市商品房买卖合同"系双方当事人的真实意思表示,其内容未违反有关法律法规的规定,合法有效,双方应按照合同全面履行。案涉房屋楼板裂缝经鉴定,结论是客厅地板板体存在贯穿性裂缝,板顶钢筋保护层厚度和局部钢筋间距偏大,板顶长边负弯矩承载力不足,不满足设计和国家现行施工质量验收规范要求,裂缝对楼板耐久性和正常使用有影响,应采取加固处理措施。虽然该鉴定是由吴某方自行委托作出,但是在诉讼过程中作出的申请,且鉴定机构也是在司法鉴定过程中予以选定,故予以采信。可见,案涉房屋存在主体质量问题,影响正常居住使用,故吴某要求解除"重庆市商品房买卖合同"

的诉讼请求予以支持。

"重庆市商品房买卖合同"解除后,吴某向融创公司支付的购房首付款 125 543 元,融创公司应返还给吴某,并以 125 543 元为基数从 2009 年 12 月 17 日起至付清之日止,按照中国人民银行同期同类贷款利率向吴某支付资金占用损失。吴某向兴业银行股份有限公司重庆分行贷款支付给融创公司的 50 万元,应由融创公司返还给兴业银行股份有限公司重庆分行。大修基金、契税、印花税、抵押登记费、转移登记费等,上述费用在合同解除后吴某可自行到相关部门退取。

针对吴某要求赔偿的损失。一是房屋增值损失。根据鉴定结论,案涉房屋若无质量问题现价值 820 200 元,吴某购房价为 625 543 元,增值 194 567 元。现因房屋质量问题吴某解除合同,导致其未能享受到该增值价值,属于融创公司因违约给吴某造成的损失,且在订立合同时融创公司应当能够预见,故融创公司应予赔偿。二是吴某已支付给银行的贷款利息。吴某贷款购买案涉房屋,已向贷款银行支付利息 123 858.32 元,因房屋质量问题解除合同后,银行已收取的利息不能退回,该利息属于融创公司因违约给吴某造成的损失,且在订立合同时融创公司应当能够预见,故融创公司应予赔偿。三是吴某已交物管费 553 元。因融创公司交付的房屋存在质量问题,吴某交纳物管费后并未实际使用房屋享受到物管服务,该损失应由融创公司承担。四是吴某已支付的装修定金及装修损失 19 725 元。对定金损失吴某未举示证据佐证,不予支持。五是房屋质量鉴定费用 15 000 元。该费用是吴某为了主张解除权证明案涉房屋确存在主体质量问题而支出的,虽然不是在本案中进行的司法鉴定,但确是因为融创公司的违约行为造成,融创公司应予支付。六是租房损失。吴某称其因无法入住案涉房屋而在外租房产生租金损失,首先,融创公司对吴某举示的租赁合同及收据的真实性不予认可,租金损失的真实性不能确定;其次,租房损失并不是吴某所必须产生的费用,故对该项损失不予支持。

据此,一审法院判决:(1)解除吴某与融创公司签订的"重庆市商品房买卖合同";(2)融创公司在本判决生效后五日内返还吴某已付房款 125 543 元及利息损失;(3)融创公司在本判决生效后五日内支付吴某房屋增值损失 194 567 元、贷款利息损失 123 858.32 元、物管费损失 553 元、鉴定费损失 15 000 元;(4)驳回吴某的其他诉讼请求。

融创公司、吴某均不服一审判决,向重庆市第一中级人民法院提起上诉。

二审中,吴某提交证据:兴业银行查询个贷账户情况三页,拟证明吴某已于 2016 年 11 月 10 日将兴业银行的按揭贷款本息还清,融创公司应当将按揭贷款本金及吴某已偿还的银行按揭贷款利息129 054.8元返还给吴某。

融创公司质证认为，该证据不属于新证据，对以上证据的真实性没有异议，但吴某已偿还利息的总额由法院依法核实，吴某的请求超出其一审起诉范围。

该院二审查明：2016年11月10日，吴某提前偿还兴业银行贷款本金386 494.38元及利息736.49元，同日，兴业银行出具贷款本金50万元本息结清证明。2010年4月至2016年11月10日，吴某偿还按揭贷款利息129 054.8元。

重庆市第一中级人民法院认为：（1）吴某关于解除"重庆市商品房买卖合同"的理由是否成立。案涉房屋楼板裂缝经鉴定，结论是客厅地板板体存在贯穿性裂缝，板顶钢筋保护层厚度和局部钢筋间距偏大，板顶长边负弯矩承载力不足，不满足设计和国家现行施工质量验收规范要求，裂缝对楼板耐久性和正常使用有影响，应采取加固处理措施。虽然该鉴定是由吴某方自行委托作出，但是在双方之间的前案诉讼过程中作出的申请，且鉴定机构也是在司法鉴定过程中予以选定，故一审法院对该鉴定结论予以采信并无不妥。由于案涉房屋存在主体质量问题，影响正常居住使用，故吴某要求解除"重庆市商品房买卖合同"的诉讼请求，一审法院予以支持并无不妥。

（2）融创公司应当承担的返还房款金额。本案中，融创公司为吴某的按揭贷款提供了保证担保，保证期限为阶段性担保，但二审诉讼中，吴某已将尚欠的按揭贷款本金及利息结清，融创公司的担保责任事实上已免除，且涉案房屋也不再因抵押而存在负担，因此，吴某主张融创公司向其返还全部购房款625 543元的诉讼请求成立。吴某上诉认为本案中融创公司应当返还其按揭贷款本金50万元的上诉理由成立，予以采纳。

（3）融创公司应当赔偿损失的范围。一是关于房屋增值损失。根据鉴定结论，案涉房屋若无质量问题现价值820 200元，吴某购房价支付的购房款为625 543元，增值194 567元。现因房屋质量问题吴某解除合同，导致其未能享受到该增值价值，属于融创公司因违约给吴某造成的损失，且在订立合同时融创公司应当能够预见，故融创公司对该损失应予赔偿。二是吴某已支付给银行的贷款利息及首付款的资金利息，属于吴某为购买涉案房屋而支付的费用及成本，该费用及成本属于吴某取得房屋增值而支付的对价，该对价小于房屋增值损失，本案已主张房屋增值损失的情况下，吴某再主张贷款利息损失及首付款的资金暂用占用损失，属于损失的重复计算，一审法院对此予以主张有误，应予纠正。三是吴某已交物管费553元。因融创公司交付的房屋存在质量问题，吴某交纳物管费后并未实际使用房屋享受到物管服务,该损失应由融创公司承担。五是房屋质量鉴定费用 15 000 元。该费用是吴某为了主张解除权证明案涉房屋确存在主体质量问题而支出的,虽然不是在本案中进行的司法鉴定,但确是因为融创公司的违约行为造成,融创公司应予支付。

综上所述,吴某与融创公司的上诉理由部分成立,二审诉讼中,该院根据吴某提供的新证据,查明了新的事实,依法予以改判。

重庆市第一中级人民法院判决:

(1)维持重庆市渝北区人民法院民事判决第一项;

(2)撤销重庆市渝北区人民法院(2016)渝 0112 民初 5219 号民事判决第二、三、四项;

(3)融创公司在本判决生效后五日内返还吴某已付房款 625 543 元;

(4)融创公司在本判决生效后五日内支付吴某房屋增值损失 194 567 元、物管费损失 553 元、鉴定费损失 15 000 元;

(5)驳回吴某的其他诉讼请求。

案例 6-2　成都盛鑫房地产开发有限责任公司与叶某某商品房预售合同纠纷上诉案①

2012 年 7 月 30 日,成都盛鑫房地产开发有限责任公司(以下简称盛鑫公司)与叶某某签订了"商品房买卖合同"及"商品房买卖合同补充协议"。根据合同约定,叶某某以分期付款的方式购买盛鑫公司开发并预售的房屋一套,房屋建筑面积为 127 平方米。同时,合同第 15 条第 2 项约定:"该商品房地基基础和主体结构质量经检测不合格的,买受人有权退房。买受人退房的,出卖人应当自退房通知送达之日起 30 日内退还全部已付款,并按照人民银行同期存款活期利率付给利息,给买受人造成的损失的由出卖人承担赔偿责任。由此而发生的检测费用由出卖人承担⋯⋯。"合同第 19 条第 1 项约定:"出卖人应当在 2013 年 12 月 31 日前,取得该商品房所在楼栋的权属证明。如因出卖人的责任未能在本款约定期限内取得该商品房所在楼栋的权属证明的,双方同意按照下列第 1 种方式处理:1.买受人有权退房⋯⋯。"

合同签订后,叶某某依约于 2013 年 6 月 25 日前向盛鑫公司支付了房屋总价

---

① 参见四川省成都市中级人民法院(2016)川 01 民终 10631 号民事判决书。

款 901 979 元,并于 2014 年 8 月 2 日向盛鑫公司缴纳了办理房屋权属证书所需的契税、产权登记费、维修基金等相关费用共计 16 371.68 元。之后,叶某某与盛鑫公司签订了"××社区一期地下停车位牌号确认单",并于 2014 年 4 月 30 日支付诚意金 50 000 元。2014 年 8 月 2 日,叶某某又向四川盛德物业管理有限责任公司支付预存电费 200 元,2014 年 1 月 1 日至 2014 年 12 月 31 日物管费 3 505 元。

盛鑫公司于 2014 年 6 月 23 日获得叶某某所购商品房所在楼栋的权属证明,房屋所有权人为盛鑫公司。

叶某某接受房屋后对房屋进行了装修设计。装修设计过程中,由于叶某某发现所购商品房楼板及梁出现混凝土表现异常、疏松等现象,该商品房的施工单位四川齐盛建筑工程有限责任公司委托中国建筑西南勘察设计研究院有限公司对该商品房客厅楼板及梁进行检测及鉴定工作,中国建筑西南勘察设计研究院有限公司于 2014 年 12 月 23 日做出《××社区 21 #楼 501 户客厅楼板、梁技术鉴定报告》(以下简称《鉴定报告》),鉴定结论为"1.××社区 21 #楼 501 户的客厅楼板钢筋配置、板跨度尺寸、板厚满足设计要求,楼板混凝土强度不满足设计要求,应立即采取可靠措施进行加固。2.××社区 21 #楼 501 户的客厅梁钢筋配置、梁尺寸满足设计要求,梁混凝土强度不满足设计要求,应立即采取可靠措施进行加固",同时提出处理建议:"1.建议对××社区 21 #楼 501 户客厅采取混凝土置换的方法进行加固处理,对楼板采取混凝土置换或加大截面法进行加固处理。2.建议××社区 21 #楼 501 户客厅楼板及梁的加固设计和加固施工工作应请具有相应资质的单位完成。"

此后,叶某某向成都市青白江区人民法院提起诉讼,请求:(1)解除叶某某、盛鑫公司签订的"商品房买卖合同"及"商品房买卖合同补充协议";(2)盛鑫公司退还叶某某已付房款 901 979 元及利息;(3)盛鑫公司退还叶某某已付车位款 50 000元及利息;(4)盛鑫公司退还叶某某已付契税、印花税、产权登记费、维修基金等16 371.68 元;(5)盛鑫公司退还叶某某已付物管费、电费 3 705 元;(6)盛鑫公司赔偿叶某某装修损失 130 000 元;(7)盛鑫公司承担叶某某实现债权的费用 80 000 元;(8)检测鉴定费用、诉讼费用由盛鑫公司承担。

一审法院认为,当事人享有依法自由订立合同的权利,叶某某、盛鑫公司签订的"商品房买卖合同"及"商品房买卖合同补充协议"系双方当事人的真实意思表示,合法有效。关于叶某某要求解除"商品房买卖合同"及"商品房买卖合同补充协议"、退还房款和支付利息的诉请,根据中国建筑西南勘察设计研究院有限公司的《鉴定报告》,盛鑫公司出售房屋的楼板、梁存在严重的质量问题,符合合同约定的解除条件,故对叶某某要求解除"商品房买卖合同"及"商品房买卖合同补充协议",返还已付购房款 901 979 元及利息的诉讼请求,依法予以支持;"商品房买卖合同"解除后,盛鑫公司应退还叶某某已付契税、印花税、产权登记费、维修基金等16 371.68 元,同时,叶某某所购的作为房屋配套设施的地下停车位已无继续购买使用之可能,故对于叶某某要求盛鑫公司退还已付车位款 50 000 元的诉讼请求,予以支持;关于支付已付车位款 50 000 元利息的请求,因盛鑫公司在叶某某车位购买过程中并无过错,不予支持;关于叶某某已付物管费、电费,由于叶某某是向四川盛德物业管理有限责任公司予以支付,不应由盛鑫公司承担,且叶某某购买房屋后已接受了相关的物业管理服务和用电服务,故不予支持;关于叶某某主张的装修费用,叶某某接受房屋后虽对房屋进行了装修设计,但未能提供证据证明其实际损失,故不予支持;关于叶某某要求盛鑫公司承担实现债权费用 80 000 元的及检测鉴定费用主张,因无证据证明,不予支持。

据此,一审法院判决:(1)解除叶某某与盛鑫公司签订的"商品房买卖合同"及"商品房买卖合同补充协议";(2)盛鑫公司返还叶某某已付购房款 901 979 元,并支付利息(从 2013 年 6 月 25 日起至付清之日止,按中国人民银行同期存款活期利率进行计算);(3)盛鑫公司返还叶某某已付车位款 50 000 元;(4)盛鑫公司返还叶某某已付契税、印花税、产权登记费、维修基金等费用共计 16 371.68 元;(5)驳回叶某某的其他诉讼请求。以上给付义务,于判决生效后十五日内履行完毕。

盛鑫公司不服一审判决,向四川省成都市中级人民法院提起上诉。

其理由为:(1)虽然叶某某所购房屋存在部分质量问题,但鉴定报告载明该部分质量问题属于可修复的范畴,修复后并不影响叶某某的正常使用,尚未达到合同约定的质量不合格解除条件,一审法院不应据此判决解除案涉"商品房买卖合同";(2)一审法院在审理过程中未追加施工单位四川齐盛建设工程有限责任公司、混凝土供应商成都市文建商品混凝土有限公司作为第三人参加诉讼,可能影响案件事实查明和公正审理,应当予以纠正。

成都市中级人民法院经审理认为,本案双方当事人的争议焦点有二:一是案涉"商品房买卖合同"是否应当解除;二是是否应当追加施工单位四川齐盛建设工程有限责任公司、混凝土供应商成都市文建商品混凝土有限公司作为第三人参加诉讼。

关于案涉"商品房买卖合同"是否应当解除的问题,中国建筑西南勘察设计研究院有限公司作出的《鉴定报告》载明"1.×× 社区 21＃楼 501 户的客厅楼板钢筋配置、板跨度尺寸、板厚满足设计要求,楼板混凝土强度不满足设计要求,应立即采取可靠措施进行加固。2.××社区21＃楼501户的客厅梁钢筋配置、梁尺寸满足设计要求,梁混凝土强度不满足设计要求,应立即采取可靠措施进行加固"。上述不能满足设计要求的部位属于房屋主体结构,为房屋主体结构不合格,无论是根据《最高人民法院关于审理商品房买卖合同纠纷案件适用法律若干问题的解释》第12条"……房屋交付使用后,房屋主体结构质量经核验确属不合格,买受人请求解除合同和赔偿损失的,应予支持"的规定,还是依据双方在"商品房买卖合同"第15条第2项"该商品房地基基础和主体结构质量经检测不合格的,买受人有权退房"的约定,案涉"商品房买卖合同"均应当解除。对盛鑫公司认为《鉴定报告》上载明上述质量问题可以通过修复来解决,故不符合解除条件的主张。该院认为,修复是质量问题的解决处理方式,并不能否定房屋主体结构质量不合格的事实,而无论法律规定或本案当事人之间的合同约定,均以房屋主体结构质量不合格作为解除条件,而未以质量问题是否可以修复作为合同解除的限制条件,故盛鑫公司认为质量问题可以修复、合同解除条件尚不具备的上诉理由与合同约定及法律规定不符,不予支持。

关于是否应当追加施工单位四川齐盛建设工程有限责任公司、混凝土供应商成都市文建商品混凝土有限公司作为第三人参加诉讼的问题,该院认为,本案系叶某某与盛鑫公司之间的商品房预售合同纠纷,叶某某与上述两家公司之间无合同关系和利害关系,与叶某某诉请相关的事实亦无需通过追加该两家公司予以查清,一审法院未追加该两家公司作为第三人参加诉讼并无不当。

成都市中级人民法院认为,盛鑫公司的上诉理由均不成立。一审认定事实清楚,适用法律正确,该院予以维持。

成都市中级人民法院判决:驳回上诉,维持原判。

[法理评析]

1. 房屋主体结构的含义

国务院《城市房地产开发经营管理条例》第31条规定:"商品房交付使用后,购买人认为主体结构质量不合格的,可以向工程质量监督单位申请重新核验。经核验,确属主体结构质量不合格的,购买人有权退房;给购买人造成损失的,房地产开发企业应当依法承担赔偿责任。"

《最高人民法院关于审理商品房买卖合同纠纷案件适用法律若干问题的解释》第 12 条规定："因房屋主体结构质量不合格不能交付使用,或者房屋交付使用后,房屋主体结构质量经核验确属不合格,买受人请求解除合同和赔偿损失的,应予支持。"

在上述条例和司法解释中,有一个重要概念——房屋主体结构。什么是房屋主体结构? 这个概念必须厘清,因为对上述问题不同的理解会导致不同的判决结果。为了探究房屋主体结构的涵义,笔者研究了《城市房地产管理法》《合同法》《建设工程质量管理条例》《城市房地产开发经营管理条例》《商品房销售管理办法》《中华人民共和国建筑法》(以下简称《建筑法》)等有关的法律法规,没有发现对这一概念的解释。笔者最后在最高人民法院民事审判第一庭编著的《最高人民法院关于审理商品房买卖合同纠纷案件司法解释的理解与适用》一书中找到了答案。

"建筑物的主体结构是指在建筑中,由若干构件连接而成的能承受作用的平面或空间体系。主体结构要具备足够的强度、刚度、稳定性,用于承载建筑物上的各种负载,建筑物主体结构可以由一种或者多种材料构成。"[1]

关于房屋主体结构质量问题,该书认为:"关于本条(指《最高人民法院关于审理商品房买卖合同纠纷案件适用法律若干问题的解释》第 12 条,笔者注)中所称的房屋主体结构质量不合格一节,我们认为应作广义理解,作为一个完整的房屋建筑工程,它既应包括房屋地下隐蔽工程的地基部分,也应包括房屋地上工程所涉及的部分。就是说地下与地上是不可分割的一个整体……。"[2]

案例 6-1 中,案涉房屋楼板裂缝经鉴定,结论是客厅地板板体存在贯穿性裂缝,板顶钢筋保护层厚度和局部钢筋间距偏大,板顶长边负弯矩承载力不足,不满足设计和国家现行施工质量验收规范要求,裂缝对楼板耐久性和正常使用有影响,应采取加固处理措施。一审法院和重庆市第一中级人民法院都判定案涉房屋属于主体结构质量不合格。

案例 6-2 中,中国建筑西南勘察设计研究院有限公司作出的《鉴定报告》表明:(1)涉案房屋楼板混凝土强度不满足设计要求,应立即采取可靠措施进行加固;(2)涉案房屋的客厅梁钢筋配置、梁尺寸满足设计要求,梁混凝土强度不满足设计要

---

[1] 最高人民法院民事审判第一庭:《最高人民法院关于审理商品房买卖合同纠纷案件司法解释的理解与适用》,人民法院出版社 2003 年版,第 155 页。

[2] 最高人民法院民事审判第一庭:《最高人民法院关于审理商品房买卖合同纠纷案件司法解释的理解与适用》,人民法院出版社 2003 年版,第 154 页。

求,应立即采取可靠措施进行加固。一审法院和成都市中级人民法院都认为上述不能满足设计要求的部位属于房屋主体结构,为房屋主体结构不合格。

2. 什么情况下属于"房屋主体结构不合格",买受方可以解除合同?

根据最高人民法院民事审判第一庭编著的《最高人民法院关于审理商品房买卖合同纠纷案件司法解释的理解与适用》以及上述两个案例中法院的判决,可以看出,《城市房地产开发经营管理条例》第32条、《最高人民法院关于审理商品房买卖合同纠纷案件适用法律若干问题的解释》第12条中所称的房屋主体结构质量不合格,包括房屋地下隐蔽工程的地基部分质量不合格,也包括房屋地上工程所涉及的部分质量不合格。楼板、墙体也属于房屋主体结构,质量不合格,买受人可以解除合同。

3. 工程质量重新核验退房赔偿机制

《城市房地产开发经营管理条例》第31条规定:"商品房交付使用后,购买人认为主体结构质量不合格的,可以向工程质量监督单位申请重新核验。经核验,确属主体结构质量不合格的,购买人有权退房;给购买人造成损失的,房地产开发企业应当依法承担赔偿责任。"

国务院的上述行政法规确立了一种重要机制,即工程质量重新核验退房赔偿机制。这种机制极大地保护了房屋买受人的合法权利,减少了买受人只能通过诉讼中司法鉴定才能提供所需证据的麻烦。案例1中,重庆的两级法院正是运用了上述机制,对案件作出了判决。

4. 由于房屋主体结构质量不合格,买受人可以主张赔偿损失的范围

在房屋主体结构质量不合格的情况下,买受人可以主张解除合同并要求出卖方赔偿损失。《合同法》第113条规定:"当事人一方不履行合同义务或者履行合同义务不符合约定,给对方造成损失的,损失赔偿额应当相当于因违约所造成的损失,包括合同履行后可以获得的利益,但不得超过违反合同一方订立合同时预见到或者应当预见到的因违反合同可能造成的损失。"

根据上述法律规定,买受人可以主张赔偿损失的范围包括购买房屋的实际损失,也包括房屋的增值损失。房屋的增值属于预期利益。案例6-1中,一审法院和终审法院都支持了买受人的该项请求。案例6-2中,由于买受人在诉讼请求中没有主张该损失,按照不告不理的原则,法院无法支持该项损失。

2. 如何判断房屋质量问题"严重影响正常居住使用",买受方可以解除合同?

[问题的提出]

《最高人民法院关于审理商品房买卖合同纠纷案件适用法律若干问题的解释》第 13 条第 1 款规定,因房屋质量问题严重影响正常居住使用,买受人请求解除合同和赔偿损失的,应予支持。

什么情况属于"严重影响正常居住使用"? 如何判断房屋质量问题"严重影响正常居住使用",买受方可以解除合同? 对上述问题不同的理解会导致不同的判决结果。这一点,在审判实践中也是双方当事人争议最大的地方。

[参考案例]

案例 6-3　宁波正和置业有限公司与毛某某房屋买卖合同纠纷上诉案[①]

2010 年 9 月 4 日,宁波正和置业有限公司(以下简称正和置业)与毛某某签订"商品房买卖合同"一份,约定毛某某向正和置业购买位于宁波市 ×× 区 ×× 商业中心 ×× 号楼 8-15 号房,建筑面积为 36.72 平方米,房屋总价款为 612 714 元,付款方式为签约日毛某某一次性支付房款,房屋交付期限为 2012 年 6 月 30 日前,并约定相应的权利义务等内容。合同签订当日,毛某某支付购房款 592 714 元,该房屋于 2012 年 6 月交付。2012 年 6 月 28 日,毛某某、正和置业经结算确认房屋总价款为 609 877 元,毛某某支付剩余购房款 17 163 元,正和置业开具发票确认房款已结清。2012 年 9 月 3 日,毛某某向税务部门支付购房税款 18 601.25 元。2012 年 9 月 5 日,毛某某取得涉案房屋所有权证。

2012 年 10 月起,涉案房屋出现渗漏水现象,房屋天棚、墙面、窗台及踢脚线等处出现霉变。毛某某多次与正和置业联系,要求对涉案房屋渗漏水进行维修,正和置业及物业公司曾派人进行维修,但涉案房屋渗漏水现象仍存在。毛某某、正和置

[①] 参见 浙江省宁波市中级人民法院(2016)浙 02 民终 3157 号民事判决书。

业经自行协商,未果。毛某某于 2014 年 1 月 17 日诉至宁波市海曙区人民法院,要求对涉案房屋的质量问题及渗漏水修复方案进行鉴定,正和置业根据鉴定结论对涉案房屋进行修复,并赔偿毛某某因渗漏水导致的家电家具及房租预期损失。该院预立案登记后,于 2014 年 5 月 5 日委托宁波科集技术服务有限公司(下称科集公司)对涉案房屋的漏水原因进行鉴定及评估维修所需费用。2014 年 7 月 2 日,科集公司出具鉴定书,鉴定结论为:(1)漏水原因为屋面漏水。屋面天沟较浅,出水口较少,且施工不规范,易受垃圾堵塞,大雨及持续下雨情况下排水不畅会导致屋面浸水,屋面保温层易受雨水浸泡;屋面施工比较粗糙,面层多处开裂;屋面与电梯间墙根连接部位水泥砂浆保护层与墙体脱离;屋面中还有好多支架,存在漏水隐患;一旦屋面长时间浸水,屋面砼楼板的薄弱部位就会产生渗水,水也会通过楼板传递给墙体,进而往下延伸;不排除电梯机房墙体渗漏水对附近屋面的影响。(2)室内损失修复费用为 20 183 元。毛某某为此支付鉴定费用 8 000 元。根据毛某某申请,该院于 2014 年 12 月 2 日委托浙江瑞邦建设工程检测有限公司(下称瑞邦公司)对涉案房屋的施工质量问题进行鉴定。2015 年 3 月 4 日,瑞邦公司出具司法鉴定报告,鉴定结论为:(1)涉案房屋结构实体未发现质量问题。(2)涉案房屋的质量问题主要是渗漏水,渗漏水主要原因为以下几点:屋面东侧通风口周边混凝土面层开裂、空鼓;屋面防水卷材局部老化破损;屋面通风口与机房交接处脱开。毛某某为此支付鉴定费用 2 万元。正和置业根据鉴定结论拟定了修复方案,但毛某某不认可。根据毛某某申请,该院于 2015 年 9 月 29 日委托科集公司对涉案房屋漏水的修复方案进行鉴定。2016 年 1 月 12 日,科集公司作出《关于(2015)甬海法委鉴 103 号函》,该函认为:涉案房屋漏水较为复杂,有屋面施工不规范、天沟较浅等原因,也有部分面层开裂、空鼓、防水卷材局部老化,且不排除电梯机房墙体渗漏等;涉案房屋中的渗漏水隐患的屋面修复边际无法确定,无法确定其修复方案,且电梯机房墙体渗漏隐患及渗漏点无法确定,现有能采取的修复方案无法保证涉案房屋能彻底修复漏水隐患。因毛某某、正和置业各执己见,致调解不成。

一审法院另查明:(1)2012 年 9 月 1 日,毛某某与案外人签订"房屋租赁合同"一份,将涉案房屋出租给他人,租赁期限为 2012 年 9 月 3 日至 2013 年 9 月 2 日止,租金为每年 20 400 元。2013 年 4 月,该房屋承租人以房屋无法居住为由与毛某某解除租赁合同。目前涉案房屋处于空置状态。(2)毛某某确认涉案房屋室内装修在房屋交付时已由正和置业装修完毕。

毛某某于 2016 年 3 月 3 日诉至原审法院,请求判令:(1)解除毛某某与正和置业签订的房屋买卖合同;(2)正和置业退还毛某某已经支付的购房款 609 877 元和房产税款 18 601.25 元;(3)正和置业赔偿毛某某上述款项利息损失;(4)正和置业赔偿毛某某已缴纳的一年物业费 877.2 元;(5)正和置业赔偿毛某某因房屋渗漏水造成的家具、家电损失 20 183 元;(6)本案的鉴定费、诉讼费由正和置业承担。

原审法院经审理认为:《最高人民法院关于审理商品房买卖合同纠纷案件适用法律若干问题的解释》第 13 条第 1 款规定,因房屋质量问题严重影响正常居住使用,买受人请求解除合同和赔偿损失的,应予支持。《浙江省实施〈中华人民共和国消费者权益保护法〉办法》第 29 条第 2 款规定:"在保修期限内,发生地基下沉、房屋倾斜、墙体开裂等严重质量问题的,或者屋面、墙面、地面等部位发生质量问题经两次修理仍不能正常使用的,经营者应当根据消费者的要求按本办法第二十八条第三款规定负责退房并赔偿损失。保修期限内的维修费用(包括公共部位的维修费用)由经营者承担,不得使用物业维修专项资金。"根据上述规定,可以解除房屋买卖合同的条件是房屋质量问题严重影响正常居住使用或屋面、墙面、地面等部位发生质量问题经两次修理仍不能正常使用的。本案中,根据科集公司、瑞邦公司出具的鉴定报告,涉案房屋系因屋面存在质量问题导致室内顶棚墙面大面积渗漏水,虽然正和置业进行过几次维修,但仍未修复。两份报告载明的修复部位均为公共部位,毛某某无法自行进行维修,而且科集公司认为涉案房屋漏水原因复杂,现有修复方案难以杜绝漏水隐患。正和置业在毛某某提起诉讼的两年来,也怠于履行保修义务,未主动进行维修,虽然正和置业抗辩未履行保修义务的原因是毛某某不配合。但正和置业修复的部位处于公共部位,涉案房屋一直处于空置状态,正和置业修复屋面并不需要毛某某的配合,故正和置业的抗辩理由不成立。综上,该院认为,正和置业未能修复涉案房屋屋面等部位的行为已构成根本性违约,毛某某要求解除房屋买卖合同的诉讼请求符合法律规定,予以支持。解除合同应当通知对方,合同自通知到达对方时解除。毛某某在起诉前未通知正和置业解除合同,毛某某通过诉讼来主张解除合同,合同自该院向正和置业送达起诉状副本之日即 2016 年 3 月 9 日解除。

该院认为,毛某某要求正和置业返还其已经支付的购房款 609 877 元、房产税款 18 601.25 元、赔偿上述款项利息损失,符合法律规定,予以支持。毛某某要求正和置业赔偿毛某某已缴纳的一年物业费 877.2 元,因毛某某实际使用过涉案房屋,不予支持。毛某某要求正和置业赔偿因房屋渗漏水造成的家具、家电损失 20 183 元,因该装修为正和置业交付房屋前已经装修,房屋买卖合同解除后毛某某须将房屋返还正和置业,故该装修损失不属于毛某某的损失,不予支持。毛某某向科集公司支付的鉴定费用 8 000 元属于必须支出的鉴定费用,应由正和置业承担,毛某某向瑞邦公司支付的鉴定费用 20 000 元不属于必须支出的鉴定费用,应由毛某某自行承担。

据此,原审法院判决:(1)确认毛某某与正和置业签订的房屋买卖合同于 2016 年 3 月 9 日解除;(2)正和置业返还毛某某购房款 609 877 元、赔偿房产税款 18 601.25 元并赔偿上述款项的利息损失,上述款项在判决生效之日起七日内履行完毕;(3)驳回毛某某的其他诉讼请求。鉴定费 28 000 元,由毛某某负担 20 000 元,正和置业宁波正和置业有限公司负担 8 000 元。

正和置业不服,向浙江省宁波市中级人民法院提起上诉。

宁波市中级人民法院经审理,判决:驳回上诉,维持原判。

案例 6-4 重庆中慧房地产开发有限公司诉邹某某房屋买卖合同纠纷案①

再审申请人重庆中慧房地产开发有限公司(以下简称中慧房地产公司)因与被申请人邹某某房屋买卖合同纠纷一案,不服重庆市第三中级人民法院(2016)渝 03 民终 90 号民事判决,向该院申请再审。

中慧房地产公司申请再审称:(1)原判决认定的基本事实缺乏证据证明。第一,一审法院仅仅依据重庆市涪陵区建设工程质量监督站(以下简称质量监督站)的整改通知就认定案涉房屋存在严重质量问题错误。质量监督站不是法定的房屋检测机构,也不具备法定的鉴定资质,其关于案涉房屋的整改通知,不应作为认定案涉房屋存在严重质量问题的充分证据。一审中邹某某并未就案涉房屋存在质量问题举示直接证据予以证明。第二,一审判决认定案涉房屋不符合相关的设计标准错误。中慧房地产公司已经提供证据证明案涉房屋经过了相关部门的竣工验收备案登记,案涉房屋并不存在设计缺陷和施工质量问题,邹某某的装修行为破坏了案涉

---

① 参见重庆市高级人民法院(2016)渝民申 2238 号民事裁定书。

房屋的设计和结构,从而导致案涉房屋出现返潮等问题。(2)原判决适用法律错误。第一,案涉房屋出现返潮等问题,属于中慧房地产公司与邹某某的混合责任,中慧房地产公司只应承担保修义务。原判决适用《最高人民法院关于审理商品房买卖合同纠纷案件适用法律若干问题的解释》第13条第1款判令解除合同系适用法律错误,应适用该司法解释第13条第2款判令中慧房地产公司承担房屋保修义务。第二,本案系邹某某行使法定解除权,邹某某于2011年5月接房并装修,同年6月发现房屋存在返潮等问题,于2016年才提起本案诉讼,已经超过法定解除权一年的行使期间。(3)原判决遗漏诉讼请求。一审法院应针对邹某某的诉讼请求进行释明,以便于邹某某明确合同解除时间。中慧房地产公司依据《民事诉讼法》第200条第2项、第6项、第11项的规定申请再审。

重庆市高级人民法院经审查认为,第一,原判决认定案涉房屋存在质量问题是否有事实依据。根据本案查明的事实,邹某某于2011年5月从中慧房地产公司接房后,在装修时发现房屋的底层墙体、地面有返潮、结露、外墙渗水等问题,中慧房地产公司多次维修均未能解决。根据邹某某的投诉,质量监督站于2014年3月、2015年6月两次发出整改通知,中慧房地产公司对该整改通知未提异议,并按通知要求进行整改、维修,但仍不能解决案涉房屋存在的上述问题。一审法院并非仅仅依据质量监督站的整改通知就认定案涉房屋存在严重质量问题,也未认定案涉房屋不符合相关的设计标准,而是根据案涉房屋长期存在上述问题的事实,结合质量监督站的整改通知内容及中慧房地产公司多次整改的实际情况,认定案涉房屋存在严重质量问题并无不当。二审中,中慧房地产公司亦认可案涉房屋地面未按“自然通风的架空楼板”项目设计要求进行施工。根据生活经验,案涉房屋存在的底层墙体、地面有返潮、结露、外墙渗水等问题与中慧房地产公司未按项目设计要求对案涉房屋地面进行施工具有相当的因果关系。中慧房地产公司虽主张案涉房屋存在上述问题的原因是邹某某装修不当,破坏了房屋的设计和结构,但没有提供足够的证据予以证明,故其该项主张不能成立。综上,一审、二审法院认定案涉房屋存在质量问题有充分的事实依据,中慧房地产公司关于原判决认定的基本事实缺乏证据证明的申请再审理由不能成立。

第二,原判决是否适用法律错误。首先,根据本案查明的事实,案涉房屋存在底层墙体、地面有返潮、结露、外墙渗水等质量问题的原因是部分墙体紧靠堡坎,无法开窗、通风不畅以及案涉房屋地面未按“自然通风的架空楼板”设计要求进行施工。在本案二审中,中慧房地产公司亦未在人民法院指定的期限内就案涉房屋质量问题提出整改方案,进一步说明邹某某购买案涉房屋的目的不能实现,责任完全应由中慧房地产公司承担。故中慧房地产公司关于其对案涉房屋质量问题只承担维修责任,一审、二审判决不应当适用《最高人民法院关于审理商品房买卖合同纠纷案件适用法律若干问题的解释》第13条第1款判决解除"商品房买卖合同"的申请再审理由不能成立。其次,虽然邹某某就案涉房屋存在的质量问题于2011年6月装修时就已发现,但中慧房地产公司进行了多次整改、维修,直到本案二审终结前,仍然未能解决案涉房屋长期存在的严重返潮、结露等问题。中慧房地产公司未举示证据证明其曾经催告邹某某行使法定解除权,亦未举示其他证据证明邹某某在一审起诉前就知道或应当知道案涉房屋存在的质量问题必然导致"商品房买卖合同"的目的不能实现,加之我国法律亦未规定因房屋质量问题而产生的解除房屋买卖合同的权利行使期间为一年,故邹某某通过诉讼方式请求解除"商品房买卖合同"符合法律规定,一审判决解除"商品房买卖合同"、二审判决予以维持并无不当。中慧房地产公司关于邹某某的法定解除权已经超过一年行使期间的申请再审理由不能成立。综上,中慧房地产公司关于原审判决适用法律错误的申请再审理由不能成立。

第三,原判决是否遗漏诉讼请求。经查,邹某某在一审时仅请求人民法院判决解除"商品房买卖合同",一审、二审判决均支持了邹某某的诉讼请求,故原判决没有遗漏诉讼请求。一审法院在审理本案时,无须就"商品房买卖合同"的解除时间对邹某某进行释明,"商品房买卖合同"自本案二审判决生效时当然解除。故中慧房地产公司关于原判决遗漏诉讼请求的申请再审理由不能成立。

综上,中慧房地产公司的再审申请不符合《民事诉讼法》第200条第2项、第6项、第11项的规定。

重庆市高级人民法院裁定:驳回重庆中慧房地产开发有限公司的再审申请。

[法理评析]

《最高人民法院关于审理商品房买卖合同纠纷案件适用法律若干问题的解释》第13条第1款规定:"因房屋质量问题严重影响正常居住使用,买受人请求解除合同和赔偿损失的,应予支持。"

什么情况属于"严重影响正常居住使用"? 如何判断房屋质量问题"严重影响

正常居住使用"，买受方可以解除合同？对上述问题不同的理解会导致不同的判决结果。这一点，在审判实践中也是双方当事人争议最大的地方。

由于"严重影响正常居住使用"过于抽象，使得律师和法官在诉讼实践中很难判断什么情况属于"严重影响正常居住使用"。江苏省高级人民法院民一庭法官潘军锋博士在 2015 年第 8 期《法律适用》杂志上发表文章，题目为《商品房买卖合同审判新类型问题研究》。文章认为，实践中对于何为"严重影响正常居住使用"认识不一致，导致同案不同判现象时有发生。文章认为，对于严重影响正常居住使用的判断标准，首先应遵从合同约定，为支持该观点，潘法官引用了江苏省无锡市中级人民法院（2013）锡民终字第 0023 号民事判决书。对于合同未约定的，潘法官认为，实践中，存在以下情形之一的，可以认定为"严重影响正常居住使用"：（1）出卖人未经买受人同意擅自变更商品房朝向、户型等规划、设计；（2）出卖人交付的商品房层高明显偏离合同约定且未告知买受人；（3）房屋存在渗漏、异响等情况，在合理期限内无法查明原因或经出卖人维修仍无法修复的……①

案例 6-3 中，宁波市海曙区人民法院根据科集公司、瑞邦公司出具的鉴定报告，涉案房屋系因屋面存在质量问题导致室内顶棚墙面大面积渗漏水，虽然正和置业进行过几次维修，但仍未修复。该院认为，正和置业未能修复涉案房屋屋面等部位的行为已构成根本性违约，毛某某要求解除房屋买卖合同的诉讼请求符合法律规定，予以支持。正和置业不服，向浙江省宁波市中级人民法院提起上诉。宁波市中级人民法院经审理，判决：驳回上诉，维持原判。

案例 6-4 中，中慧房地产公司因不服一审、二审法院判决解除合同，向重庆市高级人民法院申请再审。理由是案涉房屋出现返潮等问题，不属于"严重影响正常居住使用"的质量问题。并且属于中慧房地产公司与邹某某的混合责任，该公司只应承担保修义务。

重庆市高级人民法院经审查认为，根据本案查明的事实，案涉房屋存在底层墙体、地面有返潮、结露、外墙渗水等质量问题，并且长时间无法解决。一审、二审法院判决解除合同具有事实与法律依据。裁定驳回中慧房地产公司的再审申请。

从上述两个案例中法院的判决理由可以看出，房屋顶棚墙面大面积渗漏水、墙体、地面有返潮、结露、外墙渗水等质量问题，并且长时间无法解决，这样的情况就属于"严重影响正常居住使用"的质量问题，买受人就可以主张解除合同，赔偿

---

① 潘军锋：《商品房买卖合同审判新类型问题研究》，《法律适用》2015 年第 8 期，第 85 页。

损失。

值得一提的是,修订后的《浙江省实施〈中华人民共和国消费者权益保护法〉办法》于 2017 年 3 月 31 日公布,自 2017 年 5 月 1 日起施行。其中第 19 条规定:"商品房因勘察、设计、施工原因,在设计使用期限内发生地基下沉、房屋倾斜、承重的柱墙梁板等构件结构开裂变形等问题,超出工程建设强制性标准规定的安全限值,无法维修或者一次维修后仍超出安全限值的,消费者有权要求退房,并要求依法赔偿损失。"

"商品房的屋面防水工程、有防水要求的厨房、卫生间、地下室和外墙面的防渗漏保修期限不得低于八年,保修期限自商品房交付消费者之日起计算。商品房因勘察、设计、施工原因,在保修期限内发生渗漏的,经营者应当自与消费者就维修方案达成一致之日起六个月内予以修复,并依法赔偿损失;同一区位的渗漏,经营者自与消费者就维修方案达成一致之日起六个月内未予修复的,消费者有权要求退房或者自行委托维修单位进行维修,维修费用由经营者承担。保修期限内的维修费用(包括公共部位的维修费用)由经营者承担。

"根据本条第一款、第二款规定退房的,遇价格下降时,按原价格退还房款;遇价格上涨时,按同类地段同类商品房标准的新价格退还房款。"

这部地方法规以法律的形式明确了"严重影响正常居住使用"的情形,值得肯定。笔者希望最高人民法院能尽快解释、界定"严重影响正常居住使用"的法定情形,以便于全国统一裁判尺度。

3. 在保修期内房屋质量有问题,如何处理?

[问题的提出]

新房交付后,发现房屋质量有问题并且因此遭受了财产损失。在这种情况下,房屋买受人应当向谁主张权利,是开发商还是物业管理公司?向开发商主张权利时往往会遭遇推卸责任的问题,他们会认为是买受人的原因(尤其是经过买受人装修过的)导致的。主张权利时如何举证?

[参考案例]

案例 6-5 北京山天置业有限公司上诉王某等商品房销售合同纠纷案[①]

2009 年 9 月 30 日,北京山天置业有限公司(以下简称山天置业公司)与王某签订商品房预售合同,约定山天置业公司将位于怀柔区某处房屋(以下简称诉争房屋)出售给王某,并于 2010 年 3 月交付使用,王某依约交纳了房款。2011 年 7 月 9 日,诉争房屋登记于王某名下,房屋坐落为怀柔区某处 48 号楼 1 至 2 层全部。2011 年雨季诉争房屋地下室发生漏水。王某与山天置业公司、鼎泽物业公司多次协商未果。

王某于 2014 年 1 月 6 日向北京市怀柔区人民法院起诉,请求:(1)判令山天置业公司、鼎泽物业公司立即修复王某所居住房屋地下室的整体室外防水;(2)判令山天置业公司、鼎泽物业公司立即赔偿王某因地下室漏水造成的装修损失及受损的家具的经济损失,以评估结论为准共计 24.8 万元;(3)要求山天置业公司、鼎泽物业公司赔偿没有进行评估的鱼缸损失及家庭影院损失,共计 13.68 万元;(4)要求山天置业公司、鼎泽物业公司赔偿地下室漏水影响王某正常生活造成的精神损失 11 万元。

案件审理过程中,因双方对诉争房屋地下室渗漏水的原因争议较大,一审法院依法委托国家建筑工程质量监督检验中心司法鉴定所对本案进行司法鉴定。2015 年 6 月 30 日,该鉴定机构出具鉴定检验报告书,鉴定意见为:(1)地下室局部地面以上的墙面有渗漏水留下的痕迹,设备间及卫生间外过道处墙面严重发霉、潮湿。(2)房屋地下室外墙防水层外侧有 50 毫米厚聚苯板保护层,防水层采用 3 毫米厚 SBS 改性沥青防水卷材两层做法,防水卷材收头高出地坪且进行了密封处理。暗散水位于地坪下方约 400 毫米处,散水下的填土层内夹杂有建筑垃圾、石头等杂物,建筑周边的填土层不符合设计和《地下工程防水技术规范》(GB50108-2001)的相关规定要求。(3)加建建筑的工字钢柱位于墙体外侧,未与墙体接触。工字钢柱的

---

① 参见北京市第三中级人民法院(2016)京 03 民终 9571 号民事判决书。

底部有混凝土基座,浇筑在防水卷材聚苯板保护层的外侧,工字钢柱及水泥基座与房屋地下室外墙体没有接触和连接。

综上,检查结果表明:在靠原建筑外墙加建建筑的工字钢柱与地下室外墙防水层存在一定间距,没有发现有破坏地下室外墙防水层的迹象,该房屋地下室的渗漏水与房屋加建没有关联。暗散水下方局部区域聚苯板保护层破损、回填土内夹杂建筑垃圾、石头等杂物,存在防水工程施工缺陷。经质证,王某对该鉴定结论认可,山天置业公司、鼎泽物业公司提出如下异议:(1)鉴定结论不完整,未能明确具体的地下室漏水原因,应予补正;(2)鉴定报告中存在与事实不符的认定和与相关规范不符的认定,应予解释。针对山天置业公司、鼎泽物业公司的异议,国家建筑工程质量监督检验中心司法鉴定所于2015年9月21日出具回函,答复如下:"1.关于鉴定内容的问题:……据在场人员介绍,项目的争议点在于原防水工程质量是否合格及王某后期加建时是否对原有防水进行了破坏。根据勘验情况本所编制了鉴定方案,写明鉴定内容。直到进场开展正式鉴定时,本所未收到当事各方关于鉴定方案异议的函件……管道改造及使用等是否会导致渗漏水本所不能鉴定,因此未列入鉴定方案。2.关于后期加建是否对原有防水造成破坏的问题:……现场打开检查发现工字钢柱有底部的水泥基座支撑,水泥基座浇筑在地下室外墙聚苯板保护层外侧,与防水层无连接。现场检查未发现工字钢柱与外墙用膨胀螺栓连接。3.关于回填土及问题:本所检查位置3打开区域(西墙、非加建区域)发现散水下的聚苯板保护层已局部破损,回填土层内夹杂有建筑垃圾、石头等杂物,不符合采用2:8灰土回填的设计要求,也不符合《地下工程防水技术规范》(GB50108-2001)'工程周围800毫米以内宜用灰土、粘土或亚粘土回填,其中不得含有石块、碎砖、灰渣及有机杂物,也不得有冻土'的规定。"山天置业公司预付鉴定费6万元。

另查明,本案在审理过程中,因双方对漏水导致的财产损失金额争议较大,一审法院依法委托北京联首资产评估事务所有限公司对本案的财产损失金额进行评估。该评估机构经现场勘查,对诉争房屋内地下室的影音区、休闲区、客房、走廊、保姆间、棋牌室、储物间、楼梯间等的地面、墙面、踢脚线、垭口、木门等的损失情况进行评估,并于2016年2月4日出具资产评估报告,载明:经评定估算,委托资产在评估基准日2015年12月4日的评估结论为19.87万元,其中异议项部分53 785元。异议项均为评估范围内的地面地砖项目,因返潮列入评估范围,但山天置业公司、鼎泽物业公司认为地砖没有损坏,不同意赔偿。经质证,王某提出室内水、暖、电、音响以及室内土建部分未纳入评估范围,属于漏项,并要求评估机构补充评估。山天置业公司、鼎泽物业公司对评估结论的真实性无异议。针对王某的异议,北京联首资产评估事务所有限公司于2016年6月8日出具补充意见函,对补充项目进行评估,评估结论为:经评定估算,补充项目价值在评估基准日的评估结论为4.93万元。具体包括:酒柜含吧台(重铺地暖、需拆除)、墙面壁纸(明显返潮、霉变)、墙面防水、地暖、水电。经质证,王某对补充评估结论真实性无异议,但提出鱼缸损失与家庭影院损失未列入评估范围,并坚持要求赔偿。对此王某补充提供购买鱼缸收据一张及家庭影院发票一张,用以证明上述财产的损失金额。山天置业公司、鼎泽物业公司对补充评估结论的真实性没有异议,但对补充评估的所有项目都不同意赔偿。山天置业公司、鼎泽物业公司称地暖、水电及酒柜、吧台不存在任何损坏;墙面损失同意修复,但不同意按照重置成新的价值赔偿;墙面防水也不同意赔偿。对于王某补充提供的证据,山天置业公司、鼎泽物业公司对发票的真实性认可,对收据的真实性不认可,对该二项损失均不同意赔偿。经一审法院询问,王某称鱼缸尚未拆除,但系与地面连接安装,故重新铺设地砖时势必发生损坏;家庭影院目前能够播放,但效果不如从前,故要求赔偿。

此外,庭审中,经一审法院询问,王某称要求鼎泽物业公司与山天置业公司承担连带责任,理由为山天置业公司对诉争房屋负有维修义务。对此王某提供"住宅质量保证书"予以佐证,其中第9条第1款载明:"我公司(即山天置业公司)已委托鼎泽物业公司对小区物业进行管理和服务,房屋因质量问题而产生安全隐患并影响正常使用时,业主应及时以书面方式通知物业管理公司,由物业公司与保修责任人联系,确认属于保修范围并在保修期限内之后,由保修责任人进行维修。"山天置业公司、鼎泽物业公司对该证据的真实性没有异议。

一审法院认为:王某与山天置业公司签订的商品房预售合同是双方当事人真实的意思表示,不违反法律法规的强制性规定,合法有效。双方均应按照合同约定全面履行各自的义务。王某依约向山天置业公司交纳房款,山天置业公司应当将质量合格的房屋交付给王某。按照法律规定,交付使用的房屋存在质量问题,在保修期内,出卖人应当承担修复责任。根据本案已查明的事实结合鉴定结论可以认定,山天置业公司所交付房屋存在防水工程施工缺陷,对此山天置业公司应当承担修复责任。王某要求山天置业公司对诉争房屋室外防水予以修复的诉讼请求于法有据,一审法院予以支持。按照法律规定,"当事人一方不履行合同义务或者履行合同义务不符合约定的,在履行义务或者采取补救措施后,对方还有其他损失的,应当赔偿损失。"本案诉争房屋因防水工程施工缺陷造成王某室内装修、家具等财产损失,山天置业公司应当对此承担赔偿责任。王某要求山天置业公司赔偿损失的诉讼请求亦于法有据,一审法院亦予以支持。具体损失赔偿金额,一审法院对评估报告中无争议项目的损失金额予以确认;对于争议项目地砖损失及补充评估项目,考虑到上述损失均系王某进行室内重新装修时必然发生的损失,故一审法院将上述损失纳入赔偿范围;对于王某主张的家庭影院损失及鱼缸损失,因王某认可家庭影院尚能播放,仅效果不如从前,鱼缸系地砖拆除过程中有可能造成的损失,而王某仅提供购买票据对上述损失予以佐证,故一审法院认定王某的现有证据不足证明上述损失的现实存在或实际发生,亦不能证明上述损失实际发生后的具体金额,故一审法院对上述损失的赔偿请求不予支持。王某可待证据充分后或损失实际发生后另案主张权利。对于王某主张精神损失费的诉讼请求,因当事人一方违约的损失赔偿范围为违约造成的损失,包括合同履行后的可得利益损失,但不包括精神损失赔偿,故王某该项主张依据不足,一审法院不予支持。对于王某要求鼎泽物业公司承担连带责任的诉讼请求,因王某与鼎泽物业公司之间的法律关系为物业服务合同关系,鼎泽物业公司作为物业服务提供者无须对山天置业公司所出售房屋的承担质量担保责任,故王某要求鼎泽物业公司对诉争房屋的修复及损失赔偿承担连带责任的诉讼请求依据不足,一审法院不予支持。

北京市怀柔区人民法院判决:(1)北京山天置业有限公司于判决生效后一个月内将诉争房屋的室外防水予以修复;(2)北京山天置业有限公司于判决生效后15日内赔偿王某财产损失24.8万元;(3)驳回王某的其他诉讼请求。

山天置业公司不服一审判决,向北京市第三中级人民法院提起上诉。

该院二审期间,当事人围绕上诉请求依法提交了证据。该院组织当事人进行了证据交换和质证。对当事人二审争议的事实,该院认定如下:

1. 山天置业公司提交"防水维修施工安全说明"作为二审新证据。该说明系江苏江都某公司于2016年7月26日于出具,该说明要求业主(即王某)拆除自建以便维修。综合该说明内容,其提出不能维修主要理由为需开挖查看、开挖维修面积大、深及加固难度大、费用高等三点。山天置业公司拟提交该证据证明本案外墙防水工程维修存在阻碍。王某对上述说明不予认可。该院认为该说明上加盖江苏江都某公司公章,属证人证言。江苏江都某公司作为证人,未派员出庭作证,本院对此证据不予采纳。

2. 山天置业公司提交照片 19 张作为二审新证据。山天置业供公司提交的照片不能表明拍摄时间、拍摄地点，鉴于王某对此证据亦不认可，该院对此证据的关联性不予认定。

北京市第三中级人民法院认为，本案存在两个争议焦点：第一，山天置业公司应否承担修缮义务；第二，室外防水工程与财产损失之间是否存在关联。

针对第一个争议焦点，该院认为：山天置业公司与王某之间的商品房预售合同系双方真实意思表示，且不违反法律、行政法规的强制性规定，系有效合同。山天置业公司应按照合同向王某交付符合质量标准的房屋。现经司法鉴定，山天置业公司交付之房屋存在防水工程施工缺陷。山天置业公司对其已交付房屋的施工缺陷负有维修义务。现山天置业公司以其履行维修义务存在障碍为由提出上诉。山天置业公司之证据尚不能证明确实存在足以导致不能履行维修义务之障碍。山天置业公司此项上诉意见缺乏事实及法律依据。该院对山天置业公司此项上诉意见不予采纳。

针对第二个争议焦点，该院认为：一审期间，各方均要求对渗漏原因进行鉴定。一审法院亦委托鉴定机构对渗漏原因进行鉴定。鉴定过程中，鉴定机构确定了鉴定方案，且当事人各方亦参与并配合鉴定工作。山天置业公司在鉴定过程中并未提出异议。鉴定结论作出后，针对山天置业公司提出的异议，鉴定机构亦已进行说明。现山天置业公司未能提供证据证明本案符合法律规定的重新鉴定之条件，故本院对山天置业公司关于本案需重新鉴定之上诉意见不予采纳。本案之鉴定结论，系依据一审法院委托作出，已对渗漏原因作出结论，与因此受到的损失存在直接因果关系。山天置业公司对鉴定结论与损失之因果关系提出之异议，该院亦不予采纳。

北京市第三中级人民法院判决：驳回上诉，维持原判。

案例 6-6　宜兴恒东房地产开发有限公司与徐某某等商品房销售合同纠纷上诉案①

2012 年 7 月 12 日，徐某某购买宜兴恒东房地产开发有限公司（以下简称恒东

---

① 参见江苏省无锡市中级人民法院（2016）苏 02 民终 4813 号民事判决书。

公司)开发的 ×× 花园 5 幢 907 室的房屋,恒东公司于 2013 年 12 月份交付房屋,2014 年 3 月份,宜兴美家居装饰管理有限公司(以下简称美家居公司)进场对该房屋进行装饰装修,装修完毕后,徐某某家人开始入住。2015 年上半年发现屋内墙壁渗水,墙纸处有水迹发霉状,后与与恒东公司、美家居公司协商修复,但因无法确认渗水原因,美家居公司称无法通过装修解决。

因徐某某、恒东公司、美家居公司无法自行确认渗水原因,徐某某诉至宜兴市人民法院,请求:(1)判令恒东公司、美家居公司为其修复受潮房屋并赔偿损失 1 万元,如不能修复则要求解除商品房买卖合同并退款。(2)本案诉讼费由恒东公司、美家居公司承担。后徐某某变更诉讼请求:请求恒东公司、美家居公司按照鉴定机构出具的修复方案对其房屋进行修复,如不能修复,相应的损失其另行主张。

审理过程中,徐某某申请对涉案房屋渗水原因及修复方案进行鉴定。后一审法院依法委托东南建设工程安全鉴定有限公司对徐某某的申请事项进行鉴定。该公司于 2016 年 8 月 24 日对涉案房屋进行现场检查,并于 2016 年 9 月 14 日出具鉴定报告,漏水原因分析载明:根据现场检查结果分析,厨房排水立管与楼上弯管连接处出现漏水,污水顺着排水立管壁流至管道根部,并从厨房地砖层下部粘接层或楼面渗入到其余房间地面内,最终造成房屋墙面根部的饰面出现霉变、起泡等现象。出具了相应的修复方案。

一审中,恒东公司提供 ×× 花园小区内其他房屋的落水管三通处照片,证明涉案房屋三通处漏水与正常的三通处不符,认为涉案房屋落水管三通处漏水系交房后造成。徐某某对照片无异议,但对证明目的表示不清楚。

为确认现状,一审法院于 2016 年 10 月 26 日对涉案房屋漏水处进行了现场查看,并拍摄照片一组。勘察情况为:厨房吊顶上部落水管三通接口处有明显渗水痕迹,水贴着管壁流至管道根部。三通接口处有霉变及玻璃胶痕迹,保温层已被铲除。对于勘察情况及照片各方当事人均无异议。

一审法院认为,恒东公司交付使用的房屋存在质量问题,在保修期内,出卖人应承担修复责任。出卖人拒绝修复或者在合理期限内拖延修复的,买受人可以自行或者委托他人修复,修复费用及修复期间内造成的损失由出卖人承担。本案中,涉案房屋因厨房西北角排水立管顶部与楼上排水管弯连处(即前文所述三通处)出现漏水,导致房屋墙面根部饰面层出现霉变、起泡等现象。但排水管三通处漏水双方均不认可是自己的责任,根据现状来看,是施工时分水管与落水管接口处密封不严造成,出卖人即恒东公司应对此承担责任。恒东公司提供的其他房屋三通处现状的照片的证明效力不具有排他性,其公司认为系交付房屋后造成的落水管漏水无事实依据,恒东公司应承担修复的责任。如恒东公司不能及时修复,徐某某可按照法律规定另行主张权利。

宜兴市人民法院判决:(1)恒东公司于判决发生法律效力之日起30日内按照东南建设工程安全鉴定有限公司出具的鉴定报告第六部分所确认的修复方案将××花园5幢907室因漏水造成的室内装修损坏及漏水的管道修复完毕,且修复必须符合合同约定及国家规定的质量标准。(2)驳回徐某某对美家居公司的诉讼请求。一审案件受理费减半收取25元,鉴定费21 000元,合计21 025元,由恒东公司负担。该款已由徐某某垫付,恒东公司于判决发生法律效力之日起十日内将该款直接支付给徐某某。

恒东公司不服一审判决,向江苏省无锡市中级人民法院提起上诉。

二审经审理,对一审查明的事实予以确认。该院认为,《建筑法》第62条规定,建筑工程实行质量保修制度,其中电气管线、上下水管线的安装工程等均属于保修范围,保修的期限应当按照保证建筑物合理寿命年限内正常使用,维护使用者合法权益的原则确定,具体的保修范围和最低保修期限由国务院规定。而《房屋建筑工程质量保修办法》第7条则对在正常使用条件下,房屋建筑工程的最低保修期限进行了规定,其中电气管线、给排水管道、设备安装为2年。而房屋所存在的内在质量缺陷和瑕疵,可能经过一定时期才能显露出来。就涉案房屋的排水管而言,排水管并不存在明显的破损、破裂情形,同时渗漏水情况也不是十分明显,只是经过较长时间的使用累积产生了相应损害后果,因此,恒东公司并不能因为房屋已交付就豁免其保修义务。目前涉案房屋的排水管在合理使用年限内出现渗漏水现象,在无证据证明系其他原因造成的情况下,渗漏水现象本身即证明排水管存在质量瑕疵。恒东公司主张排水管出现渗漏水是其他原因造成,对此应提供证据加以证明。因此,涉案房屋的排水管出现渗漏水现象属于质量瑕疵,对于这种在保修期限内发生的属于保修范围内的质量问题,恒东公司应当履行保修义务,并对造成的损失承担赔偿责任。

江苏省无锡市中级人民法院判决:驳回上诉,维持原判。

[法理评析]

1.房屋建筑工程的最低保修期限及保修范围

(1)保修期限及范围。《房屋建筑工程质量保修办法》第7条规定:"在正常使

用条件下,房屋建筑工程的最低保修期限为:

(一)地基基础工程和主体结构工程,为设计文件规定的该工程的合理使用年限;

(二)屋面防水工程、有防水要求的卫生间、房间和外墙面的防渗漏,为5年;

(三)供热与供冷系统,为2个采暖期、供冷期;

(四)电气管线、给排水管道、设备安装为2年;

(五)装修工程为2年。

其他项目的保修期限由建设单位和施工单位约定。"

(2)保修期限的起算点根据《房屋建筑工程质量保修办法》第8条规定:"房屋建筑工程保修期从工程竣工验收合格之日起计算。"

(3)质量缺陷的免责事项根据《房屋建筑工程质量保修办法》第17条规定:"下列情况不属于本办法规定的保修范围:

(一)因使用不当或者第三方造成的质量缺陷;

(二)不可抗力造成的质量缺陷。"

关于保修及质量缺陷的概念,《房屋建筑工程质量保修办法》第3条规定:"本办法所称房屋建筑工程质量保修,是指对房屋建筑工程竣工验收后在保修期限内出现的质量缺陷,予以修复。

"本办法所称质量缺陷,是指房屋建筑工程的质量不符合工程建设强制性标准以及合同的约定。"

2. 开发商对售后商品房在保修期内承担质量保证责任的法律依据

(1)《城市房地产开发经营管理条例》第30条规定:"房地产开发企业应当在商品房交付使用时,向购买人提供住宅质量保证书和住宅使用说明书。"

"住宅质量保证书应当列明工程质量监督单位核验的质量等级、保修范围、保修期和保修单位等内容。房地产开发企业应当按照住宅质量保证书的约定,承担商品房保修责任。

"保修期内,因房地产开发企业对商品房进行维修,致使房屋原使用功能受到影响,给购买人造成损失的,应当依法承担赔偿责任。"

第16条第2款规定:"房地产开发企业应当对其开发建设的房地产开发项目的质量承担责任。"

(2)建设部《房屋建筑工程质量保修办法》第14条规定:"在保修期内,因房屋建筑工程质量缺陷造成房屋所有人、使用人或者第三方人身、财产损害的,房屋所有人、使用人或者第三方可以向建设单位提出赔偿要求。建设单位向造成房屋建筑工程质量缺陷的责任方追偿。"

3. 证明责任

买受人以房屋质量存在质量缺陷为诉讼理由,要求开发商承担修理和赔偿责任。买受人有义务为自己的主张承担证明责任。买受人要提供证据证明房屋建筑工程的质量不符合工程建设强制性标准以及合同的约定。这种证明标准要求很高,买受人自己是无法完成的。实践中的做法是,买受人向法院申请鉴定,由专业的鉴定机构出具证明。

案例6-5中,原告王某申请北京市怀柔区人民法院,委托国家建筑工程质量监督检验中心司法鉴定所进行司法鉴定。鉴定结论认定,山天置业公司所交付房屋存在防水工程施工缺陷。

案例6-6中,原告徐某某因屋内墙壁渗水,墙纸处有水迹发霉状,向江苏省宜兴市人民法院起诉。徐某某申请对涉案房屋渗水原因及修复方案进行鉴定,一审法院委托东南建设工程安全鉴定有限公司进行鉴定。鉴定结果表明房屋防水方面存在缺陷。

根据鉴定机构出具的鉴定结论,有关法院都基本支持了原告的诉讼请求。

4. 商品房室内空气质量不达标,买受人应如何处理?

[问题的提出]

作为商品房的出卖方,开发商应当按照法律规定和合同约定向买受人交付质量合格的房屋。在开发商交付的标的物为精装修房的情况下,由于各种原因,有时会出现室内空气质量不达标的情况。表现为室内有刺鼻气味等。这种室内环境污染的存在,危害了买受人的身体健康。作为新房的买受人,该如何处理这个问题呢?

[参考案例]

案例6-7 吕某某与重庆东方豪富房地产开发有限公司房屋买卖合同纠纷案①

2013年10月24日,吕某某与重庆东方豪富房地产开发有限公司(以下简称东方豪富公司)签订了"商品房认购书",约定吕某某购买东方豪富公司出售的××项目××号房屋,套内面积148.73平方米,总价款为1 458 744元,付款方式为定金50 000元于签订本认购书时付清,剩余房款于2013年10月30日前付清,吕某某应在本协议书签订后7日内(2013年10月30日)到售楼处签署商品房买卖合同及补充协议等有关文件;按时签约享受付款人方式优惠:一次性8.4折。

该认购物业为××号楼装修房,作为样板间对外开放。

认购方除付房款外,另需支付装修款项,装修款为574 655元,装修款不进入"重庆市商品房买卖合同",装修款由东方豪富公司向吕某某开具收据,交房时间为吕某某付清所有房款当天,交房标准为以现状交付。签订认购书后,吕某某向东方豪富公司支付装修款574 655元、代收费50 755元。

2013年10月25日,吕某某(合同中称"乙方(买方)")与东方豪富公司(合同中称"甲方(卖方)")签订了"重庆市商品房买卖合同"及"补充协议",约定吕某某购买东方豪富公司开发的位于重庆市渝中区中山四路××号(项目名称为××)房屋,套内建筑面积为148.73平方米,总价款为1 225 345元,吕某某在签订合同当天一次性付清全部房款。

合同第9条"甲方逾期交房的违约责任"约定:除本合同第7条约定的遭遇不可抗力情况外,甲方如未按合同约定的期限将该商品房交付乙方使用,按照下列第一种方式处理:"……(1)逾期在30日内,自本合同第七条约定的最后交付期限的第二天起至实际交付之日止,甲方按日向乙方支付已付房价款万分之二的违约金,并于该商品房实际交付之日起30内向乙方支付违约金,合同继续履行;逾期超过30日后,……乙方要求继续履行合同的,合同继续履行,自本合同第七条约定的最后交付期限的第二天起至实际交付之日止,甲方按日向乙方支付已付房款万

---

① 参见重庆市渝中区人民法院(2015)中区法民初字第00181号民事判决书。

分之三的违约金,并于该商品房实际交付之日起 30 日内向乙方支付。"

合同第 16 条约定,该房屋属系装修房的,装修标准还应符合双方约定(附件四)的约定,达不到约定标准的,乙方有权要求甲方修复或更换;合同附件四内容为空白。

补充协议第 10 条约定,甲方交付的房屋存在主体结构之外的其他质量问题的甲方应按照国家和本市有关工程质量规范和标准在保修期内负责修复,如发生检测费用,则只有在甲方拒绝维修的情况下由甲方负责。

若房屋、装饰设备不符合约定,或存在质量问题,甲方应依约承担相应的整改或补偿责任,但前述事项不属于乙方可拒绝接受房屋的双方约定的"正当理由"。

补充协议第 11 条约定,甲方应按照"重庆市新建商品房屋质量保证书"承诺的保修范围、保修期限及国家、地方有关部门规定的维修方式承担相应的保修责任,但出现下列情形之一的,甲方将不承担保修责任:"……(5)在发生需维修的事宜后,经甲方书面催告,乙方无正当理由不及时配合甲方整改和提供必要的方便,导致甲方整改行为无法及时实施和完成。"

合同还对双方其他权利义务进行了约定。

签订合同当天,吕某某按照约定支付了房屋价款,同时东方豪富公司向吕某某交付了房屋。

2014 年 11 月 28 日,吕某某称涉案房屋室内空气质量存在问题,向重庆市渝中区人民法院起诉,要求东方豪富公司退还其支付的装修款 574 655 元。

审理过程中,吕某某申请对涉案房屋的室内空气中的氡、甲醛、苯、氨、TVOC 等指标进行司法鉴定,本院委托重庆市建设工程质量检验测试中心对涉案房屋室内空气质量进行检测。

重庆市建设工程质量检验测试中心经过检测后于 2015 年 8 月 26 日出具了《司法鉴定检验报告书》。鉴定结论为:涉案房屋室内空气质量未达到《民用建筑工程室内环境污染控制规范》(GB50325-2010)(2013 版)规定的 I 类民用建筑工程的要求,不合格。

2015 年 10 月 15 日,吕某某申请将要求被告退还装修款 574 655 元的诉讼请求变更为:(1)要求被告对涉案房屋继续整改,整改至该房屋内的空气质量达到《民用建筑工程室内环境污染控制规范》(GB50325-2010)规定的 I 类民用建筑工程的要求;(2)要求被告参照逾期交房违约金的标准赔偿其房屋空置损失费。

东方豪富公司当庭表示愿意对涉案房屋室内空气质量进行整改,吕某某表示接受整改。嗣后,东方豪富公司对涉案房屋室内空气质量进行整改后,自行委托中国人民解放军后勤工程检测中心对涉案房屋空气中氡、甲醛、苯、氨、TVOC 等指标进行检测。2015 年 11 月 2 日出具检测报告,检测结果为:涉案房屋所检项目均符合《民用建筑工程室内环境污染控制规范》(GB50325-2010)中 I 类民用建筑规定的技术要求,检测的指标均合格。

原告对中国人民解放军后勤工程检测中心出具的检测报告的真实性予以认可,但认为东方豪富公司应当继续整改,并明确表示不对涉案房屋的空置损失申请司法鉴定。

另查明,涉案房屋所在同地段同类房屋的月租金价格为 3 500 元至 4 000 元。

该院认为,本案中,原、被告双方签订的"重庆市商品房买卖合同"及"补充协议"系双方在平等自愿的基础上签订的,是双方当事人的真实意思表示,且内容并未违反法律、行政法规的强制性规定,合法有效,应受法律保护,原、被告双方应当按照合同约定全面履行自己的义务。原告购买被告出售的已经装修的样板房,原告按照约定付清了房款,被告应当向原告交付符合质量的房屋。在案件审理过程中,经当事人申请,法院委托司法鉴定机构对涉案房屋室内空气质量进行了司法鉴定,鉴定结论为室内空气质量不合格。根据合同约定,应当认为被告交付的房屋存在"主体结构之外的其他质量问题",被告具有整改、修复的义务,故被告应当对涉案房屋负责整改。经原告同意,被告对涉案房屋进行了整改。经检测,涉案房屋室内空气质量检测结果为合格,符合《民用建筑工程室内环境污染物控制规范》(GB50325-2010),原告对该检测报告的真实性也予以了认可,但认为该房屋仍需继续整改,却又未提出正当理由或应当继续整改的依据,故原告要求被告对涉案房屋继续整改的要求,没有正当理由,不予支持。

关于原告要求被告支付房屋空置损失的诉讼请求。本案中,被告于 2013 年 10 月 25 日向原告交付涉案房屋,由于该房屋为已经装修的样板间,原告在房款之外另行向被告支付了装修款 574 655 元,被告应当按照法律规定和合同约定向原告交付质量合格的房屋。经司法鉴定涉案房屋室内空气质量为不合格,被告应当就涉案房屋室内空气质量不达标导致原告房屋空置损失承担责任。经原告同意,被告对涉案房屋室内空气质量进行了整改,2015 年 11 月 2 日,中国人民解放军后勤工程检测中心出具了检测指标合格的检测报告。

原告要求被告参照逾期交房违约金的标准赔偿其房屋空置损失,并无相应依据,原告也未举示证据证明其空置损失的具体金额,但由于房屋室内空气质量不合格,对其居住使用存在影响,应当认为房屋空置损失确实存在。结合本案实际情况,该院参照同地段同类房屋的租金(3 500 元～4 000 元/月),酌情认定被告应当支付原告 2013 年 10 月 25 日至 2015 年 11 月 2 日期间的房屋空置损失 84 000 元(3 500元/月 ×24 个月)。

重庆市渝中区人民法院判决:

(1)被告重庆东方豪富房地产开发有限公司于本判决生效后立即支付原告吕某某房屋空置损失 84 000 元;

(2)驳回原告吕某某的其他诉讼请求。

本案案件受理费 9 547 元,其中原告吕某某承担 8 152 元,被告重庆东方豪富房地产开发有限公司承担 1 395 元,鉴定费 20 000 元由被告重庆东方豪富房地产开发有限公司负担。

一审判决后,在法定的上诉期内,原、被告均未提出上诉。

案例 6-8　王某某诉北京金地惠达房地产开发有限公司商品房预售合同纠纷一案[①]

2014 年 7 月 2 日,原告王某某(买受人)与被告北京金地惠达房地产开发有限公司(出卖人)签订"北京市商品房预售合同"。合同约定:原告购买被告开发建设的位于北京市房山区长阳镇房山线理工大学站 3 号地及 5 号地局部地块 10-04-15地块 3# 公建楼 × 层 × 号房屋,该房屋预测建筑面积为 43.88 平方米,套内建筑面积单价为每平方米 31 608.65 元,房屋总价款为 961 219 元,被告应该在 2015 年 9月 30 日前向买受人交付该房屋。

该合同对商品房质量、装饰、设备标准约定,该商品房室内空气质量经检测不符合国家标准的,自该商品房交付之日起 60 日内(该时限应当不低于 60 日),买受人有权退房。

该商品房预售合同对双方其他权利义务同时进行了约定。

原、被告双方签订合同后,原告向被告交纳了房款 961 219 元、印花税 481 元、有线电视初装费 360 元、公共维修基金 4 409 元、面积补差款 3 477 元。被告于2015 年 9 月 18 日向原告交付了涉案房屋。

---

① 参见北京市房山区人民法院(2015)房民初字第 15409 号民事判决书。

原告在验房时发现涉案房屋装修质量未达标，有刺鼻气味的问题，因此提出退房，但被告以涉案房屋符合合同约定及法律规定为由拒绝退房。

王某某向北京市房山区人民法院起诉，请求：（1）解除原告与被告签订的"北京市商品房预售合同"，双方办理网签等注销手续；（2）被告返还原告所交纳的房款961 219元、印花税481元、有线电视初装费360元、公共维修基金4 409元、面积补差款3 477元；（3）被告偿付原告房款的利息损失共计8.5万元；（4）原告于2016年5月1日前将涉案房屋腾空交给被告；（5）判令被告承担本案诉讼费。

诉讼中，原告与被告表示双方于2015年12月25日到涉案房屋进行了检测，该房屋室内空气质量经双方共同检测确认不符合国家标准。

北京市房山区人民法院认为：原告王某某与被告金地惠达公司签订的商品房预售合同系双方当事人真实意思表示，合同内容并不违反法律法规的强制性规定，合同内容合法有效。现涉案房屋经双方确认存在空气质量不符合国家标准的问题，且被告同意解除双方的商品房预售合同及原告的其他诉讼请求，对此该院不持异议。据此，对于原告的全部诉讼请求，该院予以支持。

北京市房山区人民法院判决：

（1）解除原告王某某与被告北京金地惠达房地产开发有限公司签订的"北京市商品房预售合同"，并于本判决生效之日起十日内共同办理"北京市商品房预售合同"注销手续；

（2）被告北京金地惠达房地产开发有限公司于本判决生效之日起十日内向原告王某某返还购房款961 219元、印花税481元、有线电视初装费360元、公共维修基金4 409元、面积补差款3 477元；

（3）被告北京金地惠达房地产开发有限公司于本判决生效之日起十日内向原告王某某支付利息损失85 000元；

（4）原告于2016年5月1日前将涉案房屋腾退给被告。

一审判决后，在法定的上诉期内，原、被告均未提出上诉。

[法理评析]

1. 评价室内空气质量是否达标的依据为《民用建筑工程室内环境污染物控制规范》（GB50325-2010）

该规范于2010年8月18日由住房和城乡建设部发布。该规范开篇第一条申明：

"为了预防和控制民用建筑工程中建筑材料和装修材料产生的室内环境污染,保障公众健康,维护公共利益,做到技术先进、经济合理,制定本规范。"

该规范第1.0.4条规定:"民用建筑工程根据控制室内环境污染的不同要求,划分为以下两类:

1. Ⅰ类民用建筑工程:住宅、医院、老年建筑、幼儿园、学校教室等民用建筑工程;

2. Ⅱ类民用建筑工程:办公楼、商店、旅馆、文化娱乐场所、书店、图书馆、展览馆、体育馆、公共交通等候室、餐厅、理发店等民用建筑工程。"

双方当事人因为室内空气质量是否达标发生争议,可向法院申请司法鉴定,鉴定机构依据上述规范作出鉴定结论。

2. 商品房室内空气质量不达标,开发商承担民事责任的法律依据

《合同法》第111条规定:"质量不符合约定的,应当按照当事人的约定承担违约责任。对违约责任没有约定或者约定不明确,依照本法第六十一条的规定仍不能确定的,受损害方根据标的的性质以及损失的大小,可以合理选择要求对方承担修理、更换、重作、退货、减少价款或者报酬等违约责任。"

3. 商品房室内空气质量不达标情况下,买受人如何提诉讼请求及注意事项

(1)依据商品房买卖合同的约定,要求解除合同并要求对方赔偿损失。在《商品房买卖(预售)合同示范文本》附件中,有一项关于商品房室内空气质量不达标情况下,双方约定的处理办法。可以约定买受人在一定期间内解除合同并要求对方赔偿损失,也可以约定其他解决办法。如果约定了买受人在一定期间内解除合同并要求对方赔偿损失,买受人务必在约定的期间内行使解除权,否则,解除权消灭。行使解除权的方式,一定要通过书面形式送达给出卖方。

在案例6-8中,买受人就是根据合同附件的约定行使了合同解除权,并得到了一定的赔偿。

(2)要求出卖方支付房屋空置费或者租金损失。出卖方交付商品房时,商品房室内空气质量不达标,属于瑕疵履行合同,应当承担违约责任。《合同法》第107条规定:"当事人一方不履行合同义务或者履行合同义务不符合约定的,应当承担继续履行、采取补救措施或者赔偿损失等违约责任。"

在司法实践中,在双方没有约定的情况下,法院一般采取判决出卖方向买受方支付房屋空置费或者租金损失。案例6-7中,重庆市渝中区人民法院判决出卖方向买受方支付房屋空置费。

下篇　二手房

第七章

预约合同纠纷

1. 预约合同纠纷中定金的处理

[问题的提出]

在二手房买卖中,惯常的做法是:买卖双方签订定金合同或者与房产中介共同签订三方协议等预约合同,约定将来签订正式的房屋买卖合同。由于买卖双方在协商签订房屋买卖合同时,未能就有关主要条款达成一致意见,或者一方反悔,导致无法签订正式的房屋买卖合同,交易无法进行。出现了这类纠纷,不可避免地就会涉及定金的争议。

[参考案例]

案例 7-1　汪某某与李某某房屋买卖合同纠纷上诉案①

涉诉房屋所有权人登记为汪某某,共有情况为单独所有。2017 年 3 月 30 日,汪某某(出售方,甲方)与李某某(购买方,乙方)签订"房屋买卖定金协议",该协议约定,甲方以 618 万元的价格将涉诉房屋出售给乙方,此价格为甲方净得价。乙方在签订本协议时向甲方支付 20 万元作为购买该房屋的定金。甲、乙双方商定,签订本协议后 2 天内准备相关资料并到北京我爱我家房地产经纪有限公司(以下简称我爱我家公司)签订购买该房屋的"北京市存量房屋买卖合同"及"北京市存量

---

① 参见北京市第二中级人民法院(2017)京 02 民终 9019 号民事判决书。

房屋买卖居间服务合同"。在甲乙双方保证按约定的期限签署合同,双方均不得反悔,若乙方反悔未按约定履行,则所付定金作为违约金赔偿甲方;若甲方反悔未按约定履行,则甲方须双倍返还乙方所付定金。

2017年4月5日,汪某某(卖方,甲方)与李某某(买方,乙方)签订"定金补充协议"。该协议约定,买卖双方友好协商一致,约定于2017年4月12日到我爱我家公司签订北京市存量房买卖合同,除约定已签订的北京市存量房买卖合同日期延续至2017年4月13日外,其他约定按照定金协议正常履行。如因甲方原因不能正常签署买卖合同,甲方将退还买方全部定金。

2017年3月30日,李某某向汪某某支付2万元定金。2017年4月1日,李某某向汪某某支付18万元定金。李某某、汪某某至今未签订关于涉诉房屋的买卖合同。涉诉房屋内有案外人的户籍至今未能迁出。

李某某向北京市东城区人民法院起诉,请求判令:(1)解除与汪某某签订的"房屋买卖定金协议""定金补充协议";(2)汪某某退还其全部定金20万元;(3)汪某某支付其利息损失。

诉讼中,一审法院向我爱我家公司的职员王某某进行询问。王某某称其是李某某、汪某某房屋买卖的经纪人,李某某购房时,汪某某告知过李某某涉诉房屋内有户口,但李某某、汪某某没有谈到户口是否能迁出的问题及风险;双方没有签订房屋买卖合同的原因是涉诉房屋内有户口未迁出,房屋买卖合同中格式条款中约定了户口逾期迁出违约金的条款,汪某某不同意该条款,要求删除该条款,李某某要求按该条款执行,双方无法达成一致,所以没有签订房屋买卖合同;如果户口问题能解决的话,李某某是愿意购买涉诉房屋的。

李某某、汪某某均认可该谈话笔录的真实性,但汪某某不认可谈话内容。

一审法院认为,当事人依法享有自愿订立合同的权利。依法成立的合同受法律保护。本案中,李某某与汪某某签订的"房屋买卖定金协议"及"定金补充协议"系双方当事人的真实意思表示,且未违反法律法规的强制性规定,应属有效,双方均应据此履行。现李某某要求解除双方签订的"房屋买卖定金协议"及"定金补充协议",汪某某表示同意,故对李某某的该项诉讼请求,法院予以准许。

根据"定金补充协议"的约定,双方应于2017年4月13日前签订房屋买卖合同,如因汪某某的原因导致不能签署房屋买卖合同的,汪某某应退还李某某全部定金。现双方未能签订房屋买卖合同,原因系双方就房屋买卖合同的主要条款未能达成一致意见。合同遵循双方意思自治的原则,双方未能就房屋买卖合同主要条款达成合意,由双方承担相应的法律后果,不能归责于一方的原因。合同解除后,汪某某理应退还李某某定金 20 万元。故对李某某的该项诉讼请求,法院予以支持。双方未能签订房屋买卖合同非汪某某单方原因,系双方未能就房屋买卖合同达成合意,且合同解除前李某某负有向汪某某支付定金 20 万元的义务,故李某某要求汪某某支付定金利息的诉讼请求,没有事实及法律依据,法院不予支持。

北京市东城区人民法院判决:(1)解除李某某与汪某某签订的"房屋买卖定金协议""定金补充协议";(2)汪某某于判决生效后七日内退还李某某定金 20 万元;(3)驳回李某某的其他诉讼请求。

汪某某不服一审判决,向北京市第二中级人民法院提起上诉。该院认为,根据双方的举证、质证情况以及双方陈述,可以确认,双方之间未签订房屋买卖合同的原因,系因双方就合同条款未达成一致意见,而非因李某某单方不想购买房屋。关于合同应否解除的问题。首先,根据"房屋买卖定金协议"和"定金补充协议"的内容可知,双方订立上述协议的目的是为了签订房屋买卖合同。而根据本案已查明的事实,双方之间因就房屋买卖合同的条款未达成一致意见,故而未签订房屋买卖合同,且在庭审中,双方仍就合同中应否约定户口逾期迁出违约金问题存在分歧,在此情况下,双方显然已无法签订房屋买卖合同。其次,李某某在一审中明确表示,同意解除双方之间签订的"房屋买卖定金协议"和"定金补充协议"。

综上,李某某以双方未就房屋买卖合同的条款达成一致意见要求解除合同,一审法院予以解除,并无不当。关于定金问题,因双方未订立房屋买卖合同并非李某某单方原因所致,不符合上述协议中约定的不退还定金的条件,故一审法院判决汪某某返还李某某定金,亦无不当。

北京市第二中级人民法院判决:驳回上诉,维持原判。

案例 7-2 魏某与陈某房屋买卖合同纠纷上诉案[①]

2015 年 3 月 27 日,魏某(乙方,买方)与陈某(甲方,卖方)签订"房屋买卖定金协议"一份,约定甲方自愿将坐落于苏州 × × 区 × × 小区 × × 幢 601 室的房屋出售给乙方,房屋面积 86.74 平方米,成交价 870 000 元。协议第 3 条约定,乙方于 2015 年 3 月 27 日向甲方支付购房定金人民币 10 000 元,定金最终冲抵房款。第 5

---

① 参见江苏省苏州市中级人民法院(2015)苏中民终字第 05913 号民事判决书。

条约定,甲方向乙方交付房屋的时间为交易完成后 15 天。第 6 条约定,甲乙双方约定本定金协议生效后 20 日内签订市房管局提供的网上存量房买卖契约并办理资金托管手续。第 15 条特别约定,甲方承诺此房屋满五年唯一,且承诺交易完成之前迁出户口,中介费在房产证下来后支付,尾款交房时乙方支付给甲方。苏州市吴中区长桥友佳房产信息咨询服务部作为中介方在协议上盖章,具体经办人邵某签字确认。同日,买方魏某即向陈某支付定金 10 000 元。协议签订后,双方就户口迁出时间节点问题发生分歧,并通过中介或直接进行多次协商沟通,魏某始终坚持陈某在订立网上存量房买卖协议(即"网签")之前将户口从涉案房屋内迁出,但陈某则表示无法在网签之前迁出,至协议约定网签期限届满,双方未能签订网上存量房买卖协议。

2015 年 4 月 15 日,魏某向陈某发出返还定金通知,因陈某未按期迁出户口,要求陈某返还定金 10 000 元。陈某收到该通知后,于 2015 年 4 月 17 日向魏某发出没收定金通知,因魏某以未在网签之前将户口迁出为由拒绝履行协议,现签约期限已到期,定金 10 000 元予以没收。

后双方继续协商无果,买方魏某向苏州市吴中区人民法院起诉,请求法院判令:解除双方签订的房屋买卖定金协议,卖方陈某返还定金 10 000 元。

审理中,陈某同意解除"房屋买卖定金协议",双方一致确定该协议于 2015 年 4 月 17 日正式解除。本案的争议焦点是"房屋买卖定金协议"解除的过错在于魏某还是陈某。买方魏某认为,其在签协议之前和当场都告知陈某,要求在付首付之前即网签并办理资金托管之前必须转出户口,陈某当时表示可以在网签之前迁出户口,但签订协议之后,陈某打电话告知网签之前不一定能转出,其要求陈某明确时间,但陈某无法明确,因为陈某实际上没有在约定网签之日前将户口迁出,其就没有网签。为证明自己的意见,魏某向原审法院提交了其与陈某、房屋中介工作人员邵某之间的电话录音。陈某对魏某提交的录音无异议,但认为该录音不完整,当时其并没有答应魏某在网签之前迁出户口,订立合同时中介提出交易完成之前迁出,双方都同意,因此在协议上如此约定,后来魏某一直强调网签之前不迁户口就不来网签,其就和中介想办法能够满足魏某的要求,通过找关系可以迁出,要花费 5 000 元,当时中介愿意承担,但需要一方垫付,其和魏某都不愿意垫付,就没有谈成。到了网签的时候,魏某未到场。事实上,根据苏州市户籍政策,只有在交易完成后,拿到无房证明,户口才能迁出,魏某的要求不符合正常交易流程,实际也无法迁出。为证明自己的意见,陈某向原审法院提交了其与魏某、中介邵某沟通的录音,并申请证人邵某出庭作证。邵某到庭陈述，其在有佳房产信息咨询服务部工作，具体负责促成双方的房屋买卖交易。

双方签协议之前说过户口问题，签合同时约定的是交易完成之前，交易完成是指所有交易手续结束包括到最后交房，双方确认后才签署的，后来双方一直在户口迁移问题上沟通，魏某始终要求在网签之前将户口迁出，之后也想了一些办法，但被否决了，陈某多次通知其叫魏某签合同，但魏某就没有在约定的时间内来签。按照一般的交易流程，陈某的房屋是在苏州满五年的唯一一套住房，按规定只有在房产证办完之后才能迁出户口。

经质证，魏某对陈某录音的真实性没有异议，对于证人证言未置可否，认为因陈某无法明确具体迁出户口的时间，其才要求退还定金。经原审法院询问，对于协议第 15 条"交易完成"的理解，魏某认为是指在网签和付首付之前；陈某认为是指其收到房款 870 000 元，将房屋交付给魏某。

原审法院认为，房屋买卖合同是出卖人转移房屋所有权于买受人，买受人支付价款的合同。依照一般通常之理解，交易完成应当是指房屋买卖双方订立买卖协议后履行各自的主要义务，即买方支付价款，卖方转移所有权给买方（协助办理产权过户登记手续、交付房屋），而并非如魏某所称指订立网上存量房买卖协议之时。根据"房屋买卖定金协议"的约定，陈某只要在交易完成之前迁出户口就不视为违约，但魏某在协议生效后要求陈某在网签之前迁出户口，属于变更合同的约定，陈某有权拒绝，因为魏某的原因导致双方未能在协议生效后 20 日内即 2015 年 4 月 16 日之前签订网上存量房买卖协议并办理资金托管手续，过错在于魏某。现双方于庭审中一致同意"房屋买卖定金协议"于 2015 年 4 月 17 日解除，原审法院予以确认。

依据法律规定，给付定金的一方不履行约定的债务的，无权要求返还定金。故原审法院对于魏某要求返还定金 10 000 元的诉讼请求不予支持。

苏州市吴中区人民法院判决：（1）魏某与陈某于 2015 年 3 月 27 日签订的"房屋买卖定金协议"于 2015 年 4 月 17 日解除；（2）驳回魏某要求返还定金 10 000 元的诉讼请求。

魏某不服上述民事判决，向江苏省苏州市中级人民法院提出上诉。

该院认为，上诉人要求陈某在网签之前迁出户口，属于单方变更合同约定，陈某有权拒绝。上诉人以户口迁出问题为由拒绝进行网签，不符合定金协议的约定。因上诉人一方的原因导致双方未能订立正式的房屋买卖合同的，应承担相应的法律责任。

江苏省苏州市中级人民法院判决：驳回上诉，维持原判。

[法理评析]

立约定金是指为保证正式签订合同而交付的定金。定金合同（协议）从学理上来说属于预约合同。"所谓预约，或称为预备性契约，是指当事人约定为在将来一定期限内订立合同而达成的允诺或协议。""将来应当订立的合同，称为本约合同，而约定订立本约的合同，称为预约合同。"[①] 在二手房买卖中，预约合同被广泛采用。关于预约合同的理论问题，在本书新房篇"开发商接受立约定金，订约不成定金应如何处理？"中已做过深入探讨，在此不再赘述。

在双方当事人签订定金合同（协议）之后，最终未能签订房屋买卖合同，关于定金的处理办法如下：

1. 由于双方就房屋买卖合同的主要条款未能达成一致意见，未能签订房屋买卖合同，不能归责于一方。解除定金合同（协议）后，出卖方应将定金退还给买受方。

2. 因一方的原因导致双方未能订立正式的房屋买卖合同的，应承担违约责任。

根据《合同法》第 115 条的规定，给付定金的一方不履行约定的债务的，无权要求返还定金；接收定金的一方不履行约定的债务的，应当双倍返还定金。

2. 产权人为多人，其中一人在居间协议上签字，居间协议成立吗？

[问题的提出]

在二手房买卖中，经常会出现这种情况：房子登记在几个人的名下，出卖方卖房时往往由一个人出面与买受人、房产中介签订居间协议或者定金协议。有时候，由于客观情况的变化，出卖方会反悔，借口往往是其他产权人不同意卖房。由于其他产权人没有在居间协议上签字，出卖方会主张合同没有成立，没有生效。上述情况下，居间协议成立吗？

---

① 王利明：《预约合同若干问题研究》，《法商研究》2014 年第 1 期。

[参考案例]

案例 7-3　周某某与莫某某房屋买卖合同纠纷上诉案①

2016 年 5 月 18 日,周某某作为乙方(买受方)与中介方上海 A 有限公司先行签订一份"房地产买卖(含居间)协议",协议甲方(出售方)抬头处写明为:莫某某、莫某 1、康某、宫某、莫某 2。协议内容为:甲、乙双方本着自愿、公平、诚实信用原则,就系争房屋签订协议如下:甲乙双方约定定金总额为 5 万元;房屋权利人为莫某某、莫某 1、康某、宫某、莫某 2;该房地产出售总价为 445 万元;甲方应于乙方付清全部房款当日将该房屋交付给乙方;甲、乙双方约定在 2016 年 8 月 31 日前签订"上海市房地产买卖合同"。协议对于过户期限、房款支付期限等作了约定。周某某先行在此协议的乙方落款处签名。

此后,居间方将上述协议寄送给了莫某某。莫某某于 2016 年 5 月 26 日在协议的甲方落款处签署了其个人的中英文姓名。周某某向中介方支付了 5 万元意向金。

2016 年 5 月 27 日,案外人上海 B 有限公司将 5 万元转至莫某某的银行账户。同日,莫某某出具一份 5 万元房款的收据。

2016 年 7 月 28 日,周某某配偶王某向莫某某的银行账户转入 20 万元购房款。2016 年 8 月 27 日,莫某某及其他产权共有人经协商一致同意将系争房屋出售给案外人计某。

2016 年 9 月 1 日,莫某某将 25 万元购房款全部退至周某某配偶王某的银行账户。2016 年 9 月 9 日,莫某某及系争房屋其余产权人莫某 1、康某、宫某、莫某 2 与案外人计某签订了"上海市房地产买卖合同",约定以 530 万元出售系争房屋。

周某某向上海市闵行区人民法院起诉,请求:(1)解除周某某、莫某某签署的"房地产买卖(含居间)协议"中的买卖条款;(2)莫某某赔偿房屋差价损失 115 万元。

一审法院认为,《合同法》第 32 条规定:"当事人采用合同书形式订立合同的,自双方当事人签字或者盖章时合同成立。"周某某提供的"房地产买卖(含居间)协议"的甲方抬头明确记载为莫某某、莫某 1、康某、宫某、莫某 2,即该五人为协议的

---

① 参见上海市第一中级人民法院(2017)沪 01 民终 6672 号民事判决书。

甲方主体。而在协议落款处仅由莫某某一人签名，其他甲方人员即其余产权人未签名或盖章，也无证据证明其他产权人授权委托莫某某签订此协议，莫某某也未在协议甲方落款处代其他甲方成员签名。因此，"房地产买卖（含居间）协议"欠缺除莫某某以外的其他甲方人员的签名或盖章，此协议未成立，更未生效。解除合同、主张违约责任均以合法有效的合同为前提。周某某提出要求确认"房地产买卖（含居间）协议"中的买卖条款解除并基于协议的违约条款要求莫某某赔偿损失的诉讼请求，但鉴于本案中的"房地产买卖（含居间）协议"并未成立，周某某的主张缺乏法律依据，故法院不予支持。

上海市闵行区人民法院判决：驳回周某某的全部诉讼请求。

周某某不服一审判决，向上海市第一中级人民法院提起上诉。

上海市第一中级人民法院认为，依法成立的合同，对当事人具有法律约束力，当事人应该按照约定履行自己的义务。

关于双方争议的协议成立及生效问题。上诉人周某某就购买系争房屋通过居间方居间与被上诉人莫某某签署一份"房地产买卖（含居间）协议"，被上诉人对其在该份协议上签字没有异议，故双方就房地产买卖达成了一致的意思表示，"房地产买卖（含居间）协议"成立且有效。双方在协议中所设定的权利义务对上诉人与被上诉人产生法律上的约束力。至于该份协议抬头将全部产权人列明的问题，该院认为，这表明了上诉人及居间人对系争房屋的权利状况已作了必要的了解，知晓房屋为五人共有的状态，由于该份协议就所有产权人签字才能生效未作特别约定，故协议抬头将全部产权人名字列入，协议落款处仅被上诉人莫某某一人签字，并不影响该份协议的成立以及协议生效。只是一旦发生合同无法继续履行之情形，上诉人周某某只能向被上诉人莫某某追究违约责任，不能要求其他权利人承担违约责任。一审法院对该份协议认定为未成立及未生效欠妥，该院予以纠正。

关于双方争议的违约责任问题。该院认为，被上诉人在2016年8月27日与其他产权人协商一致将系争房屋出售给案外人，早于双方约定的网签时间，且被上诉人也无证据证明其已通知上诉人并与上诉人协商一致解除该份买卖协议，故上诉人主张被上诉人的行为构成违约，该院可以采信。被上诉人认为系上诉人未按时支付房款导致被上诉人将房屋出售他人，因与查明事实不符，故不予采信。

关于上诉人主张的损失赔偿问题。该院认为，虽然法律对守约方的违约救济规定了两种方式，一种是承担违约责任，另一种是解除合同并赔偿损失。但是，一方面，上诉人并无证据证明被上诉人有权代表全体产权人出售系争房屋，被上诉人在微信中表述的也是其他产权人需要回国办理委托公证,故上诉人应当知晓其他产权人尚未追认被上诉人的签字行为;另一方面,被上诉人回国后也没有提交其他产权人同意出售系争房屋的相关文件,实际上被上诉人的签字效力一直没有得到其他产权人追认。故上诉人在已知及合同对违约责任有约定情况下,主张房屋上涨差价损失,依据不足,不予采信。考虑到双方在该份协议中已就违约方的违约责任作了约定,故对被上诉人的违约责任应在本案中予以判决认定。经查,关于上诉人支付给中介方的 5 万元意向金,因被上诉人在协议上签字后由居间方将该笔 5 万元转至被上诉人的银行账户,虽然在居间方出具的收据上记载该笔 5 万元为房款,被上诉人在收据上签字确认,但是被上诉人在微信中确认收到的 5 万元为定金,且与协议中约定相符,被上诉人在本案审理中也确认收取上诉人 5 万元为定金;根据双方在违约责任条款中约定甲方违约双倍返还乙方支付的定金,被上诉人应承担的违约责任为双倍返还 5 万元定金,被上诉人已退还上诉人定金 5 万元,故被上诉人还需支付上诉人 5 万元。一审对此所作认定欠妥,该院予以重新判决。

上海市第一中级人民法院判决:(1)撤销上海市闵行区人民法院的一审判决;(2)解除周某某与莫某某签署的"房地产买卖(含居间)协议"中的买卖条款;(3)被上诉人莫某某应于本判决生效之日起十日内赔偿上诉人周某某人民币 50 000 元。

案例 7-4 潘某某与徐某某房屋买卖合同纠纷上诉案[①]

2017 年 3 月 12 日,潘某某等四人作为出售方、徐某某作为买受方、无锡顺驰不动产网络有限公司(以下简称顺驰公司)作为居间方签订了"房屋买卖居间合同",约定:房屋坐落为无锡市小娄巷 ×× 室,权利人为潘某某等四人,房屋交易价为 1330 000 元净价;徐某某于 2017 年 3 月 12 日支付 10 000 元作为定金,自动转为房款,3 月 13 日支付 90 000 元,5 月 15 日支付 520 000 元,贷款部分委托顺驰公司办理 700 000 元(商业)贷款等;潘某某于合同签订之日将房屋权属证明交与顺驰公司;买卖双方应于签订本合同之时向顺驰公司支付提供居间服务的佣金;买卖双方任何一方拒绝履行合同或解除合同,均由违约方向另一方支付本合同确认的 10% 作为违约金。合同第 12 条其他约定事宜用下划线特别标注:"该房屋产权共有人为汤某、顾某某、汤某某;买卖双方任何一方拒绝履行合同或解除合同,均由违约方向

---

① 参见江苏省无锡市中级人民法院(2018)苏 02 民终 251 号民事判决书。

另一方支付本合同确认房屋成交价的 20% 作为违约金且违约方承担顺驰公司确认房屋成交价的 3% 的中介佣金;卖方承诺没有适龄学童占用该房屋学区名额,保证该房屋学区名额可用;在出售该房时已经得到共有权人汤某、顾某某、汤某某的同意和委托并能保证到场办理过户面签手续,如产生问题而导致合同无法履行,违约责任由潘某某承担。"合同一式三份,自三方签字、盖章之日起生效。潘某某、徐某某分别在出售方处和买受方处签名,顺驰公司予以签名和盖章。潘某某向顺驰公司提交了上述房屋的房屋所有权证、共有权证和土地使用权证以及汤某、顾某某、汤某某的户口簿、身份证复印件等资料。合同签订当日,徐某某支付了定金 10 000 元,次日,支付了房款 90 000 元,均由潘某某出具了收条。徐某某分二次共向顺驰公司支付了中介费 23 000 元。其后,潘某某以其儿媳顾某某不同意卖房及要涨价等为由,拒绝履行合同。徐某某经多次交涉无果。

徐某某向无锡市梁溪区人民法院起诉,请求:(1)判令潘某某、汤某、顾某某、汤某某四人继续履行"房屋买卖居间合同";(2)判令潘某某、汤某、顾某某、汤某某四人赔偿损失 316 000 元。诉讼中,徐某某撤回对汤某、顾某某、汤某某的起诉,变更诉请为:(1)判令潘某某承担合同约定的违约责任即以房屋总价的 20% 计算的违约金 266 000 元;(2)判令潘某某赔偿徐某某小孩无法上学的损失 50 000 元;(3)判令潘某某返还徐某某支付的房款 100 000 元;(4)判令潘某某赔偿徐某某已经支付的中介费 23 000 元。

诉讼中,徐某某申请撤回对汤某、顾某某、汤某某的起诉,一审法院裁定予以准许。

被告抗辩称:(1)"房屋买卖居间合同"中明确出售方为"潘某某等四人",但落款处仅有潘某某一人签字,说明房屋共有人汤某、顾某某、汤某某不同意出售房屋,即买卖双方并未对签订合同达成一致意见,故合同未成立生效;(2)潘某某从未受汤某、顾某某、汤某某委托出售房屋,也从未向买受人和中介表示过其有权代理其他共有人签订"房屋买卖居间合同",故其无须承担所谓代理责任,相反其自 2017 年 3 月 14 日起就告知中介因其他共有人不同意出售房屋从而合同无法成立的事实。

一审法院认为,关于房屋买卖合同是否成立。《合同法》第 32 条规定:"当事人采用合同书形式订立合同的,自双方当事人签字或者盖章时合同成立。"本案中,徐某某和潘某某作为房屋买卖合同双方均在合同上签字确认,合同即已成立,虽然合同中注明出售方为"潘某某等四人",但潘某某在合同上签名,表明其完全同意合同中约定的条款,至于其他三人签字与否,不影响该合同条款对在合同上签字双方即徐某某与潘某某本人的约束,双方签字后合同即予成立。同时合同中潘某某表示其出售涉案房屋时已经得到共有权人汤某、顾某某、汤某某的同意和委托。《合同法》第 48 条规定:"行为人没有代理权、超越代理权或者代理权终止后以被代理人名义订立的合同,未经被代理人追认,对被代理人不发生效力,由行为人承担责任。"现潘某某签订的合同事后未得到其他共有人的同意和追认,责任亦应由行为人潘某某自己承担。潘某某在合同上签字,事后又收取定金和部分房款,其辩称合同不成立既不符合合同法的规定,又违背了民事活动应当遵循的诚实信用原则,故对其辩称不予采纳。

关于合同效力。《最高人民法院关于审理买卖合同纠纷案件适用法律问题的解释》第 3 条规定:"当事人一方以出卖人在缔约时对标的物没有所有权或者处分权为由主张合同无效的,人民法院不予支持。"潘某某对涉案房屋仅有部分所有权,对其他人共有部分无处分权,但其与徐某某、顺驰公司所签订的"房屋买卖居间合同"系各方当事人真实意思表示,不违反法律、行政法规的强制性规定,合法有效,各方当事人均应按照合同的约定全面履行各自的义务,违约方应当承担违约责任。现因潘某某对房屋无全部处分权且未按约得到其他共有人的同意和追认而导致合同不能履行、物权不能发生变更,应由其承担违约责任。

关于违约金和损失的承担。合同中虽然约定了多种违约金的计算方式,但在合同最后的"其他约定事宜"中对违约金作了"违约方向另一方支付本合同确认房屋成交价的 20% 作为违约金"的约定,又以下划线的方式作了提示,应视为合同各方对违约金计算的特别约定,违约金的计算应以该约定为准。潘某某提出违约金过高,未举证证明,同时根据本地房屋价格趋势看,违约金数额明显未超过因房屋涨价而可能形成的经济损失。故对徐某某要求潘某某承担合同约定房屋总价的 20% 计 266 000 元违约金的诉讼请求,予以支持。而徐某某主张赔偿小孩无法上学的损失 50 000 元,既无法律依据,亦未提供损失依据;要求潘某某赔偿其已经支付的中介费 23 000 元,因违约金系主要用于补偿当事人经济损失的合同救济措施,徐某某未主张亦未举证证明其损失已经超过违约金数额,在违约方已经承担违约金的情况下,该项损失不应重复计算,故对该两项诉讼请求不予支持。

综上,一审法院依照《合同法》第 32 条、第 44 条第 1 款、第 48 条第 1 款、第 60 条第 1 款、第 107 条、第 114 条第 1 款,《最高人民法院关于审理买卖合同纠纷案件适用法律问题的解释》第 3 条之规定,判决如下:(1)潘某某于判决发生法律效力之日起十日内支付徐某某违约金 266 000 元;(2)潘某某于判决发生法律效力之日起十日内返还徐某某房款 100 000 元;(3)驳回徐某某的其他诉讼请求。

潘某某不服一审判决,向江苏省无锡市中级人民法院提起上诉。

江苏省无锡市中级人民法院认为:当事人采用合同书形式订立合同的,自双方当事人签字或者盖章时合同成立;依法成立的合同,自成立时生效。本案中,潘某某、徐某某在"房屋买卖居间合同"上签字,即表明双方对买卖房屋的相关事项达成一致意见,意思表示真实,且不违反法律、行政法规的强制性规定,故"房屋买卖居间合同"依法成立并生效。汤某、顾某某、汤某某未在合同上签字并不影响潘某某在合同上签字的效力,潘某某应按约履行合同义务。涉案房屋系由潘某某挂在中介出售,潘某某系联系人,其还向中介提供了房屋所有权证、共有权证、土地使用权证以及汤某、顾某某、汤某某的户口簿、身份证复印件等资料,并在"房屋买卖居间合同"中约定"在出售该房时已经得到共有权人汤某、顾某某、汤某某的同意和委托并能保证到场办理过户面签手续,如产生问题而导致合同无法履行,违约责任由潘某某承担"的内容,现合同签订后其以其他共有人不同意出售房屋及要涨价为由拒绝履行合同,应承担相应的违约责任。关于违约金,合同第 8 条约定违约金为合同确认价的 10%,而第 12 条"其他约定事宜"中约定以合同确认房屋成交价的 20% 作为违约金,并在该条款下加了下划线,该条款应视为双方对违约金条款的特别约定和最终约定,且根据无锡地区房价上涨情况以及徐某某已支付中介费 23 000 元的事实,房屋成交价的 20% 即 266 000 元并未超出因合同无法履行而对徐某某造成的损失,故一审法院对违约金的认定并无不当。

江苏省无锡市中级人民法院判决:驳回上诉,维持原判。

[法理评析]

1. 产权人为多人其中一人在居间协议上签字,居间协议是否成立并生效问题

《合同法》第 32 条规定:"当事人采用合同书形式订立合同的,自双方当事人签字或者盖章时合同成立。"

《合同法》第 44 条第 1 款规定:"依法成立的合同,自成立时生效。"

买房人与其中一个产权人签署"房地产买卖(含居间)协议",就表明双方就房地产买卖达成了一致的意思表示。双方在协议中所设定的权利、义务对买房人与该产权人产生法律上的约束力。至于协议抬头将全部产权人列明的问题,这表明

了买房人及居间人对系争房屋的权利状况已作了必要的了解,知晓房屋为共有的状态。只是一旦发生合同无法继续履行的情形,买房人只能向该产权人追究违约责任,不能要求其他权利人承担违约责任。通过上述两个案例可以看出,司法机关对此已达成共识。

笔者认为,对于上述问题,通过预约合同的理论比较容易理解和处理。所谓预约,或称为预备性契约,是指当事人约定为在将来一定期限内订立合同而达成的允诺或协议。将来应当订立的合同,称为本约合同,而约定订立本约的合同,称为预约合同。[①]涉案的居间协议本质上就属于预约合同,其目的和作用就是为了以后签订房屋买卖合同。在现实的二手房买卖中,往往由一个产权人出面与买受人、房产中介签订居间协议或者定金协议,尽管房屋的实际产权人为多人。一个产权人和买受人在居间协议上签字,对于该产权人和买受人来说,该居间协议即成立,居间协议的权利、义务即约束该产权人和买受人,只是对于其他产权人不具有约束力。

2. 关于违约责任问题

由于一个产权人和买受人在居间协议上签字,对于该产权人和买受人来说,该居间协议即成立并生效,并且该产权人收受了买受人交付的定金,该产权人就有义务推动其他产权人一起与买受人签订本约合同,即签订房屋买卖合同。由于该产权人没有履行上述义务,构成违约,应当承担违约责任,即双倍返还定金。

如果由于该产权人的违约导致买受人遭受更大损失的,双倍定金不足以弥补损失的,比如案例 7-4 中的情况,法院会判决该产权人赔偿损失。

3. 炒楼花的合同有效吗?

[问题的提出]

炒楼花,是指买家在楼盘未落成之际只交数量很少的订金,订下一套或多套单元,之后转手卖给别人,套取高额订金,从中赚取差价。炒楼花属于期房炒作,以小钱博大钱,在楼市上升期,人们趋之若鹜,是楼市泡沫的主要推手。炒楼花属于舶

___

① 王利明:《预约合同若干问题研究》,《法商研究》2014 年第 1 期。

来品,原为香港楼市用语,因为香港施行期房制度,房屋只要满足预售条件,不需要现房状态便可以发售。期房制度在20世纪80年代末传到了深圳,炒楼花也跟着传进来。那么,炒楼花的合同有效吗?

[**参考案例**]

案例7-5 徐某与曹某某房屋买卖合同纠纷上诉案[①]

2017年1月11日,曹某某与江苏崧泰置业有限公司签订"确认书"一份,确认曹某某享有优先选择××项目××号楼××单元2704室房源的权利。2017年6月12日,徐某与曹某某经中介介绍签订房屋买卖协议一份,双方约定徐某加价148 000元购买曹某某订购的××项目××号楼××单元2704室房屋,先支付定金20 000元,开盘时支付128 000元,双方去售楼处签订房屋买卖合同并办理更名手续。合同签订当日,徐某支付定金20 000元。7月5日,××项目开盘。7月13日,徐某丈夫王某与曹某某通电话,表示协议无效,房子不再购买,要求退还定金。后曹某某把房屋退回房产公司。

徐某向常州市金坛区人民法院起诉:(1)请求法院判令曹某某返还定金20 000元并双倍给付定金20 000元;(2)本案诉讼费用由曹某某承担。

一审法院认为:徐某与曹某某签订买卖合同的标的物实际为优先选择房源并订立购房合同的权利,该权利是曹某某通过与房产开发公司签订确认书的形式取得,该买卖合同系双方真实意思表示,且不违反法律规定,故该买卖合同合法有效。徐某主张双方签订的房屋买卖合同无效,理由是曹某某签订合同时未取得房屋所有权,系以合法形式掩盖非法目的。根据相关法律规定,当事人一方以出卖人在缔约时对标的物没有所有权或者处分权为由主张合同无效的,法院不予支持,且徐某也未有证据证明曹某某存在以合法形式掩盖非法目的的情况,故徐某的主张法院不予采纳。7月13日,徐某向曹某某明确表示不再购买约定房屋,系徐某违约在先,现徐某要求曹某某双倍返还定金无法律依据,法院不予支持。依照《合同法》第115条,《最高人民法院关于审理买卖合同纠纷案件适用法律问题的解释》第3条

[①] 参见江苏省常州市中级人民法院(2017)苏04民终4130号民事判决书。

第 1 款,常州市金坛区人民法院判决:驳回徐某的诉讼请求。

徐某不服一审判决,向江苏省常州市中级人民法院提起上诉。

该院二审期间,当事人围绕上诉请求依法提交了证据,该院组织当事人进行了证据交换和质证。

江苏省常州市中级人民法院认为:涉案房屋买卖协议虽名为房屋买卖协议,实质是曹某某对 ×× 项目 ×× 号楼 ×× 单元 2704 室房屋的第一顺位优先购买权的转让,曹某某承诺为徐某办理更名手续,对价为 148 000 元。双方自愿协商,该合同内容未有违反合同法第 52 条规定的情形,应属合法有效。徐某关于合同效力待定,其有权撤销合同的意见,缺乏法律依据,该院不予采纳。

该院认为,按照曹某某在庭审中的陈述,可以确定双方签订涉案合同时,都预料层次价大概几百元,买下来每平方米大概 8 500~8 600 元,再加价 148 000 元,到手价每平方米约为 9 500~9 600 元,所以徐某才愿意签订涉案合同。虽然涉案合同对于徐某至 ×× 项目售楼处购买涉案房屋的价格缺乏明确约定,对于房屋涨价如何处理也未作约定,但基于曹某某的上述陈述和房屋买卖协议的约定来看,徐某与曹某某签订该房屋买卖协议的前提之一是,双方预估的房屋转让价格为 8 188 元加上几百元层次费,再加上 148 000 元更名费为徐某的最终到手价。但 ×× 项目开盘时房价每平方米涨价了三四千元,远超双方签订涉案合同时的预估,此时双方已经无法以原先预估的价格办理更名手续,因此徐某拒绝履行涉案合同、购买涉案房屋并不构成违约。因开发商涨价,曹某某无法以双方原先预估的价格协助办理更名手续,亦不可归责于曹某某,因此曹某某也无需承担违约责任。因徐某方已提出解除合同,曹某某也以退房的形式予以同意,故应为双方同意解除涉案协议。在此情况下,曹某某收取的定金 20 000 元,应当予以返还。但徐某要求曹某某双倍返还定金缺乏法律依据,不予支持。

综上,徐某的上诉请求部分成立,该院予以支持。

江苏省常州市中级人民法院判决:

(1)撤销常州市金坛区人民法院的一审判决;

(2)曹某某于本判决生效之日起十日内向徐某返还定金 20 000 元;

(3)驳回徐某的其他诉讼请求。

［法理评析］

1. 炒楼花的合同有效

通过案例 7-5 可以看出,两级法院都认为涉案的炒楼花的合同有效。

常州市金坛区人民法院认为,徐某与曹某某签订买卖合同的标的物实际为优先选择房源并订立购房合同的权利,该权利是曹某某通过与房产开发公司签订确认书的形式取得,该买卖合同系双方真实意思表示,且不违反法律规定,故该买卖合同合法有效。

江苏省常州市中级人民法院认为,涉案房屋买卖协议虽名为房屋买卖协议,实质是曹某某对涉案房屋的第一顺位优先购买权的转让,曹某某承诺为徐某办理更名手续,对价为 148 000 元。双方自愿协商,该合同内容未有违反合同法第 52 条规定的情形,应属合法有效。

2. 该类合同有效的法律依据

（1）《合同法》第 52 条合同无效的法定情形规定:"有下列情形之一的,合同无效:（一）一方以欺诈、胁迫的手段订立合同,损害国家利益;（二）恶意串通,损害国家、集体或者第三人利益;（三）以合法形式掩盖非法目的;（四）损害社会公共利益;（五）违反法律、行政法规的强制性规定。"

该类合同并不具有上述合同无效的法定情形。

（2）《最高人民法院关于审理买卖合同纠纷案件适用法律问题的解释》第 3 条规定:"当事人一方以出卖人在缔约时对标的物没有所有权或者处分权为由主张合同无效的,人民法院不予支持。出卖人因未取得所有权或者处分权致使标的物所有权不能转移,买受人要求出卖人承担违约责任或者要求解除合同并主张损害赔偿的,人民法院应予支持。"

第八章
外部环境变化导致的纠纷

1. 因调控政策的影响合同无法履行,解除合同属于违约吗?

[问题的提出]

最近十年,中央及地方政府对房地产市场时不时地会进行干预,出台各种房地产市场调控政策。受调控政策的影响,有些已经签订的房屋买卖合同无法履行。这些影响是双方当事人无法预料、无法克服的,无法履行合同的一方当事人是否属于违约,能否适用情势变更原则?

[参考案例]

案例 8-1　聂某某与李某房屋买卖合同纠纷上诉案[①]

坐落于北辰区万科新城紫藤苑 ×× 号房屋登记在聂某某名下,该房屋建筑面积 179.90 平方米,为购买该房屋,李某、聂某某双方曾进行过磋商,李某于 2017 年 1 月 23 日通过其舅舅刘某某账户转账 10 万元至聂某某之妻孙某某账户内。天津市于 2017 年 4 月 1 日起开始实施《天津市人民政府办公厅关于进一步深化我市房地产市场调控工作的实施意见》,其中规定对在本市拥有 1 套及以上住房的成年单身(包括未婚和离异)人士,要求暂停在本市(滨海新区除外)再次购买新建商品住房和二手住房。故李某再次购买诉争房屋不符合现行政策,该合同现不具备履行

条件,无法实现合同目的。聂某某于2017年5月24日委托天津精诚律师事务所向李某致函,要求书面确定双方到房地产管理部门打印房屋买卖协议,办理房屋过户等手续。李某于2017年6月5日委托天津秉钧律师事务所向被告回函,陈述双方未签订合同,也未就合同具体内容协商一致,且李某按现行政策已经无法实现房屋买卖行为并要求聂某某退还预付订金。另查,截至法庭辩论终结时,李某名下仍有坐落于东丽区程林一村××号房屋一套,李某婚姻状态系未婚。

李某向天津市北辰区人民法院起诉请求:(1)判令聂某某全额返还李某购房预付订金10万元;(2)本案的案件受理费由聂某某承担。

一审法院认为,本案主要争议焦点为:(1)李某与聂某某之间是否建立房屋买卖合同关系,买卖合同是否成立;(2)如果买卖合同成立,李某汇款的10万元,是定金还是预付款,聂某某是否应返还。根据法律规定,当事人订立合同,有书面形式、口头形式和其他形式。当事人对合同是否成立存在争议,能够确定当事人名称或者姓名、标的和数量的,一般应当认定合同成立。本案中,结合双方陈述及相关证据可以认定买卖合同双方当事人身份明确,诉争标的房屋唯一,双方就买卖诉争房屋进行过磋商,李某已将10万元购房款项给付给聂某某,这足以证明双方买卖合同成立。关于李某支付10万元款项的性质,聂某某主张该10万元系定金,但其未提交证据予以证实,故一审法院不予采信,一审法院依法认定该10万元款项系李某给付给聂某某的部分房款。合同成立以后客观情况发生了双方在订立合同时无法预见的、非不可抗力造成的不属于商业风险的重大变化,已不能实现合同目的。天津市于2017年4月1日起开始实施《天津市人民政府办公厅关于进一步深化我市房地产市场调控工作的实施意见》,该限购政策造成合同不能履行的情形,属于不可归责于双方当事人的情形,双方买卖合同应予解除,聂某某应当将收受的购房款项返还李某。故结合本案实际情况,聂某某应将已收取的李某给付的10万元款项予以返还。

综上所述,依照《合同法》第8条、第10条第1款、第97条,《最高人民法院关于适用〈中华人民共和国合同法〉若干问题的解释(二)》第1条第1款、第2条、第26条,《最高人民法院关于适用〈中华人民共和国民事诉讼法〉的解释》第90条的规定,判决:聂某某于本判决生效之日起十日内返还李某购房款10万元。

聂某某不服一审判决,向天津市第一中级人民法院提起上诉。理由是该10万元款项属于定金。

天津市第一中级人民法院认为,被上诉人的一审诉讼请求是基于其主张双方仅进行过磋商,但并未协商一致成立买卖合同关系。上诉人不同意被上诉人的一审诉讼请求,但抗辩称双方已经成立买卖合同关系,并曾订立书面合同。双方对于房屋买卖合同关系是否成立及是否存在应当返还 10 万元款项情形的相关事实各执一词,该事实直接影响被上诉人的诉请是否成立。一审法院有权就该争议事实作出审理及认定,并未超出审理权限。现有证据无法证明双方订立过书面房屋买卖合同,但根据双方陈述及其他证据,一审法院依法认定双方成立买卖合同关系,是正确的。

合同成立以后,因政策原因导致被上诉人不具备购买房屋的资格,已不能实现合同目的,属于不可归责于双方当事人的情形,双方买卖合同应予解除。合同因不可抗力解除后,无论 10 万元款项为定金或者预付款,被上诉人均有权利要求上诉人予以返还。一审法院支持被上诉人的一审诉讼请求并无不当。

天津市第一中级人民法院判决:驳回上诉,维持原判。

案例 8-2　唐某等诉李某某房屋买卖合同纠纷案①

2017 年 2 月 19 日,唐某(买受人)与李某某(出卖人)在豪宅天下公司提供的居间服务下签订房屋买卖合同,约定李某某将其位于北京市昌平区 5K 单元的房屋出售给唐某,房屋成交价为 610 万元。关于付款金额、方式和时间,根据合同约定,唐某应于 2017 年 2 月 20 日前支付李某某 5 万元定金,于 2017 年 4 月 20 日前支付李某某首付款,剩余房款由唐某向银行申请贷款在过户后由银行直接打入李某某账户。合同约定拟贷款的金额为 366 万元,双方合同在首付款部分书写的金额为 274 万元,后李某某持有的合同将首付款数额改为 239 万元,唐某持有的合同没有更改。李某某称签完合同后发现数算错了,首付款应是 239 万元,就改了过来,唐某也在改过的地方摁了手印。唐某否认自己摁了手印,但认可房价总额 610 万元,除去定金 5 万元和拟贷款 366 万元,其余款项为首付款。关于贷款,合同约定,买受人向商业银行申办抵押贷款,买受人因自身原因未获得银行批准的,双方同意合同终止,买受人支付的定金和房价款如数返还,双方互不承担违约责任,在申办贷款过程中发生的各项费用由买受人承担。关于权属登记,合同约定,双方应于 2017 年 5 月 20 日前,共同向房屋权属登记部门申请办理房屋权属转移登记手续。关于

---

① 参见北京市第一中级人民法院(2018)京 01 民终 1024 号民事判决书。

违约责任,合同第 9 条第 2 款约定,"买卖双方任何一方有下列行为之一的,合同的另一方有权解除合同。合同的另一方解除合同的,违约方应当自解除合同通知送达之日起七日内退还合同的另一方全部财物,并按照总房价款的百分之二十向合同的另一方支付违约金。1. 不按约定期限履行合同的,逾期超过十日的;2. 或在履行期限届满之前,合同一方明确表示或以自己的行为表明不履行主要合同义务的。"第 9 条第 4 款约定,"出卖人或买受人任何一方违约,违约方除了依据本条前三款约定承担违约责任外,还应赔偿守约方因主张债权而支付的律师费(但赔偿的律师费不应当超出房屋总价款的 5%);如一方违约导致上述交易无法完成的还应赔偿守约方向居间人支付的佣金。"

合同签订后,唐某向李某某支付了 5 万元定金。2017 年 3 月 2 日,诉争房屋的房源核验通过。2017 年 3 月 8 日,唐某的购房资质核验通过,诉争房屋买卖具备了网签条件,但并未办理网签。关于未办理网签的原因,唐某称是中介告知他网签需要提供单位营业执照和每月 5 万元的收入证明,而他收入没有这么高,也开不出这个证明,所以没法办理网签。豪宅天下公司称 2017 年 3 月 8 日之后一直在催促唐某办理网签,但唐某一直推脱未明确表示什么时间来网签,而且网签也不需要营业执照和收入证明等材料,收入证明是后期贷款需要的材料。

2017 年 3 月 17 日,北京市住房和城乡建设委员会、中国人民银行营业管理部、中国银行业监督管理委员会北京监管局、北京住房公积金管理中心等单位联合发布《关于完善商品住房销售和差别化信贷政策的通知》(以下简称《通知》),《通知》规定,"居民家庭名下在本市无住房且无商业性住房贷款记录、公积金住房贷款记录的,购买普通自住房的执行现行首套房政策,即首付款比例不低于 35%,购买非普通自住房的首付款比例不低于 40%(自住型商品住房、两限房等政策性住房除外)。居民家庭名下在本市已拥有 1 套住房,以及在本市无住房但有商业性住房贷款记录或公积金住房贷款记录的,购买普通自住房的首付款比例不低于 60%,购买非普通自住房的首付款比例不低于 80%。"《通知》出台后,唐某认为自己 2008 年在呼和浩特购买过一套住房并办理了公积金贷款,因此购买李某某的房屋首付款不能低于 80%,自己已无力支付高额首付款,对诉争合同应适用无责解约。

2017 年 5 月 11 日,李某某向唐某发送"告知函",主要内容是催告唐某 3 日内办理合同规定的房款支付义务并继续履行合同。2017 年 8 月 12 日,李某某向唐某发送"解除合同函",告知唐某因其违约,李某某行使单方解除权,解除双方之间的房屋买卖合同。2017 年 8 月 25 日,李某某向北京市昌平区人民法院提起诉讼,诉讼中提供了其支付律师费 5.5 万元的发票。

李某某向北京市昌平区人民法院起诉,请求:(1)解除与唐某签订的房屋买卖合同;(2)唐某向其支付违约金 122 万元;(3)唐某赔偿律师费 5.5 万元;(4)本案诉讼费由唐某承担。

唐某向一审法院反诉,请求:(1)判令解除与李某某于 2017 年 2 月 19 日签订的房屋买卖合同;(2)判令李某某返还定金 5 万元;(3)本案诉讼费用由李某某承担。

一审法院认为:依法成立的合同,对当事人具有法律约束力,受法律保护。本案中,李某某与唐某于 2017 年 2 月 19 日签订的房屋买卖合同对于买卖标的物、房屋总价、定金、拟贷款金额等房屋买卖主要事项均进行了约定,故法院认为当事人双方已对首付款的数额达成一致,即 239 万元,李某某与唐某签订的合同系双方真实意思表示,合同依法成立且不违反国家强制性法律规定,合法有效。现李某某起诉要求解除合同,唐某亦反诉解除合同,法院对合同解除不持异议。本案争议的焦点是诉争合同因何原因解除,哪方当事人享有合同解除权。经查,诉争房屋买卖合同在 2017 年 3 月 8 日即具备了网签条件,若双方当事人配合,诉争合同可以在 2017 年 3 月 17 日前完成网签,并按合同约定的步骤和程序往下继续履行,并不会受到"3·17 新政"的影响。即使 2017 年 3 月 17 日《通知》发布后,由于唐某的购房资格不受影响,双方当事人仍可以进行网签,唐某仍可以按合同约定支付首付款,并申请贷款面签,至于贷款申请能否获批,能够获得多少额度,是否受到"3·17新政"影响,也是贷款申请环节后的事情,这个阶段若发生争议仍可双方自行协商或交由司法机关进行裁判。唐某不能因为"3·17 新政"的出台,自认为首付款比例提高到 80%,从而不配合网签,并不按约定支付首付款。因此,本案诉争合同争议,唐某构成违约,本案情况不宜认定为受政策影响合同不可归责于双方当事人不能履行合同的情形,唐某并不享有合同解除权。由于唐某违约已到达合同解除的条件,李某某享有合同解除权,其于 2017 年 8 月 12 日向唐某发送的解除合同通知具有解除合同的效力,唐某收到解除通知后,诉争房屋买卖合同即解除。

《合同法》107 条规定,当事人一方不履行合同义务或履行合同义务不符合约定的情形,违约方应当承担违约责任。当事人可以约定一方违约时应当根据违约情况向对方支付一定数额的违约金。本案中,诉争房屋买卖合同约定了守约方行使合同解除权时,违约方应按照总房价款的 20% 向合同的另一方支付违约金,同时约定违约方还应赔偿守约方因主张债权而支付的律师费,故李某某起诉要求唐某支付违约金和赔偿律师费的诉讼请求具有合同依据,法院予以支持。同时,当事人认为违约金过高的,可以要求人民法院予以酌减。本案中,唐某明确提出违约金约定过高,要求法院予以酌减,故法院以当事人的实际损失为基础,兼顾合同的履行情况,当事人的过错程度以及预期利益等综合因素,根据公平原则和诚实信用原则予以衡量,酌情调减违约金为30万元。当事人既约定违约金,又约定定金的,一方违约时,对方可以选择适用违约金或定金条款,本案中,李某某选择适用违约金条款,故唐某支付给李某某的定金,李某某应予返还,唐某关于返还定金的诉讼请求,法院予以支持。

一审法院判决如下:(1)确认李某某与唐某于2017年2月19日签订的房屋买卖合同解除;(2)李某某于本判决生效后30日内向唐某返还5万元定金;(3)唐某于本判决生效后30日内向李某某支付违约金30万元;(4)唐某于本判决生效后30日内向李某某支付律师费5.5万元。

唐某不服一审判决,向北京市第一中级人民法院提起上诉。唐某上诉请求:撤销一审法院判决第三、四项,改判其不承担违约责任。其理由为:合同中没有约定网签时间,其不存在因网签而违约的行为。

北京市第一中级人民法院经审理查明,根据双方签订的"北京市存量房屋买卖合同",双方应于2017年5月20日前共同向房屋权属登记部门申请办理房屋权属转移登记手续,但合同并未约定诉争房屋办理网签的时间。该院经审理认定的其他事实与一审法院认定的事实一致。

该院认为,李某某与唐某经北京豪宅天下房地产顾问有限责任公司居间签订的"北京市存量房屋买卖合同"系双方真实意思表示,且不违反法律、行政法规的强制性规定,双方均应依约履行己方义务。

首先,李某某在一审中起诉要求解除合同,唐某反诉要求解除合同,一审法院判令解除合同并无不当,合同解除后,李某某应当将收受的5万元定金返还唐某。其次,关于合同解除的原因,虽然诉争房屋在2017年3月8日即具备网签条件,但是合同中并未约定办理网签的时间,根据合同约定,唐某应在2017年4月20日之前通过建委资金监管账户支付首付款,但"3·17新政"提高了购买二套房的首付款比例,对唐某的履约能力造成了实质影响。因此,合同解除的原因不能简单归责于唐某怠于履行办理网签之义务,一审法院认定唐某构成违约不当,该院予以纠正。李某某要求唐某支付违约金、赔偿律师费的诉讼请求缺乏事实和法律依据,该院不予支持。

综上所述,对于唐某的上诉请求,该院予以支持;一审法院认定唐某构成违约错误,予以更正。

北京市第一中级人民法院判决:(1)维持一审判决第一项、第二项;(2)撤销一审判决第三项、第四项。

[法理评析]

1. 人民法院处理因房地产调控政策影响合同履行纠纷的法律依据

《最高人民法院关于适用〈中华人民共和国合同法〉若干问题的解释(二)》第26条规定:"合同成立以后客观情况发生了当事人在订立合同时无法预见的、非不可抗力造成的不属于商业风险的重大变化,继续履行合同对于一方当事人明显不公平或者不能实现合同目的,当事人请求人民法院变更或者解除合同的,人民法院应当根据公平原则,并结合案件的实际情况确定是否变更或者解除。"

2. 人民法院处理因房地产调控政策影响合同履行纠纷的态度

案例8-1中,天津市北辰区人民法院、天津市第一中级人民法院都认为,合同成立以后,因政策原因导致被上诉人不具备购买房屋的资格,已不能实现合同目的,属于不可归责于双方当事人的情形,双方买卖合同应予解除。当事人无法履行合同,不属于违约,不应承担违约责任。

案例8-2中,北京市第一中级人民法院认为,合同解除的原因不能简单归责于唐某怠于履行办理网签之义务,一审法院认定唐某构成违约不当,该院予以纠正。李某某要求唐某支付违约金、赔偿律师费的诉讼请求缺乏事实和法律依据,该院不予支持。

简单地说,北京市第一中级人民法院认为,该案系受房地产调控政策的影响,当事人并不属于违约,不应承担违约责任。

2. 房价上涨,出卖方反悔,法院判决高额赔偿金

[问题的提出]

在过去的十年里,中国的房地产市场波诡云谲。在某些外力的推动下,有时候房价会突然大涨。在大涨期间,有些房屋出售方在签订完预约合同之后会出现反

悔,甚至还有的出卖方在签订房屋买卖合同之后以各种借口拒绝履行合同。因此,纠纷就产生了,法院如何处理这种纠纷呢?

[参考案例]

案例 8-3　潘某某与徐某某房屋买卖合同纠纷上诉案[①]

2017 年 3 月 12 日,潘某某等四人作为出售方、徐某某作为买受方、无锡顺驰不动产网络有限公司(以下简称顺驰公司)作为居间方签订了"房屋买卖居间合同",约定:房屋座落为无锡市小娄巷 ×× 室,权利人为潘某某等四人,房屋交易价为1330 000 元净价;徐某某于 2017 年 3 月 12 日支付 10 000 元作为定金,自动转为房款,3 月 13 日支付 90 000 元,5 月 15 日支付 520 000 元,贷款部分委托顺驰公司办理 700 000 元(商业)贷款等;潘某某于合同签订之日将房屋权属证明交与顺驰公司;买卖双方应于签订本合同之时向顺驰公司支付提供居间服务的佣金;买卖双方任何一方拒绝履行合同或解除合同,均由违约方向另一方支付本合同确认的 10% 作为违约金。合同第 12 条其他约定事宜用下划线特别标注:"该房屋产权共有人为汤某、顾某某、汤某某;买卖双方任何一方拒绝履行合同或解除合同,均由违约方向另一方支付本合同确认房屋成交价的 20% 作为违约金且违约方承担顺驰公司确认房屋成交价的 3% 的中介佣金;卖方承诺没有适龄学童占用该房屋学区名额,保证该房屋学区名额可用;在出售该房时已经得到共有权人汤某、顾某某、汤某某的同意和委托并能保证到场办理过户面签手续,如产生问题而导致合同无法履行,违约责任由潘某某承担。"合同一式三份,自三方签字、盖章之日起生效。潘某某、徐某某分别在出售方处和买受方处签名,顺驰公司予以签名和盖章。潘某某向顺驰公司提交了上述房屋的房屋所有权证、共有权证和土地使用权证以及汤某、顾某某、汤某某的户口簿、身份证复印件等资料。合同签订当日,徐某某支付了定金 10 000元,次日,支付了房款 90 000 元,均由潘某某出具了收条。徐某某分二次共向顺驰公司支付了中介费 23 000 元。其后,潘某某以其儿媳顾某某不同意卖房及要涨价等为由,拒绝履行合同。徐某某经多次交涉无果。

---

① 参见江苏省无锡市中级人民法院(2018)苏 02 民终 251 号民事判决书。

徐某某向无锡市梁溪区人民法院起诉,请求:(1)判令潘某某、汤某、顾某某、汤某某四人继续履行"房屋买卖居间合同";(2)判令潘某某、汤某、顾某某、汤某某四人赔偿损失 316 000 元。诉讼中,徐某某撤回对汤某、顾某某、汤某某的起诉,变更诉请为:(1)判令潘某某承担合同约定的违约责任即以房屋总价的 20% 计算的违约金 266 000 元;(2)判令潘某某赔偿徐某某小孩无法上学的损失 50 000 元;(3)判令潘某某返还徐某某支付的房款 100 000 元;(4)判令潘某某赔偿徐某某已经支付的中介费 23 000 元。

诉讼中,徐某某申请撤回对汤某、顾某某、汤某某的起诉,一审法院裁定予以准许。

被告抗辩称:(1)"房屋买卖居间合同"中明确出售方为"潘某某等四人",但落款处仅有潘某某一人签字,说明房屋共有人汤某、顾某某、汤某某不同意出售房屋,即买卖双方并未对签订合同达成一致意见,故合同未成立生效;(2)潘某某从未受汤某、顾某某、汤某某委托出售房屋,也从未向买受人和中介表示过其有权代理其他共有人签订"房屋买卖居间合同",故其无须承担所谓代理责任,相反其自 2017 年 3 月 14 日起就告知中介因其他共有人不同意出售房屋从而合同无法成立的事实。

一审法院认为,关于房屋买卖合同是否成立。《合同法》第 32 条规定:"当事人采用合同书形式订立合同的,自双方当事人签字或者盖章时合同成立。"本案中,徐某某和潘某某作为房屋买卖合同双方均在合同上签字确认,合同即已成立,虽然合同中注明出售方为"潘某某等四人",但潘某某在合同上签名,表明其完全同意合同中约定的条款,至于其他三人签字与否,不影响该合同条款对在合同上签字双方即徐某某与潘某某本人的约束,双方签字后合同即予成立。同时合同中潘某某表示其出售涉案房屋时已经得到共有权人汤某、顾某某、汤某某的同意和委托。《合同法》第 48 条规定:"行为人没有代理权、超越代理权或者代理权终止后以被代理人名义订立的合同,未经被代理人追认,对被代理人不发生效力,由行为人承担责任。"现潘某某签订的合同事后未得到其他共有人的同意和追认,责任亦应由行为人潘某某自己承担。潘某某在合同上签字,事后又收取定金和部分房款,其辩称合同不成立既不符合合同法的规定,又违背了民事活动应当遵循的诚实信用原则,故对其辩称不予采纳。

关于合同效力。《最高人民法院关于审理买卖合同纠纷案件适用法律问题的解释》第 3 条规定:"当事人一方以出卖人在缔约时对标的物没有所有权或者处分权为由主张合同无效的,人民法院不予支持。"潘某某对涉案房屋仅有部分所有权,对其他人共有部分无处分权,但其与徐某某、顺驰公司所签订的"房屋买卖居间合同"系各方当事人真实意思表示,不违反法律、行政法规的强制性规定,合法有效,各方当事人均应按照合同的约定全面履行各自的义务,违约方应当承担违约责任。现因潘某某对房屋无全部处分权且未按约得到其他共有人的同意和追认而导致合同不能履行、物权不能发生变更,应由其承担违约责任。

关于违约金和损失的承担。合同中虽然约定了多种违约金的计算方式,但在合同最后的"其他约定事宜"中对违约金作了"违约方向另一方支付本合同确认房屋成交价的20%作为违约金"的约定,又以下划线的方式作了提示,应视为合同各方对违约金计算的特别约定,违约金的计算应以该约定为准。潘某某提出违约金过高,未举证证明,同时根据本地房屋价格趋势看,违约金数额明显未超过因房屋涨价而可能形成的经济损失。故对徐某某要求潘某某承担合同约定房屋总价的20%计266 000元违约金的诉讼请求,予以支持。而徐某某主张赔偿小孩无法上学的损失50 000元,既无法律依据,亦未提供损失依据;要求潘某某赔偿其已经支付的中介费23 000元,因违约金系主要用于补偿当事人经济损失的合同救济措施,徐某某未主张亦未举证证明其损失已经超过违约金数额,在违约方已经承担违约金的情况下,该项损失不应重复计算,故对该两项诉讼请求不予支持。

一审法院判决如下:(1)潘某某于判决发生法律效力之日起十日内支付徐某某违约金266 000元;(2)潘某某于判决发生法律效力之日起十日内返还徐某某房款100 000元;(3)驳回徐某某的其他诉讼请求。

潘某某不服一审判决,向江苏省无锡市中级人民法院提起上诉。

江苏省无锡市中级人民法院认为:当事人采用合同书形式订立合同的,自双方当事人签字或者盖章时合同成立;依法成立的合同,自成立时生效。本案中,潘某某、徐某某在"房屋买卖居间合同"上签字,即表明双方对买卖房屋的相关事项达成一致意见,意思表示真实,且不违反法律、行政法规的强制性规定,故"房屋买卖居间合同"依法成立并生效。汤某、顾某某、汤某某未在合同上签字并不影响潘某某在合同上签字的效力,潘某某应按约履行合同义务。涉案房屋系由潘某某挂在中介出售,潘某某系联系人,其还向中介提供了房屋所有权证、共有权证、土地使用权证以及汤某、顾某某、汤某某的户口簿、身份证复印件等资料,并在"房屋买卖居间合同"中约定"在出售该房时已经得到共有权人汤某、顾某某、汤某某的同意和委托并能保证到场办理过户面签手续,如产生问题而导致合同无法履行,违约责任由潘某某承担"的内容,现合同签订后其以其他共有人不同意出售房屋及要涨价为由拒绝履行合同,应承担相应的违约责任。关于违约金,合同第 8 条约定违约金为合同确认价的 10%,而第 12 条"其他约定事宜"中约定以合同确认房屋成交价的 20%作为违约金,并在该条款下加了下划线,该条款应视为双方对违约金条款的特别约定和最终约定,且根据无锡地区房价上涨情况以及徐某某已支付中介费 23 000 元的事实,房屋成交价的 20% 即 266 000 元并未超出因合同无法履行而对徐某某造成的损失,故一审法院对违约金的认定并无不当。

江苏省无锡市中级人民法院判决:驳回上诉,维持原判。

案例 8-4 张某某与陶某某等房屋买卖合同纠纷上诉案[①]

2016 年 11 月 1 日,张某某与陶某某、顾某某签订"泰州市房地产转让合同"一份,约定陶某某、顾某某购买张某某所有的泰州市 ×× 河滨 ×× 室商品房,建筑面积为 132.42 平方米,总价款为 74.3 万元。陶某某、顾某某在合同签订时,须支付购房定金 2 万元;双方约定 2017 年 2 月 28 日前先办理房屋产权、土地使用权变更过户手续,陶某某、顾某某在张某某签字、交易部门收件后支付首付款人民币 22.3 万元。合同同时约定,双方于 2017 年 6 月 28 日前交付房屋,陶某某、顾某某入户,同时陶某某、顾某某应支付张某某剩余房款人民币 50 万元。合同第 5 条第 6 点约定,若张某某未按合同约定的期限履行责任,每逾期一日,由张某某给付陶某某、顾某某相当于上述房屋总价款万分之五的滞纳金,逾期超过六十日视作悔约行为,并由张某某承担违约责任。合同第 9 条约定,双方必须全面履行上述条款,如一方违反本合同相关条款,则违约方向守约方支付违约金人民币 10 万元。合同签订后,陶某某、顾某某于 2016 年 11 月 1 日支付了定金 2 万元,张某某未在约定的 2017 年 2 月 28 日前办理房屋产权、土地使用权变更过户手续,未签字向交易部门提交变更过户手续,致陶某某、顾某某至今无法办理房屋及土地的权属证书,更无法入住。

另查明,泰州市 ×× 河滨 ×× 室商品房系张某某与其配偶共同所有,张某某签署案涉的"泰州市房地产转让合同"未获得其配偶委托授权,该合同事后也未获得张某某配偶的追认。

陶某某、顾某某向泰州市海陵区人民法院起诉,请求:(1)解除合同;(2)赔偿

---

① 参见江苏省泰州市中级人民法院(2017)苏 12 民终 3007 号民事判决书。

损失。

一审法院认为,合法的民事权益受法律保护。在买卖合同法律关系中,出卖人在缔约时对标的物没有所有权或者处分权,并不影响作为原因行为的买卖合同的效力。本案陶某某、顾某某与张某某就涉案房屋签订的房屋转让合同系双方真实意思表示,合同应为有效,依法应予保护。合同履行中,陶某某、顾某某按约支付了定金,履行了义务,张某某未能按约向交易部门提交变更过户手续,已构成违约。

依据《最高人民法院关于审理买卖合同纠纷案件适用法律问题的解释》第3条的规定,"出卖人因未取得所有权或者处分权致使标的物所有权不能转移,买受人要求出卖人承担违约责任或者要求解除合同并主张损害赔偿的,人民法院应予支持。"因张某某对涉案房屋不具有完全的处分权致使涉案房屋所有权无法转移的,张某某应当承担违约责任。张某某主张合同无效,缺乏法律依据,一审法院不予采纳。陶某某、顾某某要求解除房屋转让合同依法有据,一审法院予以支持。

依据《合同法》第97条的规定,"合同解除后,尚未履行的,终止履行;已经履行的,根据履行情况和合同性质,当事人可以要求恢复原状、采取其他补救措施,并有权要求赔偿损失。"故陶某某、顾某某对于已交付的定金2万元,要求返还,一审法院予以支持。关于违约金,根据《合同法》第113条以及其他相关规定可知,违约金与损失赔偿并不能并举,但如果约定违约金过低,不足以弥补守约方损失的,则可以调高至其损失状态。本案中合同约定的违约金为人民币10万元,但考虑到当前房地产市场的实际价值和陶某某、顾某某提供的同区域商品房买卖合同中的房屋价格,合同约定的违约金金额已不能弥补陶某某、顾某某方的损失,应该适当调高。一审法院综合考虑合同约定及合同履行情况、涉案房屋周边地区房地产市场的实际行情等因素,酌情确定张某某赔偿陶某某、顾某某损失24万元。

据此,依照《合同法》第8条、第60条、第97条、第113条,《最高人民法院关于审理买卖合同纠纷案件适用法律问题的解释》第3条之规定。泰州市海陵区人民法院判决:(1)解除陶某某、顾某某与张某某于2016年11月1日签订的泰州市房地产转让合同;(2)张某某在判决生效之日起十日内返还陶某某、顾某某定金人民币2万元并赔偿陶某某、顾某某损失人民币24万元。

张某某不服一审判决,向江苏省泰州市中级人民法院提起上诉。理由:该买卖合同属于未经追认的效力待定合同,因房产共有人陈某至今不予追认该合同,所以该合同应归于无效。一审法院判赔24万元过高,且无法律依据,损害了上诉人的合法权益。

被上诉人陶某某、顾某某辩称：被上诉人损失客观存在，且损失巨大。2017 年春节开始，泰州房价迅猛上涨，被上诉人多次要求上诉人履行合同均未果，只能另行购买房屋以减少损失。被上诉人损失的衡量也是从每平方米的单价予以考虑的。被上诉人新购房屋价值每平方米在 8 700 元，而上诉人出售给被上诉人的房屋每平方米价值 5 000 多元，购买的房屋面积在 100 多平方米，两者的差距是 40 万元左右。因了解和考虑到上诉人在购房中出现的一房二卖情形，存在需多方赔偿问题，所以放弃部分请求，也是出于对上诉人的同情。但是上诉人不能据此否认案涉合同的有效性，根据最高院买卖合同司法解释规定，案涉合同有效。请求二审维持原判，驳回上诉。

江苏省泰州市中级人民法院认为，本案的争议焦点为：（1）上诉人张某某关于案涉合同无效的主张，是否应予支持；（2）一审判决上诉人张某某赔偿被上诉人陶某某、顾某某损失 24 万元是否过高。

关于上诉人张某某有关案涉合同无效的主张是否应予支持问题。该院认为，当事人一方以出卖人在缔约时对标的物没有所有权或者处分权为由主张合同无效的，人民法院不予支持。本案中，上诉人张某某以房产共有人陈某未追认合同为由主张案涉合同无效，缺乏法律依据，该院不予支持。

关于一审判决上诉人张某某赔偿被上诉人陶某某、顾某某损失 24 万元是否过高问题。该院认为，当事人一方不履行合同义务或者履行合同义务不符合约定，给对方造成损失的，损失赔偿额应当相当于因违约所造成的损失。本案中，上诉人张某某不履行合同义务给被上诉人陶某某、顾某某造成了损失，应当予以赔偿。至于损失赔偿的数额，虽案涉合同约定了违约金 10 万元，但根据泰州房地产市场行情及本案实际情况，案涉合同约定的违约金 10 万元并不足以弥补因上诉人张某某不履行合同义务给被上诉人陶某某、顾某某造成的损失，应适当调高。一审法院综合考虑合同约定及合同履行情况、涉案房屋周边地区房地产市场的实际行情等因素，酌情确定张某某赔偿陶某某、顾某某损失 24 万元，并无不当，应予维持。

江苏省泰州市中级人民法院判决：驳回上诉，维持原判。

[**法理评析**]

1. 人民法院处理因房价上涨出卖方拒绝履行合同纠纷的法律依据

《最高人民法院关于审理买卖合同纠纷案件适用法律问题的解释》第 3 条规定：

"当事人一方以出卖人在缔约时对标的物没有所有权或者处分权为由主张合同无效的,人民法院不予支持。

"出卖人因未取得所有权或者处分权致使标的物所有权不能转移,买受人要求出卖人承担违约责任或者要求解除合同并主张损害赔偿的,人民法院应予支持。"

2. 人民法院处理因房价上涨出卖方拒绝履行合同的态度——高额赔偿

案例 8-3 中,无锡市梁溪区人民法院认为,关于违约金和损失的承担问题,根据本地房屋价格趋势看,违约金数额(约定的房屋总价款的 20%)明显未超过因房屋涨价而可能形成的经济损失。故对徐某某要求潘某某承担合同约定房屋总价的 20% 计 266 000 元违约金的诉讼请求,予以支持。

江苏省无锡市中级人民法院支持一审法院的判决。

案例 8-4 中,江苏省泰州市海陵区人民法院认为,关于违约金,如果约定违约金过低,不足以弥补守约方损失的,则可以调高至其损失状态。本案中合同约定的违约金为人民币 10 万元,但考虑到当前房地产市场的实际价值和陶某某、顾某某提供的同区域商品房买卖合同中的房屋价格,合同约定的违约金金额已不能弥补陶某某、顾某某方的损失,应该适当调高。综合考虑合同约定及合同履行情况、涉案房屋周边地区房地产市场的实际行情等因素,酌情确定张某某赔偿陶某某、顾某某损失 24 万元。

江苏省泰州市中级人民法院终审支持一审法院的判决。

3. 借他人之名买房,合同有效吗?

[问题的提出]

虽然不多见,但现实中还是存在着这种情况:借他人之名买房,借名者与被借名者签订协议。在房地产调控的大背景下,有些人为了规避调控政策,不惜冒着风险,借他人之名买房,以期待政策放松之后,再把名字改过来。这种协议有效吗?

[参考案例]

案例 8-5　郭某某与张某某房屋买卖合同纠纷上诉案[①]

2010 年 5 月 22 日, 张某某与郭某某签订 "协议书", 约定: 张某某欲购买中粮万科公司出售的位于丰台区 ×××1001 号房产, 张某某欲借郭某某的名义购买上述房产。对此, 双方达成如下协议:(1)张某某以郭某某的名义与中粮万科公司签署商品房认购书和商品房预售合同, 但上述所购商品房的产权实际归张某某所有;(2)张某某实际支付上述购房的定金和购房款, 郭某某无需支付任何费用;(3)在上述购房协议签署完成, 购买款由张某某支付完成后, 郭某某对此房产实际不享有任何权益, 此房产的权属完全归张某某实际享有, 待该房产办理完产权证后, 郭某某配合张某某办理房产过户手续, 过户费用由张某某承担。落款处签约人为张某某和郭某某。

2010 年 5 月 23 日, 郭某某(认购人)与中粮万科公司(出卖人)签订 "北京市商品房认购书" 及 "补充协议", 主要约定: 认购人所认购的商品房为出卖人所开发的位于丰台区 ×××1001 号房产。该商品房朝向为南北, 用途为住宅, 建筑面积共 94.65 平方米。认购人应当于签订本认购书之日, 向出卖人支付认购定金 100 000 元。认购人与出卖人应该在支付定金之日起 10 日内签订商品房买卖合同并支付 100% 的购房价款。本认购书经双方签字盖章后生效, 双方签订的商品房买卖合同生效后本认购书自行终止。本认购书终止后, 认购定金应当抵作商品房价款。认购人在 2010 年 6 月 1 日前签订 "北京市商品房预售合同" 且选择一次性付款, 可享受认购总房价款 2% 的优惠。签订认购书时认购人已明确了解出卖人出示的 "北京市商品房预售合同" 及相关 "补充协议" 示范文本, 并对各项条款均无异议。

2010 年 5 月 23 日, 案外人张某贝通过中国建设银行个人活期存款账户向中粮万科公司账户支付 100 000 元。2010 年 5 月 26 日, 案外人张某贝通过中国建设银行个人活期存款账户向中粮万科公司支付 890 000 元和 54 291 元两笔款项, 同日, 郭某某通过中国建设银行账户向中粮万科公司账户支付 1 300 000 元。以上各款项共计 2 344 291 元。

---

① 参见北京市第二中级人民法院(2015)二中民终字第 08240 号民事判决书。

2010 年 5 月 27 日,郭某某(买受人)与中粮万科公司(出卖人)签订"北京市商品房预售合同"及相关"补充协议",主要约定:该商品房坐落为丰台区×××1001,用途为普通住宅,预测建筑面积共 94.65 平方米,其中套内建筑面积共 75.3 平方米,相关面积最终以测绘部门的测绘报告书为准。出卖人与买受人按照套内建筑面积计算该商品房价款,每平方米为 31 132.68 元,总价款为 2 344 291 元。买受人采取一次性付款。出卖人应当在 2011 年 12 月 30 日前向买受人交付该商品房,实测面积与预测面积发生误差的,套内建筑面积误差比绝对值在 3% 以内的,据实结算房价款。落款处有出卖人中粮万科公司盖章和认购人郭某某签字。

2010 年 5 月 27 日,郭某某签订"房屋权属确认书",确认内容如下:2010 年 5 月 22 日,张某某与郭某某协议张某某以郭某某名义购买涉案房屋;2010 年 5 月 23 日,张某某以郭某某名义与中粮万科公司签署北京市商品房认购书,并由张某某支付认购定金 100 000 元;2010 年 5 月 27 日,张某某以郭某某名义与中粮万科公司签署商品房预售合同,并由张某某一次性支付了购房款 2 344 291 元;张某某与郭某某一致认同上述房屋产权归张某某所有,郭某某对此无任何异议,在上述房屋办理完产权证后,由郭某某过户至张某某名下,张某某无需向郭某某支付任何费用。落款处签署人为郭某某。2011 年 12 月 9 日,中粮万科公司向郭某某出具了收款发票,"×××1001"房款为 2 343 668 元。

2014 年 4 月 14 日,丰台区地方税务局向郭某某出具税收缴款书,涉案房屋以 2 343 668 元为计税金额交纳了相应契税。

张某某称房屋已交付并实际入住,交付时间与合同约定一致。郭某某认可张某某和案外人张某贝婚后共同入住。

2014 年 10 月,上述房屋可以办理房产证,而郭某某却拖延至今不予办理,房屋产权仍在中粮万科公司名下。

张某某故向北京市丰台区人民法院起诉,请求:判决中粮万科公司和郭某某协助其将上述房屋产权过户至郭某某名下,郭某某协助其将房屋过户至张某某名下,诉讼费由郭某某负担。

郭某某辩称其不同意张某某的诉讼请求。理由是:张某某不享有涉案房屋的实际权利,张某某未支付有关涉案房屋的任何款项,且房屋的实际所有权人并非郭某某。房款是其和案外人张某贝(签订合同期间与张某某系恋爱关系)实际支付,张某贝向其借款 130 万元,实际产权人应为案外人张某贝。若张某某要求过户,则需要向其和张某贝返还房款。张某某买房时不满 20 周岁,没有付款能力,故请求法院依法驳回张某某的诉讼请求。

中粮万科公司述称:"北京市商品房认购书"和"商品房预售合同"系该公司与郭某某签订。现房屋价款已付清,随时可以过户,在法院查明事实后,如需必要,同意协助为郭某某办理过户手续,但该公司不承担任何费用。中粮万科公司认可因房屋面积误差,总房款发生变更,现涉案房屋房款已付清,并称已按合同约定时间交付房屋。

北京市丰台区人民法院经审理认为:依法成立的合同,对当事人具有法律约束力。张某某与郭某某签订的协议书和房屋权属确认书,系双方真实意思表示,内容未违反相关法律规定,该协议书和房屋权属确认书有效,当事人应当按照约定全面履行自己的义务。协议书和房屋权属确认书明确约定张某某借郭某某之名购买涉案房屋,并对房屋权属及购买过程作出清晰确认。现郭某某主张实际付款人和产权人为案外人张某贝,通过郭某某提交的郭某某和案外人张某贝的账户明细单可见,郭某某和张某贝向中粮万科公司账户转款之日为 2010 年 5 月 26 日,郭某某签署房屋权属确认书之日为 2010 年 5 月 27 日,可见,郭某某在明知实际付款人的情况下,仍签署了房屋权属确认书,确认了张某某以郭某某的名义购买了涉案房屋,并由张某某一次性支付了全部购房款。故郭某某现在以张某贝实际付款为由主张房屋产权归张某贝所有,以此抗辩向张某某履行义务,法院不予采信。

至于案外人张某贝支付相关款项行为的性质,应属张某贝与张某某之间的另一法律关系,法院不予处理,可另行解决。郭某某称在签署协议书和房屋权属确认书时,受到张某某胁迫,未向法院举证,法院不予采信。

在张某某与郭某某这层法律关系中,双方签署了借名买房协议和权属确认书,确认由张某某支付全部房款,现房屋由张某某实际控制居住,房屋相关合同、房款发票、契税等手续原件均由张某某持有,房屋物业费、燃气费等后续费用由张某某支付,且基于签订合同当时双方人际关系,以上过程符合借名买房习惯,故法院对张某某与郭某某之间的借名买卖关系予以认定。

基于张某某与郭某某之间的借名买卖协议,郭某某与中粮万科公司签署"北京市商品房认购书"及"补充协议"、"商品房预售合同"及"补充协议",上述认购书、预售合同及补充协议系双方真实意思表示,内容未违反相关法律规定,该认购书、合同及补充协议均有效,当事人亦应当按照约定全面履行自己的义务。现涉案房屋产权登记在中粮万科公司名下,中粮万科公司认可涉案房屋价款已全部付清,故房屋过户条件已成就。现张某某要求郭某某和中粮万科公司协助其办理过户手续,理由正当,法院予以支持。

据此,北京市丰台区人民法院判决:(1)郭某某、北京中粮万科假日风景房地产开发有限公司于判决生效之日起十五日内协助张某某将涉案房屋过户至郭某某名下;(2)郭某某于取得涉案房屋所有权之日起七日内协助张某某将涉案房屋过户至张某某名下。

判决后,郭某某不服,上诉至北京市第二中级人民法院。

中粮万科公司未到庭参加诉讼,但提交书面意见同意原审判决。

北京市第二中级人民法院认为:当事人约定一方以他人名义购买房屋,并将房屋登记在他人名下,借名人实际享有房屋权益,借名人依据合同约定要求登记人(出名人)办理房屋所有权转移登记的,可予支持。涉案房屋交付后,张某某实际控制居住享有房屋权益。现涉案房屋产权登记在中粮万科公司名下,中粮万科公司认可涉案房屋价款已全部付清,房屋过户条件已成就。故张某某要求郭某某按照约定办理房屋所有权转移登记,符合法律规定,应予支持。郭某某作为涉案房屋"北京市商品房预售合同"载明的买受人,签署"房屋权属确认书",并无不当之处。

北京市第二中级人民法院判决如下:驳回上诉,维持原判。

[法理评析]

1. 判断合同是否无效的法律依据

《合同法》第52条合同无效的法定情形规定:"有下列情形之一的,合同无效:

(一)一方以欺诈、胁迫的手段订立合同,损害国家利益;

(二)恶意串通,损害国家、集体或者第三人利益;

(三)以合法形式掩盖非法目的;

(四)损害社会公共利益;

(五)违反法律、行政法规的强制性规定。"

2. 本案一审、二审法院的意见

北京市丰台区人民法院经审理认为,依法成立的合同,对当事人具有法律约束力。张某某与郭某某签订的协议书和房屋权属确认书,系双方真实意思表示,内容未违反相关法律规定,该协议书和房屋权属确认书有效。

北京市第二中级人民法院认为:当事人约定一方以他人名义购买房屋,并将房屋登记在他人名下,借名人实际享有房屋权益,借名人依据合同约定要求登记人

(出名人)办理房屋所有权转移登记的,可予支持。涉案房屋交付后,张某某实际控制居住享有房屋权益。

现涉案房屋产权登记在中粮万科公司名下,中粮万科公司认可涉案房屋价款已全部付清,房屋过户条件已成就。故张某某要求郭某某按照约定办理房屋所有权转移登记,符合法律规定,应予支持。郭某某作为涉案房屋"北京市商品房预售合同"载明的买受人,签署"房屋权属确认书",并无不当之处。

笔者认为,在国家对房地产调控的背景下,涉案的协议涉嫌违反《合同法》第52条合同无效的法定情形的第2项、第3项、第4项:"(二)恶意串通,损害国家、集体或者第三人利益;(三)以合法形式掩盖非法目的;(四)损害社会公共利益。"

笔者认为,在国家对房地产调控的背景下,借他人之名买房实际上属于投机取巧,规避国家政策的约束,不值得提倡。

4. 出卖方自行加盖的建筑物被认定违法并拆除,房屋的买受方该如何处理?

[问题的提出]

违章建筑,是指在城市规划区内,未取得建设工程规划许可证或违反建筑工程规划许可证的规定建设的,或采取欺骗手段骗取批准而占地新建、扩建和改建的建筑物。违章建筑,主要包括:(1)未申请或申请未获得批准,未取得建设用地规划许可证和建设工程规划许可证而建成的建筑;(2)擅自改变建设工程规划许可证的规定建成的建筑;(3)擅自改变了使用性质建成的建筑;(4)擅自将临时建筑设成为永久性建筑。

违章建筑最主要的特征就是不具有合法性,即违章建筑是不受法律保护的,不能依法进行产权登记。但是,违章建筑物本身仍然是物的一种,在有关行政主管部门未依法认定要求拆除之前,违章建筑建造者仍然对物享有某些物权法上的权利。这些权利主要包括:(1)有权占有建筑物。(2)有权使用建筑物。违章建筑之上的使用权是一种临时性使用权。一旦建筑物被拆除,使用权随即消灭。

在别墅区和楼房的底层,房屋的权利人往往未经主管部门批准自行加盖建筑物,他们自己也知道自行加盖的建筑物违法,属于违章建筑,不能依法进行产权登记。在房屋买卖时,有些买受人看上了该房屋的整体(包括自行加盖的违章建筑),出于侥幸心理,认为只要有关行政主管部门未要求拆除,其可以占有、使用,于是按整体价格购买房屋。但是,在有关行政主管部门依法认定并要求拆除自行加盖的违章建筑之后,买卖双方就会发生争议。买受方就会感到自己吃亏了,在这种情况下,买方该如何处理呢?

[参考案例]

案例 8-6　宋某与崔某某房屋买卖合同纠纷上诉案①

2014 年 9 月 14 日,宋某(出卖人、甲方)与崔某某(买受人、乙方)签订"北京市房屋买卖合同",约定宋某将 ×× 小区 103 号房屋出售给崔某某,建筑面积为 63.04 平方米,宋某在未依法取得建设工程规划许可证的情况下于上述房屋处自行加建了阳光房与厨房等建筑物。双方约定房屋成交价格为 230 万元,买受人在签订合同时支付定金 10 万元。合同约定"甲方保证所售房屋符合国家及北京市房屋上市交易的政策规定。房屋产权无查封、无债务纠纷"。合同第 10 条补充条款约定"1. 双方协定自签订合同之日起十五个工作日内,乙方向甲方支付首付房款人民币捌拾万元整,剩余部分首付款于 2014 年 10 月 31 日前付清。(如乙方确有困难,甲方同意,可顺延 10 天)2. 该房屋甲方重新装修未完工,新装修费用和物品需要单独另行作价的,甲、乙双方同意自行协商"。同日,双方另行签订补充条款,约定"1. 经过甲乙双方再次协商一致,甲方重新装修的费用是人民币壹拾伍万元整,其中包括整体的固定装修,整体橱柜,卫生间整体装修,卫浴设施,灯具,阳光房的整体装修,衣柜三个,窗帘四套,室外储藏室,另包含 2014 年房屋物业费和供暖费,水电费预存的费用,此笔款项乙方于甲方户口迁出后七个工作日内一次性结清。如乙方逾期支付则按银行日利息双倍支付违约金。2. 甲乙双方约定,于过户当日甲方把本房屋附属的院子的使用权证明复印件转给乙方。3. 甲方承诺房屋交付给乙方时所有的

---

① 参见北京市第一中级人民法院(2015)一中民终字第 06293 号民事判决书。

配套可以正常使用,装修完好(以目前装修现状为准),双方共同验收后于过户当日交于乙方使用"。

合同签订后,崔某某于 2014 年 9 月 14 日支付定金 10 万元。于 2014 年 10 月 12 日支付首付款 80 万元。双方于 2014 年 10 月办理了网签手续,并于 2014 年 10 月 28 日办理贷款面签,贷款金额为 50 万元。因崔某某需要增加贷款额度至 80 万元,故双方于 2014 年 11 月 17 日撤销网签。双方达成一致意见,约定剩余首付款为 60 万元,贷款金额为 80 万元。因宋某建设的彩钢建筑物未依法取得建设工程规划许可证,2014 年 11 月 18 日,昌平区房屋行政主管部门函告北京市昌平区城市管理综合行政执法监察局将涉案房屋进行行政限制。宋某将违法建设拆除完毕后,2014 年 12 月 26 日,昌平区房屋行政主管部门函告北京市昌平区城市管理综合行政执法监察局将涉案房屋解除行政限制。因涉案房屋被行政限制,双方未再进行网签、面签及后续交易程序。崔某某于 2014 年 12 月 4 日得知诉争房屋被查封,于 2015 年 1 月 23 日得知诉争房屋解除查封。崔某某在签订房屋买卖合同之前到涉案房屋内看房,知道房屋面积等信息,对宋某加建的阳光房和厨房不包括在房屋建筑面积内一事知情。崔某某表示因其看中宋某加建的部分才愿意以 230 万元的价格购买房屋,现宋某将加建的部分拆除导致无法按照合同约定交付房屋,合同目的不能实现,故不同意继续履行合同。

崔某某向北京市昌平区人民法院起诉,请求法院判令:(1)解除崔某某与宋某于 2014 年 9 月 14 日签订的"北京市房屋买卖合同";(2)宋某返还给崔某某已付的首期购房款 80 万元、定金 10 万元合计人民币 90 万元及利息;(3)宋某支付违约金 24.5 万元;(4)宋某赔偿崔某某因本次交易所支付的居间佣金及各项服务费合计 53 100 元、交易保障金 11 500 元;(5)本案诉讼费用由宋某承担。

宋某在原审法院答辩称:本案所涉及的交易标的是符合我国法律法规的相关规定的,不存在交易标的违法的事实。

北京市昌平区人民法院认为,买受人崔某某与出卖人宋某签订房屋买卖合同时,宋某自行建造的建筑物已经存在,崔某某看中宋某加建的部分从而有意愿购买涉案房屋,且崔某某对于宋某自行建造的建筑物不包括在房屋建筑面积内一事知情,因此双方签订的房屋买卖合同既包括与房屋所有权证书上载明的建筑面积相对应的房屋,也包括加建部分的建筑物。因宋某建设的彩钢建筑物未依法取得"建设工程规划许可证",故双方就该部分建筑物达成的买卖合同应系无效。因双方之间的买卖合同中包括无效部分，导致该房屋交易无法正常履行，无法实现合同目的，现双方均同意解除合同，故对于房屋买卖合同中有效的部分应予以解除。宋某应将崔某某支付的购房款共计90万元返还给崔某某。崔某某要求宋某支付90万元利息的诉求，于法无据，法院不予支持。对于房屋买卖合同部分无效的后果，双方均负有过错，应各自承担相应的责任，故双方均主张对方违约并要求对方承担违约责任的诉求，均依据不足，法院不予支持。关于宋某要求崔某某承担延迟履行的违约金一节，因该房屋买卖合同自签订时起就存在无效部分，合同无法正常履行，故宋某关于崔某某未依约支付购房款构成违约应支付违约金的主张，依据不足，法院不予支持。

北京市昌平区人民法院判决：（1）解除崔某某与宋某签订的"北京市房屋买卖合同"；（2）宋某于本判决生效后七日内返还崔某某购房款90万元；（3）驳回原告崔某某的其他诉讼请求；（4）驳回反诉原告宋某的其他反诉请求。

宋某不服原审法院判决，向北京市第一中级人民法院提起上诉。该院经审理查明，原审法院查明的事实属实，该院予以确认。

北京市第一中级人民法院认为：崔某某因看中宋某出售的房屋包括宋某自行加建的建筑物从而有意愿购买涉案房屋，崔某某对于宋某自行建造的建筑物不包括在房屋建筑面积内一事知情，因此双方签订的房屋买卖合同既包括房屋所有权证书上载明的房屋，也包括加建部分的建筑物。因宋某自行建设的彩钢建筑物未依法取得建设工程规划许可证，故双方就该部分建筑物达成的买卖合同应系无效。因双方之间的买卖合同中包括无效部分，导致该房屋交易无法正常履行，无法实现合同目的，现双方均同意解除合同，故对于房屋买卖合同中有效的部分应予以解除。宋某应将崔某某支付的购房款共计90万元返还给崔某某。对于房屋买卖合同部分无效的后果双方均负有过错，双方应各自承担相应的责任，故原审判决对双方均主张对方违约并要求对方承担违约责任的诉求不予支持并无不当。因该房屋买卖合同自签订时起就存在无效部分，合同无法正常履行，故宋某要求崔某某承担延迟履行的违约金依据不足，原审判决对此不予支持亦无不当。

综上所述，宋某的上诉理由和请求，缺乏事实根据和法律依据，不予支持。

北京市第一中级人民法院判决：驳回上诉，维持原判。

[**法理评析**]

1. 该类房屋买卖合同的特征

（1）双方签订的房屋买卖合同既包括与房屋所有权证书上载明的建筑面积相对应的房屋，也包括出卖方自行加建部分的建筑物；

（2）因出卖方自行加建部分的建筑物未依法取得建设工程规划许可证，故双方就该部分建筑物达成的买卖合同应系无效；

（3）因双方之间的买卖合同中包括无效部分，导致该房屋交易无法正常履行。

2. 买受方可以主张解除合同

因房屋交易无法正常履行，无法实现合同目的，买受方可以行使《合同法》第94条第4项赋予的权利，向人民法院起诉要求解除合同，对于房屋买卖合同中有效的部分予以解除。

3. 买卖双方对于合同的签订均有过错，双方应各自承担相应的责任

买卖双方在签订合同时，明知存在违章搭建的建筑，仍然自愿签订房屋买卖合同。对于房屋买卖合同部分无效的后果双方均负有过错，应各自承担相应的责任。

基于上述理由，本案的一审、二审法院，对双方主张对方违约并要求对方承担违约责任的诉讼请求均不予支持。

5. 房屋交付后，在办理过户手续之前房子被法院查封、执行，买房人该如何处理？

[**问题的提出**]

在二手房买卖中有一种情况让买房人很痛苦，即双方签订完房屋买卖合同，经过网签（网上备案），买房人支付了大部分买房款甚至已经支付完毕，房屋已交付甚至已经装修入住。在办理房屋产权过户手续之前，房子被法院查封、执行。遇到这类问题，很多买房人甚至不少法律从业者都会束手无策。如何处理这类难题？

[参考案例]

案例 8-7　何某某等与黄某某等执行异议之诉上诉案[①]

系争房屋属于动迁安置房,于 2014 年 5 月 12 日核准登记至屈某 1、屈某 2 两人名下。

2015 年 1 月 14 日,黄某某与屈某 1 签订"房款支付协议"购买上海市闵行区××镇××路××弄××号××室房屋(以下简称系争房屋)。同时,上海××事务所(以下称中介所)与屈某 1 签订房款 60 万元由中介所代为支付给前买受人的协议。2015 年 3 月 14 日,黄某某、傅某某与屈某 1、屈某 2 通过中介所居间介绍签订系争房屋的买卖合同,约定转让价款共计 120 万元。补充条款约定,双方应于此房屋交易限制期届满后 30 日内共同至上海市闵行区房地产交易中心办理系争房屋过户手续。2015 年 2 月 15 日,屈某 1 将系争房屋交付给黄某某。2015 年 5 月 22 日,屈某 1 与案外人侯某并代屈某 2 签署"委托书",委托案外人侯某办理系争房屋的相关事宜,包括代为签订有关系争房屋的定金协议/买卖合同、代为办理房地产转移登记过户手续、代为签署相关文件等 13 项事项,委托期限为系争房屋依法可上市交易之日起一年(如系争房屋依法已可上市交易,则委托期限为委托人签署本委托书之日起一年)。该"委托书"经上海市黄浦公证处公证。

黄某某、傅某某以现金方式及通过黄某某、案外人叶某、案外人赵某的账户以银行转账的方式于 2015 年 1 月 14 日、15 日两日共计向屈某 1 支付房款 40 万元;2015 年 2 月 15 日,黄某某通过其银行账户向中介所的工作人员李某转账支付 60 万元;2015 年 5 月 22 日,黄某某通过其银行账户向屈某 1 转账支付房款 15 万元;2016 年 10 月底,尾款 5 万元黄某某、傅某某支付给中介所。

2015 年 6 月,黄某某、傅某某对系争房屋进行了装修,并于当年 10 月入住系争房屋至今。

一审判决另查明,2016 年 3 月 15 日,上海市闵行区人民法院(以下简称闵行法院)受理了何某某诉屈某 1 民间借贷纠纷一案。该案经调解,何某某与屈某 1 达成协议,由屈某 1 于 2016 年 3 月 31 日之前归还何某某借款 35.5 万元。闵行法院作出民事调解书。因屈某 1 未履行,何某某申请法院强制执行。2016 年 7 月 27 日,

---

① 参见上海市第一中级人民法院(2018)沪 01 民终 340 号民事判决书。

执行法院查封了系争房屋。

2017 年 1 月,黄某某、傅某某提出案外人执行异议。闵行法院于 2017 年 2 月 6 日作出执行裁定书,驳回黄某某、傅某某的异议请求。黄某某、傅某某不服,向闵行法院提起案外人异议之诉。

一审判决认为,本案的争议焦点在于黄某某、傅某某对系争房屋是否享有足以排除强制执行的民事权益。首先,系争房屋虽系动迁安置房,黄某某、傅某某与屈某 1、屈某 2 签订"上海市房地产买卖合同"时,系争房屋尚处于限制交易期,但法律、行政法规均未禁止有关尚处于限制交易期的动迁安置房买卖合同的签订,故黄某某、傅某某与屈某 1、屈某 2 签订的系争房屋买卖合同系双方当事人真实意思表示,内容未违反法律、行政法规强制性效力性的规定,且该出售行为发生在系争房屋被司法查封之前,本案中亦无证据证明系争房屋买卖合同存在法律所规定的合同无效的情形,因此,该合同真实、合法、有效,应当受到法律的保护;其次,黄某某、傅某某于 2015 年 2 月 15 日已实际占有、使用系争房屋,且其实际占有的时间发生于系争房屋被司法查封前;再次,黄某某、傅某某与屈某 1、屈某 2 约定系争房屋的过户时间为限制期届满后 30 日内,现系争房屋的限制交易期已满,但因屈某 1 与何某某等人借贷纠纷,导致系争房屋被法院查封,进而导致系争房屋无法办理过户,对此,黄某某、傅某某并无过错;最后,黄某某、傅某某已按合同约定给付了全部购房款 120 万元,其中第二笔 60 万元按照屈某 1 与居间方签署的协议内容、在屈某 1 的指示下方将该笔房款支付给了居间方,可视为已给付该笔款项的义务,至于最后一笔 5 万元尾款,也系支付给居间方,抵扣屈某 1 欠居间方的钱,虽然屈某 1 对此表示异议,但未提供相应的证据予以反驳,故确认黄某某、傅某某已完成了 5 万元尾款的给付义务。若屈某 1 认为其与中介所并不存在借贷关系、借款凭条虚假,可另案诉讼。

闵行法院判决,立即停止(2016)沪 0112 民初 8054 号案件对系争房屋的执行并解除(2016)沪 0112 执 3508 号案件的司法查封。

何某某、屈某 1、屈某 2 不服上海市闵行区人民法院的民事判决,向上海市第一中级人民法院提起上诉。

何某某的上诉请求:要求撤销一审判决,驳回原审原告的诉讼请求,准予对登记在屈某 1、屈某 2 名下的系争房屋强制执行。主要理由是:系争房屋是动迁安置房,黄某某、傅某某与屈某 1、屈某 2 在限售期内签订的买卖合同无效,故黄某某、傅某某对系争房屋不享有足以排除强制执行的民事权益。

屈某 1、屈某 2 的上诉请求：要求撤销一审判决，驳回原审原告的诉讼请求。主要理由是：其通过中介所居间出售系争房屋，中介所以欺骗方式促成的买卖合同无效；系争房屋是限制交易的动迁房，亦无法办理过户手续。

黄某某、傅某某答辩称：在人民法院查封系争房屋之前，其与屈某 1、屈某 2 已签订了网签版房地产买卖合同，约定于 2015 年 5 月 31 日之前办理过户手续；已支付全额房款；已占有使用了系争房屋；中介所承诺可以办理过户手续，其对系争房屋享有足以排除强制执行的物权期待权。故请求驳回上诉，维持一审判决。

上海市第一中级人民法院经审理认为，根据《最高人民法院关于适用〈中华人民共和国民事诉讼法〉的解释》第 312 条规定，案外人对执行标的享有足以排除强制执行的民事权益，应判决不得执行该执行标的。本案争议焦点是在普通金钱债权执行中，被上诉人黄某某、傅某某对系争房屋是否享有足以排除强制执行的物权期待权。黄某某、傅某某在执行查封之前，通过中介签订系争房屋网签买卖合同；已全额支付房款；实际占有使用系争房屋；系争房屋限制交易期已满等情形，故黄某某、傅某某对系争房屋享有物权期待权，足以排除申请执行人何某某与屈某 1 因民间借贷引起的普通金钱执行，故对何某某的上诉请求，本院不予支持。闵行法院对本案认定的事实和适用的法律，并无不当，但判决主文的表述有误，该院予以纠正。上诉人屈某 1、屈某 2 未能提供证据证明黄某某、傅某某与中介所通过欺骗的手段与其签订了系争房屋的买卖合同，故对屈某 1、屈某 2 的上诉请求，该院不予采信。

上海市第一中级人民法院判决：

（1）驳回何某某、屈某 1、屈某 2 的上诉；

（2）变更上海市闵行区人民法院（2017）沪 0112 民初 4572 号民事判决主文为：不得执行上海市闵行区 ×× 镇 ×× 路 ×× 弄 ×× 号 ×× 室房屋。

案例 8-8　于某某诉刘某某等案外人执行异议之诉案①

2015 年 11 月 23 日，出卖人常某与买受人刘某某签订"房屋买卖合同"，约定买受人以 92 万元的价格购买出卖人名下坐落于河北省香河县 ×× 小区 9×1 室的住宅；出卖人于全部购房款交齐时交付房屋。同日，甲方常某、乙方刘某某、丙方香河安家房地产经纪有限公司（以下简称安家公司）签订"存量房屋买卖居间服务合同"

---

① 参见北京市第一中级人民法院（2017）京 01 民终 6696 号民事判决书。

及"补充协议",协议约定,经甲乙双方协商同意,甲方于产权过户前结清房屋的物业、煤、水、电、供暖等相关费用,本房屋所附属的家具家电无偿赠予乙方,甲方承诺于2017年1月15日前将户口全部迁出,甲乙双方对此事知晓且无异议;若甲方违约,需向乙方支付违约金5万元,若乙方违约,所付房款甲方不予退还。

2015年11月23日,刘某某向常某支付购房款92万元,常某向刘某某出具收据,并将涉案房屋交付刘某某。2017年5月12日,北京宝景物业管理有限公司出具"证明书":自2015年11月23日起该房屋由刘某某居住,自刘某某入住后,该房屋的物业费、电费以及相关费用均由刘某某负责交纳。

2015年12月1日,常某、梁某共同出具"委托书",并办理了公证,"委托书"载明,常某与梁某是夫妻关系,共同将坐落于河北省香河县××小区9×1室的房屋出售给刘某某,现因常某、梁某工作繁忙无法亲自办理相关手续,特委托石某某全权代理其办理与出售该房产有关的相关事宜,包括:代为办理该房产的产权交易、更名、过户、签订房产买卖合同等;委托期限从2015年12月1日起至上述委托事项办理完毕止。同日,甲方常某、梁某,乙方刘某某,丙方石某某共同签订"三方承诺书",约定,甲乙双方共同委托丙方办理产权交易更名过户相关手续,如出现任何问题,甲方常某、梁某无任何法律责任。

2017年5月10日,安家公司出具"证明":"2016年5、6月间,刘某某的爱人石某某要求我公司去办理过户手续,在石某某的要求下,我单位派人同石某某一起去找常某的代理人石某某要求办理过户手续。石某某总以忙为由推脱,房屋至今未完成过户手续。"2017年5月15日,香河县人力资源和社会保障局出具"证明":"石某某为我单位员工,因其姐夫刘某某买卖房屋过户一事,石某某多次来我局找石某某,要求办理房屋过户手续。"因父亲赡养问题,姐弟俩产生矛盾,后经过调解,双方达成和解,石某某答应2017年春节后前去办理过户手续。

案件审理过程中,石某某作为证人出庭作证,石某某陈述称:"刘某某与常某签订协议,协议约定常某于2017年1月15日前将户口迁出,迁出之后再办理过户手续,过户手续由我作为常某、梁某的代理人代为办理;我与刘某某的配偶石某某为姐弟关系,因为家庭原因,我与石某某关系恶化,故一直没有办理过户手续。"

2016年7月22日,于某某以民间借贷纠纷为由将常某、梁某起诉至北京市昌平区人民法院,该院作出民事调解书。因常某、梁某未按调解协议履行还款义务,于某某向该院申请强制执行,该院作出(2016)京0114执5520号执行裁定书,并依据该裁定于2016年9月1日查封了常某名下位于河北省香河县××小区9×1室房屋。

刘某某对执行措施提出书面异议,该院于2017年3月15日作出执行裁定书,驳回了刘某某的异议请求。

刘某某对裁定不服,向该院提起诉讼,请求:撤销对(2016)京0114执5520号执行案中有关查封香河县××小区9×1室房屋的执行措施,并解除查封措施。

一审法院认为:(1)刘某某与常某于2015年12月23日签订的"房屋买卖合同"是出于当事人的真实意思,且不违反法律强制性规定,应当认定为合法有效。该院对执行标的采取查封措施的时间为2016年9月1日,故刘某某与常某在该院采取查封措施之前已经签订合法有效的书面买卖合同。(2)刘某某于2015年11月23日向常某交付全部购房款,符合法律规定的"已支付全部价款"的情形。(3)在收到全部购房款后,常某向刘某某交付了涉案房屋,故在该院对涉案房屋采取查封措施之前,刘某某一直合法占有该房屋。(4)对于未办理过户登记的原因,该院认为,虽然"三方承诺书"约定刘某某、常某、梁某共同委托石某某办理过户相关手续,如出现任何问题,常某、梁某无任何法律责任。但根据常某、梁某出具的"委托书"及石某某的证人证言,在办理过户登记时,石某某应当作为常某、梁某的代理人协助刘某某办理相应手续,本案中,刘某某多次向石某某主张协助办理过户手续,但石某某并未履行相应义务,常某、梁某作为石某某的委托人应当对受托人石某某的行为承担法律后果。因此,对于未能办理房屋过户登记,刘某某并不存在任何过错。

综上,刘某某于法院查封之前与常某签订了合法有效的书面买卖合同,支付了全部价款,并合法占有了该不动产,且对于房屋未办理过户登记,刘某某并不存在任何过错,符合《最高人民法院关于人民法院办理执行异议和复议案件若干问题的规定》第28条规定中的排除执行的情形,故对于刘某某的诉讼请求,该院予以支持。

北京市昌平区人民法院判决:撤销(2016)京0114执5520号执行案件对坐落于河北省香河县××小区9×1室房屋的查封措施。

于某某不服一审判决,向北京市第一中级人民法院提起上诉,请求:撤销一审判决,改判驳回刘某某的全部诉讼请求。

其提交的事实和理由为:刘某某与常某于2015年11月23日签订"房屋买卖合同",2015年12月1日,常某、梁某出具"委托书"并办理了公证,委托书载明因常某、梁某工作繁忙无法亲自办理相关手续,特委托石某某全权代为办理与出售房屋相关的手续,后梁某因有其他债务,催告刘某某及时过户。刘某某亲笔书写了"三方承诺书"，认可如不及时过户，出现问题刘某某承担。石某某是刘某某的妻弟，其作为代理人是刘某某指定的。2016 年 7 月 22 日，于某某以民间借贷纠纷为由起诉常某、梁某，法院做出民事调解书，因常某、梁某未按约还款，于某某申请强制执行。2016 年 9 月 1 日法院查封了常某名下的案涉房产。房屋买卖委托手续的公证于 2015 年 12 月 1 日完成，刘某某在 2015 年 12 月 2 日至 2016 年 9 月 1 日期间未办理房屋过户，在此期间与梁某、常某没有任何沟通。一审判决认定刘某某对案涉房屋没有办理过户不存在过错，不合常理，有违公平。

刘某某辩称，一审判决认定事实清楚，适用法律正确，请求维持一审判决。于某某、常某及梁某对"房屋买卖合同"及"委托书"的真实性予以认可。于某某称常某、梁某曾因债务问题催告刘某某及时过户，没有证据证明。刘某某多次与常某、梁某沟通，但未找到二人。于某某、梁某、常某以民间借贷纠纷为由，高度配合调解后迅速查封案涉房屋，有违常理。结合案外同性质案件，足以表明于某某并非向梁某、常某追讨债务，而是另有目的。刘某某全款购买了案涉房屋，且实际占有，石某某作为受托人，因协商 2017 年 1 月 15 日常某将户口迁出后，再迁入户口并过户，才延迟了过户时间。

北京市第一中级人民法院认为，结合各方当事人的诉辩意见，本案的争议焦点为，刘某某对案涉房屋未在法院查封前办理过户登记手续是否存在过错。于某某主张常某、梁某所委托办理过户登记手续的受托人石某某系刘某某亲属，后续未及时办理过户登记的原因在刘某某，而非常某、梁某。结合刘某某提交的"委托书"、安家公司出具的"证明"、香河县人力资源和社会保障局出具的"证明"及受托人石某某的证人证言，上述证据可形成完整证据链，证明系因受托人石某某不及时配合的原因，导致案涉房屋未能及时办理过户登记手续，故刘某某对未办理过户登记不存在过错。再结合刘某某在查封手续前签订"房屋买卖合同"，实际支付全部价款且合法占有案涉房屋的事实，对刘某某中止执行的诉讼请求，应予支持。于某某的上诉请求不能成立，应予驳回。

北京市第一中级人民法院判决：驳回上诉，维持原判。

［法理评析］

1. 二手房买受人享有足以排除强制执行民事权益的条件

《最高人民法院关于人民法院办理执行异议和复议案件若干问题的规定》第 28

条规定:"金钱债权执行中,买受人对登记在被执行人名下的不动产提出异议,符合下列情形且其权利能够排除执行的,人民法院应予支持:

(一)在人民法院查封之前已签订合法有效的书面买卖合同;

(二)在人民法院查封之前已合法占有该不动产;

(三)已支付全部价款,或者已按照合同约定支付部分价款且将剩余价款按照人民法院的要求交付执行;

(四)非因买受人自身原因未办理过户登记。"

关于上述司法解释第(二)项中的"合法占有"的涵义,最高人民法院(2019)最高法民申2261号民事裁定书中指出:"规定中的'合法占有',应以买受人实际控制该房屋为标准,其是否实际入住或使用则不是对该房屋合法占有的必要条件。"

2.房屋交付后,在办理过户手续之前房子被法院查封、执行,买房人的操作实务

(1)向执行法院提出书面的执行异议。《民事诉讼法》第227条规定:"执行过程中,案外人对执行标的提出书面异议的,人民法院应当自收到书面异议之日起十五日内审查,理由成立的,裁定中止对该标的的执行;理由不成立的,裁定驳回。案外人、当事人对裁定不服,认为原判决、裁定错误的,依照审判监督程序办理;与原判决、裁定无关的,可以自裁定送达之日起十五日内向人民法院提起诉讼。"

(2)执行异议被裁定驳回后,应自裁定送达之日起十五日内向人民法院提起执行异议诉讼。《最高人民法院关于适用〈中华人民共和国民事诉讼法〉的解释》第312条规定:"对案外人提起的执行异议之诉,人民法院经审理,按照下列情形分别处理:(一)案外人就执行标的享有足以排除强制执行的民事权益的,判决不得执行该执行标的;(二)案外人就执行标的不享有足以排除强制执行的民事权益的,判决驳回诉讼请求。案外人同时提出确认其权利的诉讼请求的,人民法院可以在判决中一并作出裁判。"

(3)如果被一审法院判决驳回诉讼请求,可以提起上诉。

第九章
"无权处分"导致的纠纷

1. 隐名权利人以出卖人无处分权要求确认合同无效,会得到法院支持吗?

[问题的提出]

现实生活中,在房屋产权登记时有些权利人没有登记,在产权证书上没有显示其名字,法律上称其为隐名权利人。如果该房屋的显明权利人出售了该房子,隐名权利人以出卖人无处分权为由,要求确认合同无效,会得到法院支持吗?

[参考案例]

案例 9-1　侯某某等三人与吴某房屋买卖合同纠纷上诉案[①]

2015 年 10 月 15 日,侯某某作为甲方(卖方)与乙方(买方)吴某签订"北京市存量房屋买卖合同",约定:甲方因闲置一处楼房,通过家庭内部全部权利人同意,自愿将该房屋出卖给乙方,现与乙方因房屋买卖相关事项,出于真实意愿协商一致,达成以下合意:甲方所售房屋为楼房,坐落于北京市顺义区 ×3 室,建筑面积为 88.93 平方米;经双方协商一致,该房屋成交价格总价款为人民币 160 万元;乙方在合同签订当日首次支付甲方人民币 55 万元,作为乙方向甲方支付的第一笔房

---

① 参见北京市第三中级人民法院(2018)京 03 民终 1919 号民事判决书。

款,2016年1月31日之前乙方再向甲方支付第二笔房款25万元,两笔房款总计人民币80万元作为该房屋的首付款项;剩余款项80万元乙方拟向公积金管理中心申办抵押贷款,如因自身原因未获得公积金管理中心批准的,乙方自行筹齐剩余房款以现金形式付给甲方;甲方应当保证该房屋没有产权纠纷,因甲方原因造成该房屋不能办理产权登记或发生债权债务纠纷的,由出卖人承担相应责任;甲方应当保证已如实陈述该房屋权属状况、附属设施设备、装饰装修情况和相关关系,补充协议及物业交割单所列的该房屋附属设施设备及其装饰装修随同该房屋一并转让给乙方,乙方对甲方出售的该房屋具体状况充分了解,自愿买售该房屋;甲方应当在2016年8月31日前将该房屋交付给乙方,并保障该房屋不存在任何权属纠纷,甲方承诺乙方享有完全的所有权;涉及办理房屋所有权证明的原件由甲方转移给乙方持有。

侯某某作为甲方(出卖方)与乙方(买受方)吴某签订的"补充协议"约定:鉴于甲乙双方就坐落于北京市顺义区×3室房屋签署了"北京市存量房屋买卖合同",现双方经过友好协商就房屋买卖事宜做出补充约定如下:就甲方暂时尚未取得该房屋的房屋所有权证书的事实情况,甲方已据实告知乙方,且乙方已知晓该事实。甲乙双方已明确知晓交易风险,且自愿达成本交易。若房屋登记机构颁发的房屋所有权证书所记载的房屋地址、面积(无论增加或减少)等信息与甲乙双方所签署的合同中记载不一致的,甲乙双方一致同意放弃异议的权利,并按照共同签署的合同继续履行,不因此追究他方的任何责任;甲乙双方同意,交易房屋价款及装饰装修和配套设施作价总计人民币160万元,此价格为甲方净得价,不含税;乙方于2015年10月15日向甲方支付第一笔首付款人民币55万元,乙方所支付的首付款作为乙方向甲方支付的第一笔房款,2016年1月31日之前乙方再向甲方支付第二笔房款人民币25万元,两笔房款总计人民币80万元作为该房屋的首付款项;甲方承诺在实际取得房屋所有权证后十日内通知乙方,并积极配合乙方办理房屋产权转移登记手续。乙方承诺在甲方实际取得房屋所有权证2年后的20个工作日内,甲乙双方应共同办理房屋所有权转移登记手续;经双方协商,一致同意采取分期付款方式支付房款:(1)乙方于2015年10月15日将第一笔房款人民币55万元,以银行转账的方式支付给甲方。(2)乙方于2016年1月31日将第二笔房款人民币25万元,以银行转账的方式支付给甲方。(3)剩余房款人民币80万元,乙方在办理银行贷款之前,采取分期付款方式每年支付给甲方10万元~15万元。除每年支付的10万元~15万元房款之外的剩余款项:双方约定在甲方实际取得房屋所有权证后满

2 年之后的 20 个工作日内,乙方办理房屋所有权转移登记手续,甲方予以配合。余款乙方将以银行贷款的方式支付给甲方,乙方办理贷款后付清全部余款。

2015 年 10 月 15 日,吴某支付涉案房屋第一笔购房款 55 万元;2016 年 1 月 13 日,吴某支付涉案房屋第二笔购房款 25 万元;2016 年 3 月 7 日,吴某支付涉案房屋第三笔购房款 10 万元。吴某、侯某某一致认可,吴某于 2016 年 9 月 17 日起居住在涉案房屋至今,但侯某某否认就涉案房屋双方已经完成交房手续。

此后,侯某某以自己没有处分权、家庭其他成员不同意出售为由,主张合同无效,要求收回房子。

吴某向北京市顺义区人民法院起诉,请求:确认吴某与侯某某于 2015 年 10 月 15 日签订的"北京市存量房屋买卖合同"及"补充协议"合法有效。

侯某某抗辩称:本案诉争房屋的所有权为侯某某、侯某山、李某某、侯某强共同所有,侯某山、李某某、侯某强均有充分证据证明系本案涉诉房屋的共有权人,其中任何一人无权处置。本案中侯某山、李某某、侯某强明确表示不同意出卖该房屋,即未对侯某某与吴某双方签订的买卖合同予以追认,因此该合同无效。

法院依职权调取的关于因顺义区拆迁被拆迁人侯某山的拆迁档案及回迁档案显示:(1)2010 年 1 月 25 日,第三人侯某山作为被拆迁人(甲方)与北京市土地整理储备中心顺义区分中心及北京市顺义区南法信镇人民政府(乙方)签订"北京市集体土地房屋拆迁货币补偿协议书",约定:甲方家庭人口共 4 人,分别是户主侯某山、之女侯某某、之妻李某某、户主侯某强;甲方应支付乙方拆迁补偿补助款共计人民币 1 481 065 元。(2)仁和花园一区回迁安置房认购表记载:位于顺义区仁和花园一区 ×1 室,共计 141.05 平方米,该套房屋产权人为侯某强;位于顺义区仁和花园一区 ×3 室,共计 88.93 平方米,该套房屋产权人为侯某某,使用侯某某 45 平方米指标内面积、9 平方米指标外面积,使用侯某山 26 平方米指标内面积;位于顺义区 ×× 室,共计 111.49 平方米,该套房屋产权人为亢某某、侯某然。

一审庭审中,侯某某及侯某山、李某某、侯某强共同辩称,本案涉案房屋系拆迁回迁安置所得,吴某亦知情该房屋系回迁安置房,回迁安置房应属家庭共有,且购买涉案房屋房款系第三人侯某山所支付,并提供北京银行石园支行进账单、银行账户流水、录音光盘以及北京银行顺义支行回函等证据佐证;吴某不认可上述辩称意见,称签订合同时知情该房屋系回迁安置房,但回迁安置房确认书及收据中记载的产权人均系侯某某,且侯某某家人亦知晓涉案房屋出售事宜,侯某某提交的其他证据与本案无关,并提交与侯某某微信聊天记录佐证,微信聊天记录中侯某某提到

"因为这样,家里人都让再买一个才能保值,所以说闲置资金不能放在银行,有合适的房子还是要再买一个,春节我在外地看套房子"。

一审法院认为:回迁安置房确认书及收据中记载的产权人均系侯某某,涉案房屋已于 2016 年 9 月交付吴某居住使用,故吴某与侯某某签订的"北京市存量房屋买卖合同"及"补充协议"不存在法定的无效情形。《最高人民法院关于审理买卖合同纠纷案件适用法律问题的解释》第 3 条第 1 款规定:"当事人一方以出卖人在缔约时对标的物没有所有权或者处分权为由主张合同无效的,人民法院不予支持。"本案中,侯某某以涉案房屋为回迁安置房系家庭共有财产,其无处分权为由,辩称其与吴某签订的"北京市存量房屋买卖合同"及"补充协议"属无效合同,法院无法采信。吴某要求确认上述合同及补充协议合法有效的诉讼请求,法院予以支持。

一审法院判决:确认吴某与侯某某于 2015 年 10 月 15 日签订的"北京市存量房屋买卖合同"及"补充协议"合法有效。

被告及第三人侯某山、李某某、侯某强不服一审判决,向北京市第三中级人民法院提起上诉。

北京市第三中级人民法院判决:驳回上诉,维持原判。

案例 9-2 陈某等与王某某等房屋买卖合同纠纷上诉案[①]

2016 年 3 月 21 日,陈某、沈某与王某某通过房产中介签订"房地产居间受托方买卖合同",约定陈某、沈某向王某某购买系争上海市金山区 ×× 路 ×× 弄 ×× 号 ×× 室房屋的价格、购房定金金额、支付方式、签订"上海市房地产买卖合同"的时间等。当日,陈某、沈某支付王某某购房定金 50 000 元;王某某与沈某在交易流程表上签名确认。2016 年 4 月 5 日,双方签订"上海市房地产买卖合同",约定系争房屋转让价为 920 000 元。陈某、沈某与王某某各自持有的合同原件补充条款(一)内容不同,即王某某持有的原件中多了各方单方违约应承担违约责任方式的约定。签订上述合同当日,沈某转账支付给王某某购房款 270 000 元(含 145 000 元进户费、差旅费等)。双方另行签订"房屋买卖补充协议",明确合同成交价 920 000 元外的 145 000 元属进户费、差旅费等,陈某、沈某应另行支付给王某某,同时对付款时

---

① 参见上海市第一中级人民法院(2017)沪 01 民终 764 号民事判决书。

间、方式作出约定。

此后，王某某以涉案房屋属于夫妻共同财产，其妻子黄某某不同意卖房为由，拒绝继续履行合同。

陈某、沈某向上海市金山区人民法院起诉要求判令：王某某继续履行合同并配合办理房产过户手续。

第三人黄某某抗辩称：涉案房屋属于夫妻共同财产，王某某无权处分，合同无效。

一审法院查明，2010年9月2日，王某某购买系争房屋，并于2010年10月1日登记；商业贷款505 000元，期限从2010年9月27日至2040年9月27日。2013年5月22日，王某某与黄某某登记结婚，2013年11月14日生育一子名王某。2014年11月9日，系争房屋取得产权证，登记权利人为王某某。

审理中双方确认，从看房、签订合同等房屋买卖过程，黄某某从未出现过。黄某某另称，其与王某某2009年底开始同居，两人凑了首付款购买了系争房屋，并共同还贷至今。

一审法院认为：查明的事实表明，系争房屋系王某某婚前购买、婚后取得权利凭证，并由王某某与黄某某共同还贷，黄某某对于王某某出售行为并不知情。系争房屋应视为夫妻共同财产；物权登记于王某某名下，陈某、沈某与其签订合同应无过错。然黄某某应为系争房屋的隐名共有人，王某某未征得共同共有人即黄某某同意，擅自处分共有财产侵犯了黄某某权利，构成无权处分。陈某、沈某与王某某所签合同，除各方所持合同原件中的补充条款（一）的内容不一致外，其余内容各方均无异议，系当事人的真实意思表示，且无法律规定的无效情形，应当认定为合法有效，对当事人具有法律约束力，故法院对黄某某以出卖人在缔约时对标的物没有处分权为由主张合同无效的抗辩不能成立。陈某、沈某与王某某所签合同为有效合同，然而依据我国物权法规定，合同有效不一定能够引起物权发生变动。本案中，陈某、沈某要求依据合同约定继续履行合同，因王某某欠缺处分权，其需征得黄某某的同意方有权处分共有财产，而黄某某明确表示不同意转让系争房屋的所有权，故陈某、沈某的诉请缺乏法律依据，不予支持。至于陈某、沈某要求王某某赔偿损失事宜，可予另行主张。

上海市金山区人民法院判决：驳回陈某、沈某要求王某某继续履行合同的诉讼请求。

陈某、沈某不服一审法院的判决，向上海市第一中级人民法院提起上诉。理由：

（1）原审认定被上诉人王某某与上诉人陈某签订"上海市房地产买卖合同"系无权处分是错误的。系争房屋系被上诉人王某某婚前购买，并登记在其一人名下，应属其婚前个人财产，其享有完全的处分权。根据物权公示、公信原则，其作为系争房屋登记的产权人在"上海市房地产买卖合同"上的签字行为应属有权处分。上诉人系以合理价格受让系争房屋，且尽到了审慎注意义务，无任何过错，被上诉人王某某违约不愿意继续履行合同的根本原因是房价上涨过快。（2）原审认定系争"上海市房地产买卖合同"不具有履行可能是错误的。上诉人具备全额支付房款的能力，并同意代为清偿被上诉人王某某所欠的银行贷款，而银行在原审中也已明确表示服从法院判决，涉及贷款事宜同意配合。在办理房产过户手续中，交易中心也只需要房地产登记簿上记载的产权人协助办理即可完成产权过户手续，并不需要其配偶配合，故系争房屋买卖合同完全能够实际履行。至于系争房屋是否为夫妻共同财产，属于被上诉人王某某与其配偶之间的内部财产分配关系，故被上诉人王某某以系争房屋系夫妻共同财产为由拒绝履行合同，理由不能成立。

上海市第一中级人民法院另查明，2014年11月9日，系争房屋经核准登记设立抵押权人为中国建设银行股份有限公司上海金山石化支行（以下简称金山支行），债权数额为505 000元，债务履行期限为2010年9月27日至2040年9月27日止的房地产抵押登记。截至2017年4月11日，系争房屋上剩余贷款本息合计447 248.05元。

又查明，2016年3月21日的"房地产居间受托方买卖合同"约定系争房屋成交价为1 065 000元，该价格为甲方（王某某）净到手价。

2016年4月5日的"上海市房地产买卖合同"第6条约定，买卖双方在2016年10月30日之前共同向房地产交易中心申请办理转让过户手续。付款协议约定：乙方（陈某、沈某）于2016年4月10日前支付125 000元；于2016年11月30日前支付730 000元；于2016年11月30日前支付15 000元。

2016年4月5日的"房屋买卖补充协议"约定：乙方（陈某、沈某）于2016年3月21日支付甲方（王某某）购房定金50 000元；于2016年4月10日前支付甲方房款125 000元；于2016年11月30日前以公积金贷款的方式支付甲方房款730 000元，尾款15 000元，在甲方结清物业管理费、水、电、煤、有线等其他费用后，乙方以现金方式支付给甲方。甲方进户费、差旅费等其他费用共计145 000元，乙方于甲方首付当天以现金支付给甲方。

该院二审审理期间，上诉人将系争房屋剩余房款745 000元交至该院。上诉人同时确认,系争房屋交易的税费应由其承担。

上海市第一中级人民法院认为,关于系争房屋买卖合同的效力问题,系争房屋系被上诉人王某某婚前购买,产权登记在王某某一人名下,上诉人信赖物权登记的公示、公信力,而与王某某就系争房屋买卖签订"上海市房地产买卖合同",并无过错,已尽到其作为房屋买受人应尽的注意义务。双方就系争房屋买卖所签订的"上海市房地产买卖合同"系双方的真实意思表示,并不违反法律规定,被上诉人黄某某亦并未提供证据证明上诉人与被上诉人王某某存在恶意串通或其他导致合同无效的情形,故系争房屋买卖合同应属合法有效。被上诉人黄某某主张上诉人未尽审查核实义务,系争房屋买卖合同无效,缺乏法律依据,该院不予采信。关于系争房屋买卖合同能否继续履行的问题,根据法律规定,依法成立的合同,对当事人具有法律约束力。当事人应当按照约定全面履行自己的义务。上诉人已支付给王某某款项合计 320 000 元,现上诉人已将剩余房款 745 000 元交至该院,故上诉人具备履行系争房屋买卖合同的履约能力。至于系争房屋产权过户登记手续的办理,因系争房屋产权登记在被上诉人王某某一人名下,故王某某有义务、亦完全有能力协助上诉人办理系争房屋的产权过户登记手续,故系争房屋买卖合同不存在法律上或事实上不能履行的情况,可以发生物权变动的效力。因系争房屋上设有房地产抵押登记,故在办理产权过户登记手续前被上诉人王某某应先予归还银行贷款并涤除设定在系争房屋上的抵押登记手续。鉴于上诉人诉请要求继续履行系争房屋买卖合同,且已将剩余房款交至法院,为避免讼累,该院对后续房款的支付及房屋的交付一并作出处理。

综上所述,上诉人要求继续履行系争房屋买卖合同,于法不悖,应予支持。原审认定系争房屋买卖合同因被上诉人黄某某不同意出售系争房屋而不能产生物权变动的效力,适用法律不当,该院予以纠正。

上海市第一中级人民法院判决:

(1)撤销一审民事判决;

(2)王某某应于本判决生效之日起十日内向金山支行归还全部贷款本息,并涤除设定在涉案房屋上的房地产抵押登记,如届时王某某不能归还贷款本息,则由陈某、沈某以其应付的房款代为清偿;

(3)王某某应于上述房屋抵押登记涤除之日起十日内协助陈某、沈某将上述房屋产权过户登记至陈某、沈某名下;

(4)王某某应于双方办理产权过户登记手续之日起十日内向陈某、沈某交付上述房屋,同时,陈某、沈某向王某某支付房款人民币745 000元。

[法理评析]

1.善意取得制度

为了鼓励交易,保障交易安全,《物权法》第9章"所有权取得的特别规定"中特别设计了善意取得制度。

《物权法》第106条规定:"无处分权人将不动产或者动产转让给受让人的,所有权人有权追回;除法律另有规定外,符合下列情形的,受让人取得该不动产或者动产的所有权:

(一)受让人受让该不动产或者动产时是善意的;

(二)以合理的价格转让;

(三)转让的不动产或者动产依照法律规定应当登记的已经登记,不需要登记的已经交付给受让人。

受让人依照前款规定取得不动产或者动产的所有权的,原所有权人有权向无处分权人请求赔偿损失。

当事人善意取得其他物权的,参照前两款规定。"

关于善意的概念,《最高人民法院关于适用〈中华人民共和国物权法〉若干问题的解释(一)》第15条规定:"受让人受让不动产或者动产时,不知道转让人无处分权,且无重大过失的,应当认定受让人为善意。

真实权利人主张受让人不构成善意的,应当承担举证证明责任。"

2.隐名权利人以出卖人无处分权为由要求确认合同无效的,人民法院不予支持

《最高人民法院关于审理买卖合同纠纷案件适用法律问题的解释》第3条第1款规定:"当事人一方以出卖人在缔约时对标的物没有所有权或者处分权为由主张合同无效的,人民法院不予支持。"

上述两个案例中,房屋的出卖人都不具有完全的处分权,尽管隐名权利人也是涉案房屋的真实权利人,但买受人信赖物权登记的公示、公信力,不知道转让人无处分权,且无重大过失,应当认定受让人为善意。值得注意的是,上述两个案例中,人民法院引用的法律条文都是《最高人民法院关于审理买卖合同纠纷案件适用法律问题的解释》第3条第1款的规定,并没有引用《物权法》第106条的善意取得制度规定。笔者认为,原因就在于系争的房屋还没有办理转移登记,不符合该条的

第三个条件:"转让的不动产或者动产依照法律规定应当登记的已经登记,不需要登记的已经交付给受让人。"

2. 部分产权人未经其他产权人同意出卖房屋,合同有效吗? 合同无法履行买受人该如何主张权利?

[问题的提出]

部分产权人没有其他产权人的委托授权与买受人签订房屋买卖合同,只是口头告知或者向买受人书面承诺其他产权人同意卖房。买受人信赖了部分产权人的承诺与其签订房屋买卖合同。这种情况就为以后合同的履行埋下了隐患。一旦其他产权人不同意卖房,就会造成合同无法履行。这种情况下,房屋买卖合同有效吗? 合同无法履行买受人该如何主张权利?

[参考案例]

案例 9-3 刘某某与邓某某等房屋买卖合同纠纷上诉案[①]

一审法院认定事实:荔湾区彭城路美华后街 ×× 号 101 房登记的权属人为邓某坤、邓某华及邓某某、邓某芳,上述权属人按份共有各占 1/4。

2017 年 7 月 27 日,刘某某(买方)与邓某芳、邓某华及邓某某、邓某芳代邓某坤、邓某华(卖方)以及广州市祈安地产代理有限公司(以下简称祈安公司)(经纪方)签订"房屋买卖合同",约定:卖方将位于广州市荔湾区彭城路美华后街 ×× 号 101 房(建筑面积 68.4 平方米)以总房价 88 万元出售给买方。在第 13 条第 1 点约定:卖方不按合同约定将该房地产出售给买方的,须向买方支付违约金,违约金为该房地产成交价的 10%,并退回买方已付的全部费用。第 3 点约定:基于经纪方已提供居间服务,因违约方原因导致合同无法继续履行,则视为经纪方已完成居间

---

① 广东省广州市中级人民法院(2018)粤 01 民终 1026 号民事判决书。

服务,违约方须向经纪方支付该房地产成交价的 3% 作为违约金。买卖双方未付之佣金仍按照"支付中介服务费承诺书"约定支付,守约方有权向违约方追讨已向经纪方支付的佣金。在第 24 条合同三方约定的其他事项:(1)从 2017 年 8 月 1 日起至成功过户当天,买方同意每月支付 1 700 元作为该物业的租金补贴,所有的租金在过户当天一次性支付给卖方。(2)卖方收齐楼款后两个月内迁出该物业的所有户口。(3)另有不动产证号如下:(2016)广州市不动产权第 ××× 54370 号,产权人邓某坤;(2016)广州市不动产权第 ××× 54371 号,产权人邓某芳;(2016)广州市不动产权第 ××× 54372 号,产权人邓某华。买方落名可以指定任一家属,卖方无异议。在付款方式上约定:买方须在签定合同之同时支付 2 万元作为定金。买卖双方授权经纪方于 2017 年 11 月 30 日前网上预约交易递件时间,预约日当天买卖双方备齐交易所需资料到广州市房地产交易中心办理相关交税及交易递件手续,在成功受理后买方向卖方支付购房款(不含定金)86 万元。三方在合同和附件上签名盖章。同日,邓某某、邓某芳收到刘某某支付定金 2 万元。

在一审庭审中,刘某某还提供承诺书、短信聊天记录、告知函、追认合同通知书、补签资料证明、收据等证据。邓某某、邓某芳认为案涉房屋未得到其他共有权人同意,"房屋买卖合同"属于未生效合同。中介私自进行网签,因此邓某某、邓某芳要求撤回网签备案。刘某某提供的承诺书是被改动过的,与邓某某、邓某芳所拍摄的承诺书不同,是未经邓某某、邓某芳同意进行修改的,邓某某、邓某芳不予认可。邓某某、邓某芳同意解除合同和退还 2 万元。

因本案纠纷,刘某某于 2017 年 8 月 24 日向广州市荔湾区人民法院提起本案诉讼,请求判令:(1)解除刘某某与邓某某、邓某芳签订的"房屋买卖合同";(2)邓某某、邓某芳返还刘某某定金 2 万元;(3)邓某某、邓某芳向刘某某支付违约金 8.8 万元;(4)邓某某、邓某芳向刘某某赔偿中介费损失 6 600 元;(5)本案诉讼费用及财产保全费用均由邓某某、邓某芳承担。

诉讼过程中,一审法院依刘某某财产保全申请民事裁定书裁定查封邓某某、邓某芳在案涉房屋名下占有的各 5% 产权份额。

一审法院认为:荔湾区彭城路美华后街 ×× 号 101 房登记的权属人为邓某坤、邓某华、邓某某、邓某芳,属按份共有各占 1/4。刘某某与邓某某、邓某芳在签订"房屋买卖合同"时,明知出售案涉房屋需要经其他共有人授权或出具书面同意的情况下,仍然签订"房屋买卖合同",刘某某、邓某某、邓某芳对此均有过错。现案涉房屋的其他共有人没有表示出售的意愿,故"房屋买卖合同"未生效。邓某某、邓某芳所签订的案涉房屋买卖合同客观上无法继续履行,且邓某某、邓某芳均同意解除"房屋买卖合同"及退还定金2万元,故对此予以采纳。

对于刘某某以邓某某、邓某芳签订承诺书不能履行承诺,已经构成违约的问题。从邓某某、邓某芳提供拍摄承诺书照片与刘某某提供的原件显示,刘某某提供的证据明显有进行改动,邓某某、邓某芳不予认可。且该份证据内容是邓某某、邓某芳向中介机构致函,不能认定为向刘某某的承诺。由于刘某某、邓某某、邓某芳签订"房屋买卖合同"时均存在过错,刘某某以邓某某、邓某芳签订承诺书构成违约的理由不成立。刘某某要求邓某某、邓某芳支付违约金及赔偿中介费损失的诉讼请求,不予支持。但邓某某、邓某芳应支付自2017年7月27日起至退还定金2万元之日止的利息给刘某某,利息应参照中国人民银行制定的同期同类贷款基准利率计算。

广州市荔湾区人民法院判决如下:(1)解除刘某某与邓某某、邓某芳签订的"房屋买卖合同";(2)邓某某、邓某芳于本判决发生法律效力之日起十日内退还定金人民币2万元及利息给刘某某;(3)驳回刘某某的其他诉讼请求。

刘某某不服一审判决,向广东省广州市中级人民法院提起上诉,请求:(1)撤销一审判决第三项,依法改判邓某某、邓某芳向刘某某支付违约金88 000元,并赔偿刘某某中介费损失6 600元;(2)本案一、二审诉讼费用由邓某某、邓某芳承担。

事实和理由:(1)邓某某、邓某芳是完全民事行为能力人,其与刘某某签订案涉房屋买卖合同,意在向刘某某出售案涉房产,是邓某某、邓某芳的真实意思表示。不管其他两个产权人是否同意出售房产,刘某某与邓某某、邓某芳之间就案涉房产达成的交易条件,是双方的合议,是合法有效的。一审判决一方面认为合同无效,另一方面又认为合同在客观上无法继续履行,并判定解除合同。解除合同必须要以合同有效为基础,一审法院既然认为合同未生效,又为何判决双方解除合同? (2)既然邓某某、邓某芳承诺已取得其他两名产权人的授权,那么邓某某、邓某芳就应想办法征得其他两名产权人的同意或授权,这是卖方本身的义务,而非买方的义务。依照《最高人民法院关于审理买卖合同纠纷案件适用法律问题的解释》第3条第2款的规定:"出卖人因未取得所有权或者处分权致使标的物所有权不能转移,买受人要求出卖人承担违约责任或者要求解除合同并主张损害赔偿的,人民法院应予支持。"因此,邓某某、邓某芳应向刘某某承担违约责任。(3)邓某某、邓某芳签订的承诺书不管是向哪一方的承诺,都是邓某某、邓某芳单方作出的,是专门针对案涉房屋的授权情况所作出的承诺,也是合法有效的。(4)本案由于邓某某、邓某芳的违约行为导致合同无法继续履行,刘某某因此也遭受了一定的实际损失。一审判决邓某某、邓某芳只退还定金,而刘某某却需要独自承担所有的损失,有失公平。综上,请求二审法院依法予以改判。

二审庭审中,刘某某与邓某某、邓某芳均确认双方之间无实际的租赁关系。

广州市中级人民法院认为:依照《最高人民法院关于适用〈中华人民共和国民事诉讼法〉的解释》第323条"第二审人民法院应当围绕当事人的上诉请求进行审理。当事人没有提出请求的,不予审理,但一审判决违反法律禁止性规定,或者损害国家利益、社会公共利益、他人合法权益的除外"的规定,本案二审仅对上诉人刘某某提出的上诉请求进行审查。

刘某某与邓某某、邓某芳签订的"房屋买卖合同",是双方当事人的真实意思表示,内容未违反法律行政法规的强制性规定,应为合法有效。但案涉房屋是共有产权,现无其他共有权人明确表示愿意出售房屋的证据,邓某某、邓某芳已表示另两共有产权人不愿履行合同,故案涉房屋买卖合同在客观上已无法继续履行。鉴于双方当事人均同意解除案涉合同,一审判决解除本案房屋买卖合同,并无不当,本院予以维持。

关于案涉合同无法继续履行的违约责任问题。邓某某、邓某芳在签订合同时向中介公司出具承诺书承诺案涉房屋的另外两个共有权人会履行合同,否则其愿意承担违约责任。邓某某、邓某芳确认其在该承诺书上的签名,但认为该承诺书是对租赁的承诺。经二审当庭确认,邓某某、邓某芳与刘某某之间并无实际的租赁关系。因此,邓某某、邓某芳应对其不能履行签约承诺承担违约责任,本院采信刘某某提供的承诺书内容。但是,双方确认在签订合同时,邓某某、邓某芳有出示过房屋产权证书,刘某某在明知案涉房屋有四个共有产权人,邓某某、邓某芳并没有取得另外两个共有产权人授权的情况下,仍然选择与邓某某、邓某芳进行交易,对于合同不能履行也负有一定的过错。综合双方过错责任的大小,以及公平原则考虑,本院酌情判令邓某某、邓某芳承担70%的违约责任,刘某某承担30%的缔约过失责任。根据合同约定,违约金为案涉房屋成交价的10%,即88 000元。因此,邓某某、邓某芳应向刘某某支付61 600元的违约金。

至于刘某某主张的中介服务费损失,因61 600元的违约金已经能完全弥补其损失,故本院不再支持该主张。

综上所述,刘某某的上诉请求部分成立。一审法院的处理部分不当,该院予以

纠正。广东省广州市中级人民法院判决:

（1）维持一审判决第一、二项;

（2）撤销一审判决第三项;

（3）邓某某、邓某芳于本判决发生法律效力之日起十日内向刘某某支付违约金61 600元。

案例9-4 张某某与陶某某等房屋买卖合同纠纷上诉案[①]

2016年11月1日,张某某与陶某某、顾某某签订"泰州市房地产转让合同"一份,约定陶某某、顾某某购买张某某所有的泰州市××河滨××室商品房,建筑面积为132.42平方米,总价款为74.3万元。陶某某、顾某某在合同签订时,须支付购房定金2万元;双方约定2017年2月28日前先办理房屋产权、土地使用权变更过户手续,陶某某、顾某某在张某某签字、交易部门收件后支付首付款人民币22.3万元。合同同时约定,双方于2017年6月28日前交付房屋,陶某某、顾某某入户,同时陶某某、顾某某应支付张某某剩余房款人民币50万元。合同第5条第6点约定,若张某某未按合同约定的期限履行责任,每逾期一日,由张某某给付陶某某、顾某某相当于上述房屋总价款万分之五的滞纳金,逾期超过六十日视作悔约行为,并由张某某承担违约责任。合同第9条约定,双方必须全面履行上述条款,如一方违反本合同相关条款,则违约方向守约方支付违约金人民币10万元。合同签订后,陶某某、顾某某于2016年11月1日支付了定金2万元,张某某未在约定的2017年2月28日前办理房屋产权、土地使用权变更过户手续,未签字向交易部门提交变更过户手续,致陶某某、顾某某至今无法办理房屋及土地的权属证书,更无法入住。

法庭查明,涉案的商品房系张某某与其配偶共同所有,张某某签署案涉的"泰州市房地产转让合同"未获得其配偶委托授权,该合同事后也未获得张某某配偶的追认。

陶某某、顾某某向泰州市海陵区人民法院起诉,请求:(1)解除合同;(2)赔偿损失。

被告张某某抗辩主张合同无效。

一审法院认为,合法的民事权益受法律保护。在买卖合同法律关系中,出卖人

---

① 参见江苏省泰州市中级人民法院(2017)苏12民终3007号民事判决书。

在缔约时对标的物没有所有权或者处分权,并不影响作为原因行为的买卖合同的效力。本案陶某某、顾某某与张某某就涉案房屋签订的房屋转让合同系双方真实意思表示,合同应为有效,依法应予保护。合同履行中,陶某某、顾某某按约支付了定金,履行了义务,张某某未能按约向交易部门提交变更过户手续,已构成违约。

依据《最高人民法院关于审理买卖合同纠纷案件适用法律问题的解释》第 3 条的规定,"出卖人因未取得所有权或者处分权致使标的物所有权不能转移,买受人要求出卖人承担违约责任或者要求解除合同并主张损害赔偿的,人民法院应予支持。"因张某某对涉案房屋不具有完全的处分权致使涉案房屋所有权无法转移的,张某某应当承担违约责任。张某某主张合同无效,缺乏法律依据,一审法院不予采纳。陶某某、顾某某要求解除房屋转让合同依法有据,一审法院予以支持。

陶某某、顾某某对于已交付的定金 2 万元,要求返还,一审法院予以支持。关于违约金,根据《合同法》第 113 条以及其他相关规定可知,违约金与损失赔偿并不能并举,但如果约定违约金过低,不足以弥补守约方损失的,则可以调高至其损失状态。本案中合同约定的违约金为人民币 10 万元,但考虑到当前房地产市场的实际价值和陶某某、顾某某提供的同区域商品房买卖合同中的房屋价格,合同约定的违约金金额已不能弥补陶某某、顾某某方的损失,应该适当调高。一审法院综合考虑合同约定及合同履行情况、涉案房屋周边地区房地产市场的实际行情等因素,酌情确定张某某赔偿陶某某、顾某某损失 24 万元。

泰州市海陵区人民法院判决:(1)解除陶某某、顾某某与张某某于 2016 年 11 月 1 日签订的泰州市房地产转让合同;(2)张某某在判决生效之日起十日内返还陶某某、顾某某定金人民币 2 万元,并赔偿陶某某、顾某某损失人民币 24 万元。

张某某不服一审判决,向江苏省泰州市中级人民法院提起上诉。理由:该买卖合同属于未经追认的效力待定合同,因房产共有人陈某至今不予追认该合同,所以该合同应归于无效。一审法院判赔 24 万元过高,且无法律依据,损害了上诉人的合法权益。

被上诉人陶某某、顾某某辩称:被上诉人损失客观存在,且损失巨大。2017 年春节开始,泰州房价迅猛上涨,被上诉人多次要求上诉人履行合同均未果,只能另行购买房屋以减少损失。被上诉人损失的衡量也是从每平方米的单价予以考虑的。被上诉人新购房屋价值每平方米在 8 700 元,而上诉人出售给被上诉人的房屋每平方米价值 5 000 多元,购买的房屋面积在 100 多平方米,两者的差距是 40 万元左右。

因了解和考虑到上诉人在购房中出现的一房二卖情形,存在需多方赔偿问题,所以放弃部分请求,也是出于对上诉人的同情。但是上诉人不能据此否认案涉合同的有效性,根据最高院买卖合同司法解释规定,案涉合同有效。请求二审维持原判,驳回上诉。

江苏省泰州市中级人民法院认为,本案的争议焦点为:(1)上诉人张某某关于案涉合同无效的主张,是否应予支持;(2)一审判决上诉人张某某赔偿被上诉人陶某某、顾某某损失24万元是否过高。

关于上诉人张某某有关案涉合同无效的主张是否应予支持问题。该院认为,当事人一方以出卖人在缔约时对标的物没有所有权或者处分权为由主张合同无效的,人民法院不予支持。本案中,上诉人张某某以房产共有人陈某未追认合同为由主张案涉合同无效,缺乏法律依据,该院不予支持。

关于一审判决上诉人张某某赔偿被上诉人陶某某、顾某某损失24万元是否过高问题。该院认为,当事人一方不履行合同义务或者履行合同义务不符合约定,给对方造成损失的,损失赔偿额应当相当于因违约所造成的损失。本案中,上诉人张某某不履行合同义务给被上诉人陶某某、顾某某造成了损失,应当予以赔偿。至于损失赔偿的数额,虽案涉合同约定了违约金10万元,但根据泰州房地产市场行情及本案实际情况,案涉合同约定的违约金10万元并不足以弥补因上诉人张某某不履行合同义务给被上诉人陶某某、顾某某造成的损失,应适当调高。一审法院综合考虑合同约定及合同履行情况、涉案房屋周边地区房地产市场的实际行情等因素,酌情确定张某某赔偿陶某某、顾某某损失24万元,并无不当,应予维持。

江苏省泰州市中级人民法院判决:驳回上诉,维持原判。

[法理评析]

1. 部分产权人未经其他产权人同意出卖房屋,买卖合同合法有效

《最高人民法院关于审理买卖合同纠纷案件适用法律问题的解释》第3条第1款规定:"当事人一方以出卖人在缔约时对标的物没有所有权或者处分权为由主张合同无效的,人民法院不予支持。"

2. 买卖合同在客观上已无法继续履行,买受人在诉讼请求中不能主张要求继续履行合同。

因出卖人对涉案房屋不具有完全的处分权致使涉案房屋所有权无法转移,买

卖合同在客观上已无法继续履行。

《合同法》第110条非金钱债务的违约责任规定:"当事人一方不履行非金钱债务或者履行非金钱债务不符合约定的,对方可以要求履行,但有下列情形之一的除外:

(一)法律上或者事实上不能履行;

(二)债务的标的不适于强制履行或者履行费用过高;

(三)债权人在合理期限内未要求履行。"

根据上述法律第一项规定的情形,买受人在诉讼请求中不能主张要求继续履行合同。

3.买受人可以要求解除合同并主张损害赔偿

《最高人民法院关于审理买卖合同纠纷案件适用法律问题的解释》第3条第2款规定:"出卖人因未取得所有权或者处分权致使标的物所有权不能转移,买受人要求出卖人承担违约责任或者要求解除合同并主张损害赔偿的,人民法院应予支持。"

3. 产证上注明系共有产权房,其中一人代他人签名,卖房合同有效吗?

[问题的提出]

现实生活中,几个人共有的房屋,在出卖房屋时,通常的做法是由一个人牵头到中介挂牌、签订居间合同,甚至有的家庭在签订房屋买卖合同时也由其中一人代签。在正常情况下,一般也不会出现什么问题,因为本来一家人事前已经商量好了,但是,如果客观情况发生了较大的变化,比如,房价突然变化,就极有可能出现纠纷。出卖方就有可能以某个产权人不同意为借口,主张合同无效,争议焦点就是一人代他人签名,卖房合同有效吗?

[参考案例]

案例 9-5 徐某与黄某等确认合同无效纠纷上诉案①

坐落于闵行区××路××号××室的房屋登记的产权人为徐某、郭某某,房屋的共有情况为共同共有。2016 年 7 月 11 日,由黄某作为甲方(买受方),案外人上海××有限公司作为乙方,徐某、郭某某作为卖方,签订"不动产买卖意愿书"一份,意愿书约定:(1)甲方同意的成交价为人民币(下同)1 850 000 元;(2)付款方式:签署"上海市房地产买卖合同"后当日内支付 50 000 元(含定金),进交易中心办理完该房屋交易过户手续后当日内支付 900 000 元,交房时支付剩余房款 50 000 元;甲方要求申请 300 000 元的购房贷款用以支付部分房价款,该手续由乙方协助甲方办理;(3)甲方于签订本意愿书之同时,须给付乙方 50 000 元之出价意向金;(4)甲方同意于签订本意愿书后 10 日内与卖方依乙方所指定之处所签订"上海市房地产买卖合同"。房屋交付期限为 2017 年 2 月 28 日之前。由乙方所指定之签约人员办理产权转移登记、抵押设定等相关事项,以维护交易安全;(5)特别约定事项:经买卖双方协商一致约定:本协议约定的成交价 1 850 000 元为卖方实际净到手价,本次交易过程中的产生的一切交易税费均由买方承担;卖方承诺该房屋产权满五年且为家庭唯一一套生活用房;卖方承诺于交房前迁出该房屋内所有户口;买方承诺于 2016 年 10 月 15 日前支付第二笔购房款 550 000 元。该份意愿书的末尾"卖方签认书"的卖方签名处载明:郭某某代徐某(母郭某某代);郭某某书面承诺其有权出售该房屋,收取该房屋定金,如有违约,愿意按协议约定承担违约责任。同日郭某某收到黄某的购房定金 50 000 元。

2016 年 7 月 16 日由徐某、郭某某作为卖售人(甲方)、黄某作为买受人(乙方)签订合同"上海市房地产买卖合同"一份,合同约定:(1)甲、乙双方通过上海××有限公司居间介绍,由乙方受让甲方自有房屋;房屋建筑面积 40.83 平方米。(2)甲、乙双方经协商一致,同意上述房地产转让价款 1 850 000 元。(3)乙方的付款方式和付款期限由甲乙双方在付款协议(附件三)中约定明确。(4)甲、乙双方同意,甲方于 2017 年 2 月 28 日前腾出该房屋并通知乙方进行验收交接。乙方应在收到

---

① 参见上海市第一中级人民法院(2017)沪 01 民终 10738 号民事判决书。

通知之日起的 3 日内对房屋及其装饰、设备情况进行查验。查验后签订房屋交接书为房屋转移占有的标志……（6）甲、乙双方确认，在 2016 年 12 月 31 日之前，甲、乙双方共同向房地产交易中心申请办理转让过户手续；上述房地产权利转移日期以闵行区房地产登记处准予该房地产转移登记之日为准。（7）甲方承诺，在乙方或者委托他人办理转让过户时，积极给予协助。由于甲方故意拖延或者不及时提供相关材料的，乙方按本合同第 10 条追究甲方的违约责任……（10）甲方未按本合同第四条约定期限交接房地产的，甲乙双方同意按下列第三款内容处理。详见补充条款。补充条款如下：（1）若甲方在办理该房地产的交易过户手续期间或办妥后，反悔不出售上述房地产给乙方，则甲方应按照本合同约定总房款的 20% 向乙方支付违约金；（2）若乙方在办理该房地产的交易过户手续期间或办妥后，反悔不购买上述房地产，则乙方应按照本合同约定总房款的 20% 向甲方支付违约金……（8）甲方承诺，于办理该房地产交房手续之前至该房地产所在地的公安派出机构办妥原有户口的全部迁出手续，否则须按本合同约定承担违约责任……（10）甲方承诺该房地产产权登记满五年且为上海家庭唯一一套生活用房。

买卖合同末尾由黄某、郭某某签字，徐某的签字系由郭某某代签。

2016 年 7 月 16 日郭某某出具承诺书载明："关于上海市闵行区 ×× 路 ×× 弄 ×× 村 ×× 号 ×× 室房地产买卖事宜，因产权人徐某因故未能到场签订该房地产'上海市房地产买卖合同'，本人郭某某承诺有权出售该房地产、签订该房地产的买卖合同、收取售房款，否则本人愿意依照该房地产的买卖合同约定承担违约责任。特此承诺。"

2016 年 9 月 2 日，徐某与黄某的微信记录中载明："黄某：你没同意你妈就拿出来卖了？徐某：我同意的是卖房子，我同意的是签订的订金协议合同，不是那个房地产交易所合同，母亲当时跟我聊天的时候我跟她说晚点就两个字她就晚上把合同签掉了，也没有把正式的合同什么发给我看，就发了两张有文字的东西给我看，我都不知道是黄色的这个合同，我根本就不了解，所以我跟中介公司讲我这个合同我是不会承认的。"

徐某向闵行区人民法院起诉，请求判令：确认黄某与郭某某签订的"上海市房地产买卖合同"无效。

其理由为：网签合同系在其未到场的情况下签订；2016 年 9 月 2 日，其才得知房屋买卖合同一事，作为共有产权人，其表示不愿出售房屋，故涉讼房地产买卖合同应为无效。

　　一审法院认为：本案的主要争议焦点是郭某某代徐某与黄某所签署的"上海市房地产买卖合同"的合同效力问题。首先，涉案房屋登记在郭某某、徐某名下，郭某某与徐某之间系母女关系，涉案房屋属于郭某某及徐某共同共有的不动产。依据《物权法》的规定，处分共有的不动产或者动产，以及对共有的不动产或者动产作重大修缮的，应当经占份额三分之二以上的按份共有人或者全体共同共有人同意，但共有人之间另有约定的除外。由此可见，在共有人一方未经另一方同意擅自处分共有房屋的情况下，构成无权处分。其次，虽然徐某并未出具委托书给郭某某明确授权其进行买卖合同的签订或房屋的出售事宜，但是结合黄某、郭某某陈述的购房过程及庭审查明的事实，徐某对于郭某某对外出售房屋给黄某的事实是明知的，而且徐某与黄某确认过相关居间协议的签订。现郭某某代徐某在涉案的居间协议及房地产买卖合同上签字，并且已经收取了协议所约定的定金，说明作为其他共有人的徐某是知道而且应当知道其母亲郭某某在对外出售该套房屋，并且对郭某某对外出售该套房屋的行为并未提出过异议。诚如其在微信中所述的一样，其对于房屋的对外出售是同意的，但是对其母亲过快签署房地产买卖合同表示有异议。但是这些均足以说明徐某对于郭某某出售涉案房屋是不持异议的。更何况黄某已按约备齐了买卖合同所约定的第二期房款 550 000 元，但是在交付房款之时，遭到了郭某某及徐某的拒绝。而黄某为了积极履行该份买卖合同，已经将自己名下的一套房屋对外出售，说明其为了履行该份买卖合同已经付出了极大的诚意及行动。这些均足以认定黄某系善意的。

　　综上所述，法院认为订立房地产买卖合同是一种负担行为，不管当事人主观上是否想转移所有权或设定他物权，都只发生债权债务效力，不发生物权变动效力。故当事人以无权处分为由，诉请确认买卖合同无效的，法院当不予支持。

　　上海市闵行区人民法院判决：驳回徐某的诉讼请求。

　　徐某不服一审判决，向上海市第一中级人民法院提起上诉。

　　该院认为，徐某与黄某间的微信记录反映出徐某同意出卖房屋。郭某某主张因中介人员欺骗说已与徐某联系过，其才在合同上签字。对此本院认为，郭某某与徐某系母女关系，所谓双方放弃直接沟通而需通过中介人员才知晓徐某的卖房意愿，显与常理不合。《最高人民法院〈关于审理买卖合同纠纷案件适用法律问题的解释〉》第 3 条第 1 款规定"当事人一方以出卖人在缔约时对标的物没有所有权或者处分权为由主张合同无效的，人民法院不予支持"。因此，徐某现以其不同意签订房屋买卖合同为由而主张涉讼合同无效，于法有悖，该院不予支持。

上海市第一中级人民法院判决：驳回上诉，维持原判。

[法理评析]

1. 出卖人代替其女儿签订房屋买卖合同的行为构成表见代理

《合同法》第 49 条规定："行为人没有代理权、超越代理权或者代理权终止后以被代理人名义订立合同，相对人有理由相信行为人有代理权的，该代理行为有效。"

根据法庭查明的事实，可以看出出卖人的行为足以让买受人相信其可以代理其女儿签订合同。根据上述法律规定，出卖人的行为构成表见代理，该代理行为有效。

2. 法院驳回共有产权人合同无效诉讼请求的法律依据

《最高人民法院关于审理买卖合同纠纷案件适用法律问题的解释》第 3 条规定："当事人一方以出卖人在缔约时对标的物没有所有权或者处分权为由主张合同无效的，人民法院不予支持。"

"出卖人因未取得所有权或者处分权致使标的物所有权不能转移，买受人要求出卖人承担违约责任或者要求解除合同并主张损害赔偿的，人民法院应予支持。"

涉案的两级人民法院正是根据该条第一款的规定，判决驳回本案原告主张合同无效的诉讼请求。

第十章
特殊情况下的合同争议

1. 未领取产权证的房屋转让合同有效吗？

[问题的提出]

《城市房地产管理法》第38条第6项规定,未依法登记领取权属证书的房地产不得转让。《合同法》第52条第5项规定,违反法律、行政法规的强制性规定的合同无效。未领取产权证的房屋转让合同显然违反了《城市房地产管理法》的强制性规定,那么是否必然导致转让合同根本无效? 这个问题让很多法律界人士感到困惑。

[参考案例]

案例 10-1 福溢工艺(南京)有限公司与南京赛特欧运输设备制造有限公司房屋买卖合同纠纷上诉案①

2006年4月30日,南京赛特欧运输设备制造有限公司(以下简称赛特欧公司)通过出让方式领取了位于溧水柘塘镇工业集中区内的国有土地使用权证。同时,赛特欧公司也领取了建设用地批准书,并建造了厂房、附属用房和围墙道路等基础设施。2008年5月22日,赛特欧公司与福溢工艺(南京)有限公司(以下简称福溢公司)签订一份协议书。协议约定: 赛特欧公司将其土地使用权、厂房和附属用房

---

① 参见南京市中级人民法院(2008)宁民四终字第2617号民事判决书。

以及围墙道路等基础设施转让给福溢公司,协议中注明房屋未领取房产证;转让价380万元,福溢公司向赛特欧公司交纳定金4万元作为保证,2008年6月15日前付款200万元,余款于2008年12月31日前付清;首付款后,赛特欧公司应协助福溢公司办理土地使用权证的过户手续,土地使用权证过户费用由赛特欧公司从转让款中支付;任何一方违约除定金不退还外,还应支付赔偿金30万元。协议签订当日,福溢公司向赛特欧公司支付定金4万元。之后,福溢公司以资金不能及时到位,及该协议违反城市房地产管理法规定应无效为由拒绝继续付款。赛特欧公司之后多次催要,并于2008年7月21日委托律师事务所函告福溢公司,要求福溢公司于2008年7月24日前履行协议,逾期赛特欧公司将解除协议,届时还要求福溢公司支付违约金30万元,福溢公司仍未履行。

赛特欧公司遂向江苏省溧水县人民法院起诉,要求福溢公司支付欠款及违约金。

江苏省溧水县人民法院经审理认为,在不动产交易中,签订不动产转让合同是不动产物权变动的原因,不动产所有权移转是这一原因行为的结果。该合同即原因行为是否有效,不取决于准备转让的不动产所有权是否能够实际转让,而取决于双方当事人签订的合同这一原因行为本身是否有效。《城市房地产管理法》第38条第6项规定,未依法登记领取权属证书的房地产不得转让,对此规定应理解为未依法登记领取权属证书的房地产,不能发生物权变动的后果,但这一转让不能的后果并不能否定为转让该房地产而签订的合同的效力,对于买卖合同效力的判断应依据合同法进行。本案中赛特欧公司将其名下的土地使用权及其建造的厂房等基础设施与福溢公司订立转让协议,该协议系双方真实意思表示,内容亦不违反法律规定,协议合法有效,双方均应严格履行。福溢公司答辩时认为协议内容违反城市房地产管理法规定,协议无效的辩称理由不能成立,该院不予采信。由于赛特欧公司通过律师函已行使解除权,此时协议已经解除。协议被解除后,尚未履行的,终止履行。因此,对赛特欧公司要求福溢公司支付200万元价款的诉讼请求,不予支持。

江苏省溧水县人民法院判决:福溢公司支付赛特欧公司违约金26万元。

福溢公司不服一审判决,向南京市中级人民法院提起上诉。

其上诉理由为:(1)被上诉人在明知转让的厂房没有房产证的情况下,和上诉人签订协议书,违反了《城市房地产管理法》第38条第6项的强制性规定,应为无效协议。(2)被上诉人没有将房屋交付上诉人,未受到任何损失。即使上诉人违约,一审法院判决上诉人支付26万元违约金,明显过高。

　　江苏省南京市中级人民法院经审理认为,依法成立的合同受法律保护,双方当事人应按约履行。《物权法》第15条规定:"当事人之间订立有关设立、变更、转让和消灭不动产物权的合同,除法律另有规定或者合同另有约定外,自合同成立时生效;未办理物权登记的,不影响合同效力。"该条款明确了原因行为和物权变动的区分原则,强调合同等原因行为的效力应受合同法的调整,物权的设立、变更、转让和消灭等物权变动则受物权法的规制,原因行为的效力不受物权变动要件的影响。房屋登记只是一种公示的方法,房屋登记与房屋买卖合同相结合才发生不动产物权变动的法律效果,当事人未办理登记手续只是不发生所有权转移,并不影响买卖合同本身的效力。法律行政法规的强制性规定应当区分为效力性规范与管理性规范两种,只有违反效力性规范的才会导致合同无效。《城市房地产管理法》第38条第6项规定是管理性规范,不是效力性规范,违反该条款并不必然导致合同无效。双方签订关于土地及附属用房转让协议涉及的房屋虽然未办理产权证,但并不影响双方间协议的效力。

　　一审法院认定双方签订的协议合法有效,并无不当。上诉人违反协议约定,应承担相应的违约责任。因上诉人故意违约,致被上诉人的土地、附属用房未及时转让,客观上造成一定损失。故本院对上诉人申请调整违约金的请求,不予支持。

　　江苏省南京市中级人民法院判决:驳回上诉,维持原判。

［法理评析］

　　1.涉案合同虽然违反法律的强制性规定但仍然有效的法理分析

　　(1)法律强制性规定划分为效力性强制规定和管理性强制规定。所谓效力性强制规定,是指对违反强制性规范的私法上的行为,在效力后果上以私法上的方式予以一定制裁的强制性规定。所谓管理性强制规定,是指它被违反后,当事人所预期的私法上的效果不一定会受到私法上的制裁的强制性规定。但这并不排除它可能受到刑事上或行政上的制裁。

　　(2)效力性强制规定和管理性强制规定的区分方法。对于强制性效力性规定的区分方法,王利明教授提出三分法:第一,法律、法规规定违反该规定,将导致合同无效或不成立的,为当然的效力性规定;第二,法律、法规虽然没有规定违反其规定将导致合同无效或不成立,但违反该规定若使合同继续有效将损害国家利益和社会公共利益,这也属于效力性规定;第三,法律、法规没有规定违反其规定将导致合同无效或不成立,虽然违反该规定,但若使合同继续有效并不损害国家利益和社会公共利益,而只是损害当事人利益的,属于取缔性规定(管理性规定)。

(3)未领取产权证的房屋转让合同有效的法理分析。违反效力性强制规定,合同无效;违反管理性强制规定,合同效力须结合具体情况来判断。本案中所涉及的《城市房地产管理法》第38条第6项即为强制性规定,根据该条规定,未依法登记领取权属证书的房地产不得转让。对于该项的违反是否会导致合同无效需从以下几个方面来考虑:首先,在不动产买卖中,登记在性质上是一种公示方法,登记的目的在于将物权变动的事实对外公开,其存在的必要性主要来源于交易安全的保护。因此,就立法目的而言,《城市房地产管理法》之所以制定该项规定,主要基于房地产未办理权属登记表明其来源不清,归属不明,如进入市场流通则有违市场交易中房地产必须权属明晰的规则,因此需通过该项规定规范房地产转让登记行为,而不是为了限制交易。违反该条规定只会损害房屋买受人的民事利益,并不直接损害国家利益和社会公共利益。其次,房地产买卖是促进房地产市场繁荣的重要手段,法律非但不禁止反而鼓励房地产交易。如果当事人之间已就房地产的转让达成合意,只要这种合意不违反公序良俗,即使没有完成登记手续,也应当认定合同已经生效。当事人可以在事后补办登记手续,这就可以促成许多交易。如果将登记与交易相混淆,则即使当事人之间达成了合意而由于没有办理登记手续,合同也会被宣告无效,从而将使许多不应当被消灭的交易被消灭,严重妨碍市场经济的发展。

由此可见,《城市房地产管理法》第38条第6项应为管理性强制规定,对于该条的违反,虽产生不动产转让不能的结果,但并不导致合同法第52条第5项的适用,从而不能导致合同的无效。正如《民法总则》第153条规定的"但是该强制性规定不导致该民事法律行为无效的除外"。

2.未取得房地产权证的房屋转让合同有效的法律依据

(1)《民法总则》第153条第1款规定:"违反法律、行政法规的强制性规定的民事法律行为无效,但是该强制性规定不导致该民事法律行为无效的除外。"

针对法律、行政法规的强制性规定的理解,《最高人民法院关于适用〈中华人民共和国合同法〉若干问题的解释(二)》第14条规定:"合同法第五十二条第(五)项规定的'强制性规定',是指效力性强制性规定。"

(2)《物权法》第15条规定:"当事人之间订立有关设立、变更、转让和消灭不动产物权的合同,除法律另有规定或者合同另有约定外,自合同成立时生效;未办理物权登记的,不影响合同效力。"

（3）《最高人民法院关于审理商品房买卖合同纠纷案件适用法律若干问题的解释》第6条第1项规定:"当事人以商品房预售合同未按照法律、行政法规规定办理登记备案手续为由,请求确认合同无效的,不予支持。"

根据上述法律规定和司法解释的规定,房屋买卖合同签订时,尽管该房屋尚未办理所有权登记,合同也有效。

3.本案原告享有物权的法律依据

《物权法》第30条规定:"因合法建造、拆除房屋等事实行为设立或者消灭物权的,自事实行为成就时发生效力。"

赛特欧公司在依法取得使用权的土地上建造涉案房屋,虽未领取产权证,但根据物权法的上述规定,赛特欧公司依法自房屋建成之日起即取得该房屋的所有权,只是缺乏法定的权利外观,权利人可以申请登记。

2. 军队的房产买卖合同究竟是有效还是无效?

［问题的提出］

在大部分人的观念里,军队的房产是不可以买卖的,军人对军产房一般只有使用权,没有所有权,因而不能上市交易。即便在司法机关内部,这种观念也是根深蒂固。近些年来,军队对其在城市的住房也进行了改革,允许其成员通过购买、出资等方式持有房产。这些房产也会进入地方的房地产市场。在交易过程中也会发生争议,最大的争议点就是买卖合同是否有效? 通过中国裁判文书网搜索,发现不同的法院对这个问题的认识和判决结果也完全不同。有的法院认为军队的房产买卖合同无效,有的法院认为合同有效。本章选取的三个案例中,深圳市中级人民法院认为军队的房产买卖合同无效,而上海市第一中级人民法院、大连市中级人民法院都认为军队的房产买卖合同有效。这就导致了同类案件在不同的地域、不同的法院有完全不同的判决结果。

[参考案例]

案例 10-2　晏某与黎某房屋买卖合同纠纷上诉案①

2013 年 4 月 20 日,晏某、黎某签订了一份"房屋买卖合同",约定晏某将位于深圳市宝安区部九窝龙军 ×× 栋 ×× 单元 ×× 物业转让给黎某,该房产为归属于广州军区的军产房,建筑面积为 100 平方米,无法在国土局办理商品房房产证,但可在军队管理处办理过户或军队管理处可出具房屋使用权证明;该房产交易定金共计人民币 20 万元,黎某须于签署本合同时向晏某支付定金人民币 5 万元,本合同签订后 7 日内向晏某支付定金余额人民币 15 万元;该房产的转让总价款人民币 968 000 元,黎某于签订本合同后 15 日内一次性向晏某支付除定金外的房款人民币 768 000 元;晏某须于 2013 年 4 月 30 日前协助黎某到军队管理处办理房屋使用权证明等相关的文件,并于收齐余款后两日内将该房地产及钥匙交付给黎某;如任何一方未按照本合同约定的期限履行义务的,守约方有权要求违约方以转让成交价为基数支付每日万分之四的违约金并继续履行合同,如任何一方逾期履行义务超过 15 日的,守约方有权解除合同并选择要求违约方支付转让总价款 20% 的违约金或承担定金罚则,由此造成的损失由违约方承担。2013 年 4 月 22 日,晏某出具收据,称收到黎某支付的购买上述房产的定金人民币 50 000 元。庭审中,晏某认可因黎某拒绝履行上述合同,晏某已经于 2013 年 6 月 17 日将上述房产以人民币 97 万元的价格转让给他人,并已经在军队管理处办理过户。

黎某向深圳市宝安区人民法院起诉,请求:(1)确认黎某、晏某签订的房屋买卖合同无效;(2)晏某返还黎某定金 50 000 元;(3)晏某承担本案诉讼费用。

深圳市宝安区人民法院认为,黎某、晏某签订的"房屋买卖合同"中约定晏某将位于深圳市宝安区部九窝龙军 ×× 栋 ×× 单元 ×× 物业转让给黎某,同时在合同中已经明确约定该房产为归属于广州军区的军产房,无法在国土局办理商品房房产证,说明黎某、晏某在签订合同时已经明知涉案房产属于军产房,无法办理过户手续,涉案房产并非是市场商品房,依法不得买卖,故黎某、晏某签订的"房屋买卖合同"违反了我国法律法规的有关规定,应认定为无效合同。对于合同的无效,合同双方均存在过错。根据无效合同的处理原则,晏某应当将其向黎某收取的定

---

① 参见广东省深圳市中级人民法院(2013)深中法房终字第 2560 号民事判决书。

金人民币 5 万元返还给黎某。黎某的诉讼请求原审法院予以支持。

深圳市宝安区人民法院依照《合同法》第 52 条、第 58 条之规定,判决:(1)黎某和晏某于 2013 年 4 月 20 日签订的"房屋买卖合同"无效;(2)晏某于本判决生效之日起 10 日内向黎某返还定金人民币 5 万元。

晏某不服一审判决,向广东省深圳市中级人民法院提起上诉。

其理由是:(1)晏某与黎某所签订的"房屋买卖合同"有效;(2)黎某违约,应承担违约责任,无权主张返还定金;(3)在黎某不继续履行合同时,晏某已经将房屋以人民币 97 万元的价格转让给他人,且已经在军队管理处办理过户,并非黎某所称的无法按照合同约定过户处理。

广东省深圳市中级人民法院二审查明,原审判决查明事实清楚,该院予以确认。该院认为,晏某与黎某均确认涉案房屋系军产房。由于涉案房产并非是商品房,依法不得买卖,黎某、晏某签订的"房屋买卖合同"违反了我国法律法规的强制性规定,原审法院认定涉案合同无效正确。合同无效,因无效合同取得的财产应予返还,晏某与黎某均知晓涉案房屋不得买卖仍进行交易,双方对于涉案合同的无效均有过错。原审法院判令晏某将其向黎某收取的定金人民币 5 万元返还给黎某正确,应予维持。晏某主张已经涉案房屋在军队管理处办理过户,该陈述即使属实,亦不能改变涉案房屋的性质,该问题并不能影响本案的处理结果。综上所述,原审判决认定事实清楚,适用法律正确,本院予以维持。

广东省深圳市中级人民法院判决:驳回上诉,维持原判决。

案例 10-3　万某某等与李某某房屋买卖合同纠纷上诉案①

2009 年 4 月 14 日,万某某、李某与李某某签订"定金协议书",约定万某某、李某向李某某转让涉案房屋,定金为 5 万元。2009 年 4 月 29 日,万某某、李某收到定金 5 万元,万某某出具收条。

2009 年 4 月 30 日,万某某、李某作为甲方与作为乙方的李某某签订"房屋买卖(权益转让)合同",合同约定:甲方已获得中国人民解放军第四五五医院所分配的经济适用房(即涉案房屋),部队出让该房屋的总价为 36 万元,甲方已向部队付清该房款;涉案房屋建筑面积 134 平方米,户型为三房两厅两卫;甲方同意向乙方转让

① 参见上海市第一中级人民法院(2017)沪 01 民终 2756 号民事判决书。

涉案房屋,乙方同意受让涉案房屋;因甲方尚未取得涉案房屋的房地产权证,故涉案房屋目前无法办理权属变更登记手续;甲、乙双方遵循自愿、公平和诚实信用的原则,经协商一致订立本合同,以资共同遵守,一旦涉案房屋可上市交易,卖售人必须依据本合同履行涉案房屋的法律转让手续,将涉案房屋变更登记至受让方名下,待正式交易时双方可根据需要重新签订"上海市房地产买卖合同"以替代本合同,并办理房屋过户手续;甲、乙双方经协商一致,同意涉案房屋转让价款为200万元;乙方付款方式分别为,定金5万元,第二笔房款55万元,第三笔房款40万元,第四笔房款为100万元等;自乙方按约支付定金5万元、第二笔房价款55万元之日起三日内,甲方即应当腾出涉案房屋并通知乙方进行验收交接,乙方应在收到通知之日起的五日内对房屋及其装饰、设备情况进行查验,查验后甲方将房屋钥匙交付给乙方为房屋转移占有的标志;涉案房屋可上市交易时,乙方备齐第四笔房款后通知甲方,甲方收到乙方通知之日起的十五日内,甲乙双方共同向房地产交易中心申请办理转让过户手续等。合同签订后,李某某通过转账方式分别向万某某、李某支付10万元、45万元。万某某、李某出具收条,表示收到第二笔房款。上述款项支付后,万某某、李某将涉案房屋交付李某某,李某某对房屋进行了装修并自2009年居住使用至今。

2008年12月1日,中国人民解放军第四五五医院院务处出具"证明",证明李某为其单位干部,已参加经济适用住房分配,并已交付涉案房屋的房款36万元,目前房产证正在办理之中等。

2016年,万某某、李某向上海市长宁区人民法院起诉,请求:(1)确认万某某、李某与李某某签订的"房屋买卖(权益转让)合同"无效;(2)判令李某某将上海市长宁区××路××弄××号××室房屋(以下简称系争房屋)返还给万某某、李某。

截至一审庭审辩论终结前,涉案房屋的产证仍未办理完毕。

一审庭审中,万某某、李某提供一份"补充协议"及一份"房地产借款抵押合同",用以证明李某某支付的60万元为借款而非房款;李某某对其证据的真实性均无异议,但认为这并非真实的抵押借款,是为了保证涉案房屋交易的正常进行,防止万某某、李某不履行合同,保证万某某、李某卖房的决心等。

一审法院认为,"当事人一方以出卖人在缔约时对标的物没有所有权或者处分权为由主张合同无效的,人民法院不予支持"。本案中,从已经查明的事实来看,涉案房屋买卖合同的订立系基于双方当事人的真实意思表示,并无证据证明双方订立合同存在法律规定无效的情况。万某某、李某表示根据军队房地产管理的相关规定,涉案房屋的转让需要经过相关机关单位的审批同意,不属于合同违反法律、行政法规的强制性规定的情形。综上所述,万某某、李某依据其系无权处分及合同违反法律、行政法规的强制性规定等理由要求确认涉案房屋买卖合同无效的诉请,既缺乏事实依据与法律依据,也有违诚实信用原则,不予支持。对于万某某、李某要求李某某将涉案房屋返还的诉请,亦不予支持。

一审法院审理后,依照《中华人民共和国民法通则》第4条、《最高人民法院关于审理买卖合同纠纷案件适用法律问题的解释》第3条第1款之规定,判决:驳回李某、万某某的全部诉讼请求。

万某某、李某不服一审判决,向上海市第一中级人民法院提起上诉。

上海市第一中级人民法院认为,万某某、李某系通过中介公司就系争房屋与李某某先后签订"定金协议书""房屋买卖(权益转让)合同"。其中"房屋买卖(权益转让)合同"对房屋买卖关系的主要内容作出了明确约定。依据万某某、李某收到60万元后出具的"收条"及其在本案起诉状中及一审证据交换时的陈述,结合系争"房屋买卖(权益转让)合同"的约定,可以认定该60万元系李某某支付的房款。鉴于双方签订"房屋买卖(权益转让)合同"及李某某支付房款时,万某某、李某尚未取得系争房屋产权证,李某某关于为了担保"房屋买卖(权益转让)合同"的履行而签订"补充协议"及"房地产借款抵押合同"的陈述,符合常理。系争"房屋买卖(权益转让)合同",从双方签约及履行过程来看,明显系万某某、李某真实意思表示,客观上亦不存在违反法律、法规效力性、禁止性规定的情形。军事法规、军事规章在武装力量内部实施,本身并非判断系争"房屋买卖(权益转让)合同"的依据。

综上,万某某、李某主张系争"房屋买卖(权益转让)合同"无效,显无依据,其相应上诉请求不能成立,应予驳回;一审判决认定事实清楚,适用法律正确,应予维持。

上海市第一中级人民法院判决:驳回上诉,维持原判。

案例10-4 赵某某与大连华良盛世房地产开发有限公司房屋买卖合同纠纷上诉案①

2008年5月30日,赵某某与大连华良盛世房地产开发有限公司(以下简称华

---

① 参见辽宁省大连市中级人民法院(2015)大民二终字第00616号民事判决书。

良公司)签订售房协议。协议约定,华良公司为甲方,赵某某为乙方,房屋位置坐落于大连市××区××路××号××楼××单元3楼2号。房屋属于军产房,是具有70年使用权的住宅。建筑面积101平方米,单价为每平方米7 000元,总房款为707 000元。此框架楼除煤气外,水、电、暖气均已具备,已达到入住条件。乙方先支付63万元为首付,在2008年5月30日前支付,其余款项在六个月全部交齐,否则甲方在收取总房款额10%的违约金后,退还乙方款项并收回房屋。协议签订后,赵某某按照协议约定于2008年6月29日向华良公司支付了购房款707 000元,华良公司为赵某某开具金额为707 000元的专用收款收据。赵某某交付购房款给华良公司后,华良公司即将案涉房屋及钥匙交付给赵某某,赵某某在案涉房屋居住至今。

2014年,赵某某以华良公司至今未能将案涉房屋过户于其名下,华良公司的行为已构成根本违约,致使协议目的不能实现为由,向大连市西岗区人民法院起诉。请求:(1)解除赵某某、华良公司签订的售房协议;(2)判令被告华良公司返还购房款707 000元,原告腾退案涉房屋;(3)判令被告华良公司赔偿原告损失643 000元。

大连市西岗区人民法院认为:原告赵某某与被告华良公司签订的房屋买卖协议,系双方的真实意思表示,合法有效,双方均应按照协议的约定履行各自的义务。协议已约定,由被告出售给原告案涉房屋时,案涉房屋系军产房,并未约定由被告为原告办理使用权证,故原告以被告承诺办理使用权证,至今未办理使用权证为由,请求解除双方签订的售房协议,被告返还购房款并请求赔偿损失,无事实及法律依据,不予支持。

大连市西岗区人民法院判决:驳回原告赵某某的诉讼请求。

宣判后,赵某某不服,上诉至辽宁省大连市中级人民法院。其主要上诉理由为:售房协议第2条约定案涉房屋为军产房,一审判决也认定案涉房屋系军产房,案涉房屋未经过部队审批,违反了法律强制性规定。

辽宁省大连市中级人民法院认为,赵某某与华良公司签订的售房协议,系双方当事人的真实意思表示,一审法院认定该协议合法有效正确,该院予以确认。本案中,双方在购房协议中已经明确约定了案涉房屋系军产房,是具有70年使用权的住宅,由华良公司代售,并附有沈阳军区大连疗养院与华良公司房地产协议,赵某某在购房时对此亦是明知的,不仅如此,而且在购房协议中并没有有关是否可以办理产权或者何时办理产权的约定,也没有约定华良公司何时为赵某某办理产权,而仅仅约定了若华良公司办理好此房屋的国有产权,赵某某需向华良公司缴纳相关费用。由此可知,赵某某在购买案涉房屋时即应该知道案涉房屋存在不能办理产权的风险,在此情况下,赵某某仍然签订了购房协议,决定购买案涉房屋。二审中,赵某某亦表示其到现场察看了案涉房屋之后才决定购买,表明其愿意承担不能办理产权的风险。且从大连地区军产房交易的情况看,一般情况下,军产房的售价较同地段的其他国有产权的房屋而言相对较低,从案涉房屋交付赵某某使用至今已近七年时间,赵某某以案涉房屋不能办理产权为由,主张解除案涉购房协议,不符合《合同法》第94条规定的合同解除条件。

辽宁省大连市中级人民法院判决:驳回上诉,维持原判。

[法理评析]

对于军队的房产买卖合同究竟是有效还是无效,各地的法院看法、做法不尽相同,笔者认为军队的房产买卖合同合法、有效。理由如下:

(1)军队的规章制度不属于《合同法》第52条规定的法律、行政法规。《合同法》第52条第5项规定:"违反法律、行政法规的强制性规定,合同无效。"笔者同意上海市第一中级人民法院的看法,即:"军事法规、军事规章在武装力量内部实施,本身并非判断系争'房屋买卖(权益转让)合同'的依据"。

(2)《最高人民法院关于审理买卖合同纠纷案件适用法律问题的解释》第3条第1款规定:"当事人一方以出卖人在缔约时对标的物没有所有权或者处分权为由主张合同无效的,人民法院不予支持。"

建议全国人大常委会出台立法解释,或者最高人民法院制定司法解释,以便统一全国各地法院的做法,避免同案不同判的尴尬局面。

3. 如果不幸买到凶宅,如何处理?

[问题的提出]

凶宅,一般指的是发生过非正常死亡事件的房屋。我国法律并没有相关规定,即没有将"凶宅"规定为物理瑕疵,所以,购买者在不知情时买下,事后察觉想要退房却退不了的事情时有发生。"房天下"网站介绍了一些如何才能避免买到凶宅的知识——

购买二手房之前进行详细的了解,做到以下工作:

(1)浏览小区的相关报道。购房者可以在网上搜索这个小区,看看有没有相关的新闻报道。一些特大的刑事案件,媒体一般是会公开报道的,因此可以查到相关信息。(2)注意房价低的原因。在买房之前,购房者要对该小区的二手房的价格有一个大致的了解,如果房子远远低于市场价格,那么购房者就一定要注意了,可以询问一下房价低的原因,如果得不到合理的解释的话,那么是凶宅的可能性就很大了。(3)实地走访一下小区。购房者可多方打听业主出售房屋的基本情况,例如房屋出售的原因、原来居住的人员等。如果房子是凶宅的话,小区内或多或少会引起过议论,容易打听出来,这就需要购房者多多走动,多向别人打听,也不难知道真相。(4)去管辖的派出所进行询问。如果是有凶杀或者是他杀之类的情况发生的话,当地派出所会有备案记录,但是派出所没有义务向所有人公开这些信息,因此这个时候就需要购房者和业主一起去。

如果不幸买到凶宅,购房者应该如何处理呢?

[参考案例]

案例 10-5 肖某、潘某与杜某某房屋买卖合同纠纷案[①]

2014 年 12 月 10 日,肖某、潘某(以下简称原告)与杜某某(以下简称被告)通过上海太平洋服务有限公司居间介绍签订了一份"上海市房地产买卖合同",约定原告向被告购买位于上海市浦东新区环林东路××弄××号××室房屋(以下简称系争房屋)。签约后,原告共支付房款人民币 22 万元。后经原告了解,系争房屋曾发生租客非正常死亡事件。原告认为被告未能尽到完全真实的告知义务,隐瞒合同标的重大瑕疵,导致原告购房结婚的目的落空。故原告诉至上海市浦东新区人民法院,要求判令:(1)撤销原、被告之间订立的房屋买卖合同;(2)被告返还购房款 22 万元;(3)被告赔偿原告中介费损失 1 万元;(4)被告以 23 万元为本金,按中国人民银行同期贷款利率赔偿自 2014 年 12 月 16 日起至实际支付之日止的

---

① 参见上海市浦东新区人民法院(2015)浦民一(民)初字第 3599 号民事判决书。

利息;(5)诉讼费由被告承担。

被告杜某某辩称,不同意原告的诉讼请求。本案中原告的撤销事由不成立,合同合法有效,原告应按约履行并支付相应房价款。

原告为证明其主张,提供以下证据:

(1)"上海市房屋买卖合同"及"补充协议";(2)"上海市房地产登记簿",证明系争房屋的产权人为被告;(3)"收据"3张,证明2014年12月10日,原告支付房款2万元以及中介费1万元,同年12月14日,原告支付房款20万元;(4)"网络帖子",证明2009年7月21日晚,系争房屋内发生租客跳楼自杀事件;(5)"录音资料",证明被告确系对租客跳楼自杀一事是知情的;(6)"接报回执单",证明2009年7月21日晚,系争房屋内发生租客跳楼自杀事件。

上海市浦东新区人民法院经过审理查明如下事实:2009年7月21日,梁××从系争房屋阳台上跳下,当场死亡。之后,被告以95万元的价格购入系争房屋。2009年8月26日,系争房屋登记于被告名下。

2014年12月10日,原告作为买受人(乙方),被告作为卖售人(甲方),双方签订一份"上海市房地产买卖合同",约定原告同意以235万元的转让价款购买被告拥有的系争房屋。在2015年2月18日之前,甲、乙双方共同向房地产交易中心申请办理转让过户手续。

附件三付款协议约定,乙方于签约时,支付甲方房款2万元,于2014年12月15日之前,支付甲方房款20万元,于2015年1月10日之前,支付甲方房款50万元,于2015年1月25日之前,支付甲方房款18万元,乙方以购房贷款的形式向甲方支付房款144万元,该款项由贷款银行转入甲方账户,于双方办妥该房屋交接手续当日,支付甲方房款1万元。

合同签订后,原告当日支付被告购房款2万元,并支付中介上海太平洋房屋服务有限公司佣金1万元。同年12月14日,原告又支付购房款20万元。之后,原告得知系争房屋曾发生跳楼死亡事件,通过电话多次就解约一事与被告进行联系,但均未能达成一致意见。其中,被告在电话中曾表示"它什么时间我没有关注过,但是这个事情呢,我听说过,但是我不相信这个事情的","它存在这个不存在这个呢,我是,就是说,从房子角度上我是不关心这个事情的","我父母知道,但是他没跟我说呀,但是就算有这情况,我也不在乎的"。

该院认为,判断涉案房屋买卖合同能否撤销的关键在于被告是否存在欺诈行为。

首先，被告在出售系争房屋前是否知晓该房屋曾发生过跳楼一事。虽系争房屋于 2009 年 7 月 21 日发生了跳楼自杀事件，属客观事实，但若被告出售房屋前并不知晓，即使被告未告知原告，也不存在隐瞒一说，更不存在欺诈。被告以不知晓进行辩称，对此本院认为，从其与原告之间的电话录音来看，其承认曾听说过该事件，只是自己并不在意这个事情，与被告的辩称相互矛盾，应认定被告在出卖房屋前知晓该起跳楼自杀事件。

其次，该起跳楼自杀事件是否属于被告应当披露的信息。当事人在订立合同过程中，应遵循合同法的诚实信用原则，不得故意隐瞒与订立合同有关的重要事实或提供虚假情况，否则构成欺诈。按日常生活经验及民间习俗，房屋内若发生自杀等非正常死亡事件，往往会使房屋的价值下降，对于房屋的出售价格将产生实质性影响，从而影响买受人的缔约基础，应属于出卖人需要披露的信息。系争房屋于 2009 年 7 月发生跳楼死亡事件，被告在将房屋出售原告时，未予披露，并以正常的市场价格出售给原告，违反了诚实信用原则。

最后，原告是否基于被告未披露该信息作出了错误的意思表示。被告在出售系争房屋时未主动披露房屋内曾发生过非正常死亡事件的信息，致使原告陷于错误，并基于该错误进行了法律行为，即以正常的市场价格向被告购买了系争房屋，并准备作为结婚所用。而原告在通过其他途径得知该信息后，第一时间向被告提出交涉，明确表示不再履约，并就该事多次与被告进行电话沟通，尽管最后双方未能达成一致，但从侧面更能印证原告是基于错误所为的法律行为。

综合上述三点事实与理由，被告负有告知原告系争房屋曾发生过非正常死亡事件的披露义务，但未予及时告知，致使原告陷于错误，在不知情的情况下违背自己真实意思与被告签订了"上海市房地产买卖合同"及"补充协议"，被告的行为构成欺诈。原告据此要求撤销双方签订的"上海市房地产买卖合同"及"补充协议"，于法有据。

合同被撤销后，因该合同取得的财产，应当予以返还。原告要求返还已支付的房款 22 万元，应予支持。被告未尽到披露义务，系导致合同撤销的过错方，原告据此要求其赔偿中介费 1 万元及已付款与中介费自 2014 年 12 月 16 日起至实际支付之日止的中国人民银行同期贷款利率利息，也具有法律依据。

上海市浦东新区人民法院判决：

（1）撤销原告与被告签订的"上海市房地产买卖合同"及"补充协议"；

（2）被告应于本判决生效之日起十日内返还原告购房款22万元；

（3）被告应于本判决生效之日起十日内赔偿原告中介费1万元；

（4）被告应于本判决生效之日起十日内，以23万元为本金，按中国人民银行同期贷款利率支付自2014年12月16日至实际支付之日的利息。

案例10-6　武汉德易居房地产经纪有限公司、邓某某居间合同纠纷上诉案[①]

2017年5月24日，经武汉德易居房地产经纪有限公司（以下简称德易居经纪公司）居间，邓某某、德易居经纪公司及案外人覃某某签订"存量房居间（买卖）合同"，邓某某购买覃某某位于武汉市武昌区××公寓南区二期××栋×单元6楼2号的房屋。合同签订当日，邓某某向德易居经纪公司支付中介服务费47 000元。合同签订后，经邓某某了解，其所购房屋涉及非正常死亡事件。为解除合同、退还中介服务费，双方发生纠纷。

邓某某向武汉市武昌区人民法院起诉，请求判令：（1）撤销居间合同；（2）德易居经纪公司返还居间费47 000元。

德易居经纪公司抗辩称：其已告知邓某某房屋并非凶宅，房屋并无瑕疵。其并未有欺诈的行为，也没有欺诈的故意。

武汉市武昌区人民法院认为，《合同法》第425条规定："居间人应当就有关订立合同的事项向委托人如实报告。居间人故意隐瞒与订立合同有关的重要事实或者提供虚假情况，损害委托人利益的，不得要求支付报酬并应承担损害赔偿责任。"经纪公司作为居间人，就自己所为的居间活动负有忠实义务，包括如实报告义务和调查义务等。在审理中，经纪公司主张在居间时，已经告知邓某某出卖人之子自出售房屋的屋顶坠楼的非正常死亡的情况，尽到了应尽的义务，系其单方陈述，而不能提出相关的证据，其主张原审不予支持。在买卖标的物金额巨大的场合下，经纪公司不披露关于房屋价值的不利信息，影响委托人邓某某的决定而作出错误意思表示，侵犯了邓某某减少价金或与他人缔约的机会利益，邓某某主张撤销居间合同，予以支持。《合同法》第58条规定："合同无效或者被撤销后，因该合同取得的

---

① 参见湖北省武汉市中级人民法院（2018）鄂01民终5398号民事判决书。

财产,应当予以返还;不能返还或者没有必要返还的,应当折价补偿。有过错的一方应当赔偿对方因此所受到的损失,双方都有过错的,应当各自承担相应的责任。"经纪公司因房屋居间合同收取的报酬 47 000 元,应返还给邓某某。

武汉市武昌区人民法院判决:(1)撤销邓某某与武汉德易居经纪公司签订的存量房居间合同;(2)武汉德易居经纪公司于本判决生效之日起三日内向邓某某返还47 000 元。

一审宣判后,德易居经纪公司不服原审判决,向湖北省武汉市中级人民法院提起上诉。

二审期间各方当事人均未向本院提交新证据。二审查明事实与原审查明一致。

湖北省武汉市中级人民法院认为,上诉人德易居经纪公司在当时各方签订房屋买卖合同时并未将房屋客观全面的情况(特别是可能影响购买人邓某某作出是否购买该房屋、减少价款等情况)告知购买方邓某某。而据上诉人自己陈述,也是在邓某某自己打听到所购房屋发生过非正常死亡事件后向上诉人求证,也并非上诉人主动告知,且该部分上诉人并未提交证据予以佐证。故原审根据《合同法》第425 条规定认定经纪公司不披露关于房屋价值的不利信息,影响委托人邓某某的决定而作出错误意思表示,侵犯了邓某某减少价金或与他人缔约的机会利益,并支持邓某某主张撤销居间合同并无不妥。另原审根据《合同法》第 58 条规定判令经纪公司因房屋居间合同收取的报酬 47 000 元返还给邓某某合法有据,予以支持。

湖北省武汉市中级人民法院认为上诉人德易居经纪公司的上诉理由不能成立,判决:驳回上诉,维持原判。

[法理评析]

1. 房屋内若发生非正常死亡事件属于出卖人、居间人应当披露的信息

正如案例 10-5 中上海市浦东新区人民法院在判决书中所述观点,按日常生活经验及民间习俗,房屋内若发生自杀等非正常死亡事件,往往会使房屋的价值下降,对于房屋的出售价格将产生实质性影响,从而影响买受人的缔约基础,应属于出卖人需要披露的信息。

2. 出卖人、居间人故意隐瞒凶宅的重要事实,构成欺诈,依法应当撤销合同、返还财产

《中华人民共和国民法总则》(以下简称《民法总则》)第 148 条规定:"一方以

欺诈手段,使对方在违背真实意思的情况下实施的民事法律行为,受欺诈方有权请求人民法院或者仲裁机构予以撤消。"

《合同法》第 58 条第 1 款规定:"合同无效或者被撤销后,因该合同取得的财产,应当予以返还;不能返还或者没有必要返还的,应当折价补偿。"

3. 买受人及其代理律师如何举证

对于此类案件,买受人及其代理律师需要向法庭举证证明:涉案房屋曾发生自杀等非正常死亡事件;出卖人知道或者应当知道涉案房屋曾发生自杀等非正常死亡事件;要求退房的证据,以证明签订房屋买卖合同是在违背其真实意思的情况下所为。

只要出卖人拿不出其主动告知买受人涉案房屋曾发生自杀等非正常死亡事件的证据,法庭就可认定出卖人故意隐瞒重要事实,构成欺诈。

4. 购买限制转让的二手房,买受方的法律风险

[问题的提出]

限制转让的二手房包括社会保障房、拆迁安置房、限售房等,由于国家政策的原因,都规定了在一定的年限内不得办理产权转让手续。在此期间内购买了上述房屋的当事人,会面临极大的法律风险。很有可能陷入钱、房两空的困境。因此,对于这种情况当事人务必小心谨慎。

[参考案例]

案例 10-7　孔某某与黄某房屋买卖合同纠纷上诉案①

位于上海市闵行区××路××弄××号××室房屋为配套商品房。配套商品房供应单载明,被拆迁户的人员为黄某及其子黄某某,购房人为黄某。

---

① 参见上海市第一中级人民法院(2018)沪 01 民终 1113 号民事判决书。

2015 年 5 月 21 日,黄某(出卖人、甲方)与孔某某(买受人、乙方)签订"上海市闵行区 ×× 路 ×× 弄 ×× 号 ×× 室出售转让合同(动迁房预售预购合同)"。该合同约定,房屋转让价款为 940 000 元,分三次支付,乙方于 2015 年 5 月 21 日向甲方支付定金 50 000 元;于 2015 年 5 月 31 日前向甲方支付房款 750 000 元;甲方于 2016 年 3 月 31 日前通知乙方,办理全权委托公证,并将动迁协议原件交由乙方保管。乙方于全权委托公证完成当日向甲方支付房款 190 000 元。甲方确认以下账户为接收乙方支付房款的指定账户:户名宣某,开户行农业银行,卡号 ×××。双方约定,按合同约定的交易方式,在有关规定允许该房屋上市交易限制期满后(甲方产权证办理完毕后)7 个工作日内,甲、乙双方签订上海市 ×× 局网络版商品房"上海市房地产买卖合同"。同日,孔某某向案外人宣某支付定金 50 000 元。

2015 年 5 月 26 日,孔某某、黄某签订"房屋交接书"。该交接书载明,系争房屋于 2015 年 5 月 26 日由黄某交接给孔某某,并列明了黄某交付孔某某的各项物品。同日,孔某某向案外人宣某的银行账户转账 700 000 元。同时,黄某出具购房款收据,载明收到房款 750 000 元(含定金 50 000 元)。

2017 年 1 月 13 日,系争房屋的权利人经核准登记为黄某。

落款日期为 2017 年 2 月 22 日,由上海市闵行区浦江镇永康城四居委出具的"居住证明"载明,孔某某为该小区居民。

2017 年 3 月 17 日,上海市浦东新区人民法院对系争房屋进行司法查封,限制文件编号(2017)沪 0115 执 2253 号。

案外人上海 ×× 有限公司于 2016 年 5 月 11 日经核准登记为上海市闵行区 ×× 路 ×× 弄 ××、××、××、×× 号新建动迁安置房的权利人。

孔某某向上海市闵行区人民法院起诉,请求判令:(1)要求确认其与黄某就系争房屋签订的出售转让合同有效;(2)黄某自 2018 年 5 月 11 日起 10 日内协助孔某某将涉案房屋产权过户至孔某某名下;(3)孔某某向黄某支付购房款人民币 190 000 元。

黄某抗辩称其以未获得其他共有人同意处分房屋为由,主张合同无效。

一审法院认为,孔某某、黄某就系争房屋签订的出售转让合同系双方真实意思表示,内容未违反法律、行政法规的强制性规定,合法有效。孔某某要求确认合同有效,于法有据,予以支持。黄某以未获得其他共有人同意处分房屋为由对合同效力提出异议,不能成立。根据本案查明事实,系争房屋为配套商品房,开发商为案外人上海××有限公司,于2016年5月11日经核准取得上海市闵行区××路××弄××号新建动迁安置房的房地产权证。则根据相关政策,系争房屋至少应自开发商取得房地产权证之日起三年后方可转让。现孔某某在限制交易转让期内主张将系争房屋过户登记至其名下,缺乏事实和法律依据,予以驳回。孔某某要求支付剩余房款,因未支持其过户之请求,况且合同约定的付款条件亦尚未成就,故不作处理,双方可另行解决。

一审法院审理后,依照《合同法》第110条及《最高人民法院关于审理买卖合同纠纷案件适用法律问题的解释》第3条的规定,判决:(1)确认孔某某与黄某于2015年5月21日签订的"上海市闵行区××路××弄××号××室出售转让合同(动迁房预售预购合同)"有效;(2)驳回孔某某其余诉讼请求。

孔某某不服一审判决,向上海市第一中级人民法院提起上诉。孔某某上诉请求:撤销一审判决第二项,依法改判支持孔某某一审相应诉请请求。

其提交的事实和理由为:就上海市浦东新区人民法院对系争房屋的查封,孔某某已于2017年8月10日提出执行异议,双方房屋买卖合同能否实际履行尚不确定,本案应当中止审理。此外,本市关于动迁安置房三年内不能交易的规范性文件已经失效,系争房屋不存在限制交易的问题。

黄某辩称:双方房屋买卖合同有效,但不能实际履行。请求驳回上诉,维持原判。

上海市第一中级人民法院认为,孔某某与黄某订立出售转让合同时,明知系争房屋性质为动迁安置房,在限制转让期内不得转让。虽然双方合同并不因此而无效,但孔某某应承担交易过程中暂时不能过户所产生的风险。

孔某某认为黄某应自2018年5月11日起10日内协助办理系争房屋的产权过户手续,而于其提起本案诉讼时,其实际主张的履行期限尚未届至,而双方合同将来是否具备履行条件显然于本案中无法判断,因此,孔某某的相应诉讼请求,一审法院不予支持,并无不当。至于系争房屋目前被另案查封,孔某某是否提出执行异议,该执行异议如何处理,与判断孔某某主张的履行期限届至时,双方合同是否能够履行,并不具备必然的关联性。也就是说,即使该查封因孔某某提出异议而解除,亦不代表双方合同之后就不可能出现新的履行障碍。据此,本案程序上不存在因孔某某提出执行异议而中止审理的问题。至于本市有关动迁安置房限制交易的规定是否在有效期内,系争房屋目前是否仍处于限制转让的状态,同样与判断孔某某主张的履行期届至时,双方合同是否存在履行障碍不具有必然联系。

综上,孔某某的上诉请求不能成立,应予驳回;一审判决正确,应予维持。

上海市第一中级人民法院判决:驳回上诉,维持原判。

[法理评析]

根据《城市房地产管理法》和《物权法》的规定,不动产物权实行登记制度,只有在政府不动产登记机关登记备案了,才能证明房屋持有者对该房屋的所有权,才能受到法律的保护。

有些社会保障房、拆迁安置房、限售房等房屋的持有者,因为急需资金要出售限制转让的二手房,要价相对商品房要低很多。而需要房屋居住的买房者正是看中了这类房屋的价格优势,并不是很计较什么时间可以办理产权登记的因素。在这类买房人看来,只要能够实际入住,其他事情都可以暂时不顾。并且,在很多国人的概念里,只要自己花钱买了房子又实际入住了,该房就属于他所有了。殊不知,购买这类房屋要面临很大的法律风险。法律风险有二:一是房屋出售者的一房二卖风险;二是因房屋出售者与其他人的经济纠纷导致房屋被人民法院查封甚至强制执行。正如参考案例中的情况,遇到此种情况当事人很有可能陷入钱、房两空的困境,会痛苦万分。

因此,当事人购买限制转让的二手房时,务必小心谨慎。

5. 房屋买受人的过户请求权有诉讼时效的限制吗?

[问题的提出]

《民法总则》第188条规定:"向人民法院请求保护民事权利的诉讼时效期间为三年。法律另有规定的,依照其规定。诉讼时效期间自权利人知道或者应当知道权利受到损害以及义务人之日起计算。"

那么,房屋买受人的过户请求权有诉讼时效的限制吗?

[参考案例]

案例 10-8　李某某与刘某某等房屋买卖合同纠纷上诉案①

2006 年 4 月 25 日,李某某(甲方)与刘某某(乙方)签订"房屋转让协议",协议约定:"第一条:甲方在中信银行按揭贷款购买的房产北京市海淀区 ×× 小区 602 室,建筑面积 177.02 平方米,已进行精装修。甲方拟转让给乙方,乙方拟购买。第二条:毛坯房屋价格每平方米 9 500 元,计 1 681 690 元,房屋装修费 15 万元,公共维修基金 24 216 元和契税 18 160 元,房屋保险费 3 375 元。房屋总价格 1 877 441 元。第三条:协议签订之日起 3 日内乙方支付甲方认购金 30 万元,甲方收到款后给乙方出具收据。原甲方向银行的按揭贷款由甲方负责在 2006 年 5 月 20 日前为乙方办理按揭手续,由乙方月供偿还。如乙方要求一次性付款,原甲方向银行的按揭贷款由甲方偿还,并向乙方预留 2 万元作为过户手续押金。第四条:房屋交付时间为 2006 年 5 月 20 日。房屋验收交付完毕后,3 日内乙方付清房款。如甲方不能在 2006 年 5 月 20 日之前为乙方办理转按揭手续、乙方不能按时付清房款、甲方不能如期装修好房屋并交付给乙方,甲乙双方均有权解除合同。解除合同后,甲方在 3 日之内无条件退还乙方已支付的 30 万元认购金。第五条:房产过户手续在甲方办下房产证之日起算两年零两个月之内办完并交给乙方,办理房产证过户费用由乙方承担,办理房产证过户手续(即房产证)交给乙方后乙方退还甲方押金 2 万元。诉争房屋现登记在李某某名下。李某某未向原审法院提交诉争房屋的房产证原件,称房产证原件已丢失,李某某向原审法院提交了房产证打印件,该打印件记载房屋坐落于北京市海淀区 ×× 小区 602 室,房屋建筑面积 177.38 平方米,房产证填发日期为 2006 年 11 月 16 日。

审理中,刘某某、李某某及中信银行均认可该小区即为诉争小区,各方对诉争房屋地址的表述均无异议,对诉争房屋的面积均同意以房管部门测定的 177.38 平方米为准。另查,李某某于 2005 年 6 月 21 日与中信银行签订了个人购房借款合同,将诉争房屋抵押给中信银行,借款人(即抵押人)为李某某,借款金额为 96 万元,借款期限自 2005 年 6 月 21 日至 2025 年 6 月 21 日,还款总期数为 240 期,还

---

① 参见北京市第一中级人民法院(2015)一中民终字第 09710 号民事判决书。

款方式为按月等额偿还,每期还款日为还款月第20日。诉争房屋于2007年9月3日办理了抵押登记。截至本案法庭辩论终结时,诉争房屋所应偿还的贷款总额为554 726.65元。

经询,中信银行当庭表示如果经由法院判决确认可以接受由刘某某代李某某清偿诉争房屋在该行的全部贷款本金及利息,债务清偿后其同意协助办理诉争房屋的相关手续。刘某某当庭表示同意代李某某清偿诉争房屋在中信银行的全部贷款本金及利息,并称2006年时已将房款支付给李某某,让李某某偿还银行贷款,但李某某收到房款后并未偿还贷款解除抵押,导致诉争房屋一直无法过户。

2006年5月20日刘某某住进该房屋至今,且购房款项刘某某已在合同约定期限内全部支付给李某某,但经多次催促,李某某仍以各种理由推脱不履行过户义务。

刘某某向北京市海淀区人民法院起诉,请求:(1)判令李某某履行房屋转让协议的义务将北京市海淀区××小区602室过户给刘某某,并承担过户费;(2)刘某某同意代李某某向中信银行清偿所欠银行贷款,刘某某代为清偿后,李某某应向刘某某支付所偿还的费用;(3)诉讼费由李某某负担。

李某某抗辩称,刘某某的起诉已过诉讼时效,诉争房屋所有权证办下来的时间是2006年11月16日,根据双方签订的房屋转让协议第五条的约定,房产过户手续应当从2006年11月起两年零两个月内办理完毕,也就是说刘某某应当在2009年1月前办理完过户手续,本案诉讼时效应当从2009年1月开始计算,两年的诉讼时效期间到2011年1月已经到期,刘某某的起诉明显超过了诉讼时效。

原审法院审理认为,依法成立的合同,对当事人具有法律约束力。李某某与刘某某签订的房屋转让协议系双方当事人真实意思的表示,内容未违反法律、行政法规的强制性规定,应属合法有效,双方当事人均应按照约定履行自己的义务。根据现有证据可以认定,为履行房屋转让协议,刘某某已分别于2006年4月28日向李某某支付认购金30万元,于2006年7月20日向李某某支付购房款157万元,于2007年5月25日向李某某支付家具款7 000元,且诉争房屋自2006年5月20日起至今一直由刘某某占有使用。李某某虽辩称诉争房屋已经抵押给中信银行,没有中信银行的同意,其不能出售该房屋,但中信银行是否同意转让诉争房屋,只涉及诉争房屋的所有权转移登记问题,并不影响房屋转让协议的效力。而且,本案中刘某某同意代李某某清偿诉争房屋在中信银行的全部贷款本金及利息以消灭抵押权,抵押权人中信银行亦明确表示接受由刘某某代李某某清偿债务,故在刘某某代李某某向中信银行履行清偿义务后,刘某某有权要求李某某为其办理房屋过户手续。

对李某某关于诉讼时效的抗辩意见,原审法院认为,在房屋买卖合同中,出卖人已将房屋交付于买受人,买受人亦已实际占有使用房屋的,买受人请求出卖人移转房屋所有权、办理房屋所有权登记的请求权具有物权属性,不适用诉讼时效的规定,本案中刘某某已向李某某履行支付购房款的义务并实际占有使用诉争房屋多年,其要求李某某办理房屋所有权登记的请求权具有物权属性,不适用诉讼时效的规定,故对李某某的该抗辩意见,原审法院不予采纳。

综上,对刘某某在代为清偿诉争房屋贷款的情况下要求李某某为其办理房屋过户手续的请求,原审法院予以支持,但根据房屋转让协议的约定,办理房产证的过户费用由刘某某承担,故对其要求李某某承担过户费用的请求,原审法院不予支持。

综上所述,依据《合同法》第8条、第60条、第107条之规定,北京市海淀区人民法院判决:(1)刘某某于本判决生效后15日内向中信银行股份有限公司北京富力支行一次性偿还北京市海淀区××小区602室房屋的全部贷款余额(包括本金和利息)以解除对该房屋的抵押;(2)自北京市海淀区××小区602室房屋的上述抵押权解除之日起15日内,李某某协助刘某某办理该房屋的产权过户登记手续,将房屋产权过户到刘某某名下,办理该产权过户登记手续所需全部费用由刘某某承担;(3)驳回刘某某的其他诉讼请求。

李某某不服原审判决,向北京市第一中级人民法院提起上诉,请求撤销原审判决,改判驳回刘某某的诉讼请求。

其上诉理由是:诉争房屋的所有权人仍是李某某,刘某某请求过户是房屋买卖合同中的一项请求权,属于债权纠纷,原审认定为物权纠纷不当,故李某某的诉讼请求超过了2年诉讼时效。

就该问题,北京市第一中级人民法院认为,根据《物权法》第9条第2款的规定:"不动产物权的设立、变更、转让和消灭,经依法登记,发生效力;未经登记,不发生效力,但法律另有规定的除外。"由该规定可知,办理房屋所有权转移的登记手续系物权变动的公示方式,故该行为具有物权属性。对于刘某某来说,其签订买卖合同的目的是取得房屋所有权。现刘某某已经履行了全部合同义务并占有了房屋,而后若办理了房屋所有权转移的登记手续,即可实现物权,故刘某某要求李某某履行协助过户义务系物权请求权,不受诉讼时效的限制,原审法院未采信李某某关于超过诉讼时效的抗辩意见并无不当。

北京市第一中级人民法院判决：驳回上诉，维持原判。

[法理评析]

1. 不动产物权不适用诉讼时效的规定

根据《最高人民法院关于审理民事案件适用诉讼时效制度若干问题的规定》第1条的规定，当事人可以对债权请求权提出诉讼时效抗辩。

但是，对于不动产物权，不适用诉讼时效的规定。依据如下：

《民法总则》第196条规定："下列请求权不适用诉讼时效的规定：

（一）请求停止侵害、排除妨碍、消除危险；

（二）不动产物权和登记的动产物权的权利人请求返还财产；

（三）请求支付抚养费、赡养费或者扶养费；

（四）依法不适用诉讼时效的其他请求权。"

根据上述法律第（二）项的规定，不动产物权，不适用诉讼时效的规定。

2. 本案一审、二审法院的判决具有法律依据

北京市海淀区人民法院认为，在房屋买卖合同中，出卖人已将房屋交付于买受人，买受人亦已实际占有使用房屋的，买受人请求出卖人移转房屋所有权、办理房屋所有权登记的请求权具有物权属性，不适用诉讼时效的规定。

北京市第一中级人民法院认为，办理房屋所有权转移的登记手续系物权变动的公示方式，故该行为具有物权属性。故刘某某要求李某某履行协助过户义务系物权请求权，不受诉讼时效的限制。

笔者认为，本案一审、二审法院的判决符合《民法总则》第196条的规定。

6. 如何处理房屋内的户口问题？

[问题的提出]

购买二手房，对于买受方来说，房屋内的户口问题是必须考虑的一件重要的事情。因为在房屋交易完成后，出卖方及其家人的户口如果不迁出，会给将来留下难

以处理的问题,徒增很多烦恼,甚至有可能导致买受人的购房目的无法实现。因此,作为房屋买受人及其代理律师,必须清楚即将购买的房屋内人员的户口情况,以及如何应对,如何在购房合同条款中解决、消除户口隐患。

[参考案例]

案例 10-9 吴某与何某房屋买卖合同纠纷案[①]

2009 年 11 月 16 日,何某(甲方)与吴某(乙方)签订"上海市房地产买卖合同",约定甲方将位于上海市杨浦区黄兴路 ×× 弄 ×× 号 608 室的房屋出售给乙方,转让价款为 660 000 元。合同补充条款第 3 条约定:甲方承诺于 2010 年 1 月 31 日之前向房屋所在地的公安派出机构办理原有户口的迁出手续,若逾期超过 15 日甲方需向乙方赔偿 2 000 元,之后每逾期一日甲方按每日 100 元赔偿给乙方。合同附件三付款协议约定:(1)乙方已于 2009 年 11 月 9 日之前支付甲方定金 100 000 元。(2)乙方于 2009 年 11 月 9 日支付甲方房款 200 000 元。(3)乙方通过向银行贷款方式申请 340 000 元,由银行在见他证、新产证后直接放款到甲方账户;若乙方之贷款申请未经贷款银行审核通过或者审核通过的额度不足申请额度,则乙方应于房地产交易中心过户当日以现金方式补足并支付给甲方。(4)乙方于双方办理完产权交易过户及相关手续且甲方已将该房屋全部户口迁出后 2 日内支付甲方房款 20 000 元。

2009 年 11 月 9 日,何某出具收到吴某购买系争房屋购房款 200 000 元的"收据"。2009 年 11 月 27 日,上海农村商业银行将公积金贷款 300 000 元放入收款人账户。2009 年 12 月 11 日,系争房屋产权人登记为原告吴某。2009 年 12 月 24 日,何某出具收到吴某购买系争房屋购房款 20 000 元的"收据"。

2011 年 1 月 14 日,何某(甲方)与吴某(乙方)签订的"房屋买卖补充协议"约定:(1)甲方同意在 2011 年 2 月 15 日之前将黄兴路 ×× 弄 ×× 号 608 室内原有户口全部迁出。原户口全部迁出后,乙方同意支付甲方房屋交易余款 38 000 元。(2)如甲方无法迁出户口,之后每逾期一日甲方需按每日 500 元赔偿乙方损失。若逾

---

① 参见上海市杨浦区人民法院(2011)杨民四(民)初字第 1289 号民事判决书。

期 15 日户口仍未迁出或只部分迁出的,甲方需赔偿乙方经济损失 38 000 元,并且原购房合同中约定的余款乙方不再支付给甲方。

此后,由于被告何某及其家人的户口一直没有迁出,吴某向上海市杨浦区人民法院起诉,请求:(1)判令被告何某将其与父亲户口迁出涉案房屋;(2)判令被告何某支付赔偿金 38 000 元。

被告何某辩称,她一直是愿意迁出自己与其父在涉案房屋内的户口的,但现在被告已经没有地方可以迁户口,不愿意支付 38 000 元赔偿金。

上海市杨浦区人民法院认为,当事人应按照约定全面履行自己的义务。原、被告签订的"上海市房地产买卖合同"以及"房屋买卖补充协议"均系双方真实意思表示,合法有效。根据补充协议约定,何某应于 2011 年 2 月 15 日前将原有户籍迁出系争房屋,被告未按期迁出户口,系被告违约。因"房屋买卖补充协议"对逾期未迁户口的违约责任重新作出约定,被告应以协议约定方式承担违约责任。

关于原告要求被告将户籍迁出系争房屋之诉讼请求,由于户籍问题不属于法院民事诉讼的管辖范围,故本院对此不予处理。

上海市杨浦区人民法院判决:被告何某应于本判决生效之日起 10 日内支付原告吴某赔偿金人民币 38 000 元。

判决宣告后,原、被告双方在法定的上诉期内没有提起上诉。

案例 10-10　胡某与苏某房屋买卖合同纠纷上诉案①

2011 年 7 月 4 日,胡某与苏某签订了"北京市存量房屋买卖合同""补充协议""居间服务合同"。胡某为卖方,苏某为买方,胡某将位于北京市朝阳区工人体育场东路 ×× 号楼 ×× 层 ×× 单元 ×× 号房屋卖给苏某,购房款为 165 万元,苏某付清房款,并于 2011 年 10 月 17 日取得房屋所有权证。

双方签署的"北京市存量房屋买卖合同"第 10 条第 3 项约定:出卖人应当在该房屋所有权转移之日起 7 日内,向房屋所在地的户籍管理机关办理原有户口迁出手续。如因出卖人自身原因未如期将与本房屋相关户口迁出的,应当向买受人支付房屋总价款 5% 的违约金,逾期超过 7 日未迁出的,自逾期超过 7 日起,出卖人应当按日向买受人支付全部已付款万分之五的违约金。

---

① 参见北京市第三中级人民法院(2014)三中民终字第 09858 号民事判决书。

2013年12月,苏某办理户口迁入涉案房屋时,北京市公安局朝阳分局朝外大街派出所告知:苏某的户口不能迁入该地址,原因是该地址上原有户口未迁出。此时,苏某才知道胡某未办理原有户口迁出手续。经查,该房屋原有户口有7个。随后,苏某多次找胡某,要求其将户口迁出,但胡某不履行合同义务。

苏某向北京市朝阳区人民法院起诉,请求法院判令:胡某支付自2011年10月25日起至2014年4月15日止的违约金827 475元。

胡某于一审期间未到庭应诉,亦未提交书面答辩意见。

北京市朝阳区人民法院经审理认为:苏某、胡某签订的"北京市存量房屋买卖合同"系双方当事人真实意思表示,不违反法律、行政法规的强制性规定,合法、有效,双方当事人均应按照合同约定履行自己的义务。在上述合同中,胡某承诺及时向房屋所在地的户籍管理机关办理原有户口迁出手续,如有逾期,承担违约责任,根据本案现有证据,可以认定胡某并未及时履行自己的义务,将所出售房屋相关的户口迁出,导致苏某户口未能迁入,故苏某有权要求胡某按照合同约定承担违约责任。原有户口未迁出,严重影响到购房人及其亲属的落户,亦会影响到子女入托、入学等。但双方在"北京市存量房屋买卖合同"中所约定的违约金过高,考虑到本案实际情况,法院适当酌减胡某承担的违约金,酌减后,胡某应向苏某支付2011年10月25日起至2014年4月15日期间的违约金20万元。

胡某经法院合法传唤,无正当理由拒不出庭应诉,视为其放弃了举证、质证及答辩的权利。

北京市朝阳区人民法院判决:(1)胡某于判决生效后10日内支付苏某2011年10月25日起至2014年4月15日期间的违约金20万元;(2)驳回苏某的其他诉讼请求。

判决后,胡某不服,上诉至北京市第三中级人民法院。请求撤销原判第一项,主要理由是:(1)根据北京市户口迁移政策,胡某无权强迫案外人罗×等7人将户口迁出涉案房屋,对于胡某而言,案外人罗×等7人是否将户口迁出涉案房屋属于不可抗力,胡某不应当承担任何违约责任;(2)苏某未向法庭提交其因未迁入户口导致损失的证据,在其没有任何损失的情况下,原审法院判决胡某支付20万元违约金没有任何法律依据。

北京市第三中级人民法院认为:"北京市存量房屋买卖合同"中明确约定胡某应当在涉案房屋所有权转移之日起7日内,向房屋所在地的户籍管理机关办理原有户口迁出手续,如因胡某自身原因未如期将与本房屋相关户口迁出的,应当支付违约金。现胡某未能按合同约定时间将涉案房屋原有户口迁出,违背了其在买卖合同中所作出的约定,构成违约。胡某所称其未能将原有户口迁出系不可抗力,其不应承担违约责任的上诉意见,缺乏法律依据,不予采纳。

关于违约金的具体数额。胡某构成违约理应按照合同约定支付违约金,原审法院认为双方所约定的违约金过高,考虑到本案实际情况,已依法酌减了胡某承担的违约金数额。现胡某以苏某没有任何损失为由不同意支付违约金,不符合双方合同约定及法律规定,不予支持。

综上,原审判决认定事实清楚,适用法律正确,该院予以维持。

北京市第三中级人民法院判决:驳回上诉,维持原判。

［法理评析］

1. 有关户口登记、迁移的法律规定

《中华人民共和国户口登记条例》,1958 年 1 月 9 日全国人民代表大会常务委员会通过,现行有效。第 2 条第 1 款规定:“中华人民共和国公民,都应当依照本条例的规定履行户口登记。”第 3 条第 1 款规定:“户口登记工作,由各级公安机关主管。”第 10 条第 1 款规定:“公民迁出本户口管辖区,由本人或者户主在迁出前向户口登记机关申报迁出登记,领取迁移证件,注销户口。”

2. 户籍问题不属于法院民事诉讼的管辖范围

根据《中华人民共和国户口登记条例》第 10 条第 1 款的规定,法律没有授权人民法院可以判决迁出公民的户口。在实践中,法院也不处理户口的迁移问题。在案例 10-9 中,上海市杨浦区人民法院在判决书中明确表示:“关于原告要求被告将户籍迁出系争房屋之诉讼请求,由于户籍问题不属于法院民事诉讼的管辖范围,故本院对此不予处理。”

3. 房屋买受人如何保护自己的权利

鉴于户籍问题不属于法院民事诉讼的管辖范围,当事人向法院起诉要求迁出户口的,法院不予处理,这种现实情况,笔者建议房屋买受人通过以下办法保护自己的权利:

(1)查清拟购买房屋内的户口情况。要求出卖人配合买受人到拟购买房屋的辖区派出所查阅其户口状况,做到户口情况事实清楚,心里有数。

（2）如果拟购买的房屋内有户口,在买卖合同中要明确约定户口的迁出时间、迟延迁出户口的违约金。从案例 10-10 中,可以看出,各级法院对于迟延迁出户口的违约金是积极支持的。

（3）可以在买卖合同中附加条件,户口迁出超过一定的期限,买受方有权解除合同。《合同法》第 93 条第 2 款规定:"当事人可以约定一方解除合同的条件。解除合同的条件成就时,解除权人可以解除合同。"

第十一章
合同解除后的争议

1. 房屋买卖合同解除后,中介公司的佣金还要支付吗?

[问题的提出]

在房屋买卖中,房产中介公司的居间服务包括以下内容:为房屋买卖的双方提供交易信息、协助双方签订买卖合同、协助买方办理银行按揭贷款、协助双方到房产交易中心办理产权过户手续、完成房屋的交接等一系列的服务。完成上述服务内容,房屋买卖双方支付中介费是天经地义的。但是,如果房屋买卖双方在签订完买卖合同后发生争议,最后解除了合同,房屋交易没有完成,在很多人的观念里,认为不应该支付中介费。那么,在法律实践中,房屋买卖合同解除后,中介公司的佣金还要支付吗?

[参考案例]

案例 11-1 上海我爱我家房地产经纪有限公司与张某居间服务纠纷案[①]

2016 年 8 月 29 日,凌某(甲方)与张某(乙方)通过上海我爱我家房地产经纪有限公司(以下简称我爱我家公司)签订"上海市房地产买卖合同"。约定,乙方购买甲方名下的涉案房屋,价款 165 万元。同日,张某在"佣金确认书"上签字,佣金

---

① 参见上海市闵行区人民法院(2017)沪 0112 民初 27322 号民事判决书。

金额为 3 万元。注明："佣金支付人于过户之前支付给我爱我家公司。"

2016 年 9 月 6 日，张某向凌某出具"解除合同通知书"，表示已付的定金归凌某所有，合同不再履行。

2017 年 9 月，我爱我家公司向上海市闵行区人民法院起诉，要求被告张某支付佣金 3 万元。张某抗辩称：（1）涉案的房屋买卖合同已经解除，没有实际履行，房子并没有过户。（2）原告对于涉案房屋买卖合同的签订存在主观过错。被告当初签订合同时是在原告的工作人员不停地催促下，一时头脑发热冲动之下完成的。原告违规操作，没有签订"居间协议"，为了尽快促成交易，拿到佣金，急切地催促被告签订房屋买卖合同，从第一次看房子到正式签订合同仅仅只有半天时间。总之，原告无权主张佣金，请求法院驳回原告的诉讼请求。

上海市闵行区人民法院认为：原、被告虽未签订居间协议，但通过"佣金确认书"反映出原、被告存在事实上的居间合同关系。原告作为中介机构促成了被告与案外人订立了房屋买卖合同，已履行了大部分的居间义务。但是，鉴于交易惯例，房产居间事项还包括协助办理产权过户及物业过户等手续，考虑到原告提供居间服务的具体情况以及其未与被告签订居间服务合同的瑕疵情形，该院酌定被告向原告支付居间服务费 12 000 元。

一审判决后，被告未上诉，本案已发生法律效力。

［法理评析］

1. 法院判决支付佣金的法律依据

《合同法》第 426 条规定："居间人促成合同成立的，委托人应当按照约定支付报酬。"

根据上述法律规定，只要中介机构促成了出卖人与买受人订立了房屋买卖合同，委托人就应当支付佣金，不管最终交易是否完成。

2. 司法实践中，法院判决支持佣金的比例

笔者研究了上海市各个法院处理这类事情的大量判例，研究结果表明，由于房屋买卖当事人一方的原因，导致合同解除的，考虑中介公司服务的瑕疵程度，法院判决支持中介公司佣金的比例范围是约定佣金的 30%~70%。结合到本案，法院判决支持中介公司佣金的比例是 40%。

2. 买方单方解除房屋买卖合同,出卖方主张合同约定的 20% 违约金,法院会支持吗?

[问题的提出]

在房屋买卖合同条款中,几乎都有违约金的约定,并且约定的违约金都是 20% 甚至更高。房屋买卖合同解除后,关于合同约定的违约金是否会被法院支持的问题是很多当事人甚至代理律师都感到困惑的事情。也是在司法实践中经常争议的焦点问题。在司法实践中,法院会如何处理这个问题呢?

[参考案例]

案例 11-2　原告凌某与被告张某某房屋买卖合同纠纷案①

2016 年 8 月 29 日 21 时,原告凌某(甲方)与被告张某某(乙方)通过房屋中介公司签订"上海市房地产买卖合同"。约定,乙方购买甲方名下的涉案房屋,价款 165 万元。签合同当日乙方支付定金 2 万元并且自动转为购房款。在 2016 年 9 月 8 日之前,乙方将房款 48 万元直接支付给甲方,乙方以向银行按揭贷款的方式向甲方支付 114 万元,甲乙双方对房屋交接完毕后,当日,乙方向甲方支付尾款 1 万元。合同还约定,违约金为涉案房屋价款的 20%。签订合同的当日,张某某向凌某支付了 2 万元定金。

2016 年 9 月 6 日,买方张某某向出卖方凌某出具"解除合同通知书",表示是由于年轻一时冲动签订了买卖合同,后与家人商议才知晓家里没钱支付首付款,无法购买涉案房屋。已付的定金归出卖方所有,合同不再履行。2016 年 9 月 9 日,凌某将涉案房屋以 164 万元的价格出卖给案外人。

2017 年 6 月,凌某向上海市闵行区人民法院起诉,要求被告张某某支付涉案房屋价款的 20% 违约金(扣除 2 万元定金)31 万元。

张某某提出如下抗辩理由:涉案合同约定,一方违约应承担涉案房屋总价款

---

① 参见上海市闵行区人民法院(2017)沪 0112 民初 18551 号民事判决书。

20% 的违约金,合同约定的违约金过高。《合同法》第 114 条第 2 款规定:"约定的违约金低于造成的损失的,当事人可以请求人民法院或者仲裁机构予以增加;约定的违约金过分高于造成的损失的,当事人可以请求人民法院或者仲裁机构予以适当减少。"根据上述法律规定,违约金的本质作用是弥补损失。违约金的数额应当以实际损失为基础适当调整。根据庭审情况,被告的违约行为并没有给原告造成任何实际损失。对于被告的违约行为,处于定金处罚已经足够了。

上海市闵行区人民法院认为,被告虽违约应当承担违约责任,但违约金的具体金额应当与被告的违约行为给原告造成的损失相较,不应过分高于原告的实际损失。而被告已经支付 2 万元款项作为违约金赔付原告,已足以弥补原告的损失。原告再额外要求更多违约金,不予支持。

上海市闵行区人民法院判决:驳回原告凌某的全部诉讼请求。诉讼费由原告负担。

一审判决后,原告没有上诉。本案已发生法律效力。

[法理评析]

1. 法院判决驳回原告全部诉讼请求的法律、法理依据

关于合同约定的违约金是否会被法院支持的问题是很多当事人甚至代理律师都感到困惑的事情,也是在司法实践中经常争议的焦点问题。要想彻底搞清楚上述问题,必须要理解法律制度设计的违约金的性质。"长期以来,尤其是以前计划经济时代,我国更多地强调违约金的惩罚性。在后来的立法中承认违约金的补偿性和惩罚性多重属性,以补偿性为主、惩罚性为辅,这样,既维护了守约人的利益,也兼顾了违约人的利益,体现公平原则。"[①]由此可以看出,我国法律对违约金的定性:以补偿性为主、惩罚性为辅。根据该定性,法院调整当事人约定的违约金是以实际损失为基础的。

本案中,原告的损失只有 1 万元,而被告已经支付 2 万元定金作为违约金赔付原告,已足以弥补原告的损失。

2. 本案的处理过程

本案的被告张某某在签订房屋买卖合同 4 天之后找到作者,诉说她冲动之下

① 最高人民法院民事审判第一庭:《最高人民法院关于审理商品房买卖合同纠纷案件司法解释的理解与适用》,人民法院出版社 2003 年版,第 213 页。

签下合同,家人都不同意,但是出卖方非要逼着她买房,不知如何处理?笔者代表张某某与凌某协商解除合同,凌某不同意,坚决要求支付违约金。笔者考虑到当时房价在上涨,即使解除合同也不会给出卖方造成损失。为了快速解除网签,让出卖方尽早卖房,笔者当即决定放弃定金,单方解除合同,当场向凌某出具"解除合同通知书",并通知中介公司。在庭审中,笔者代理被告抗辩,请求法院驳回原告的诉讼请求,理由是被告的违约行为没有给原告造成损失。